整本书连续性阅读
实践与研究

主编　王丽丽

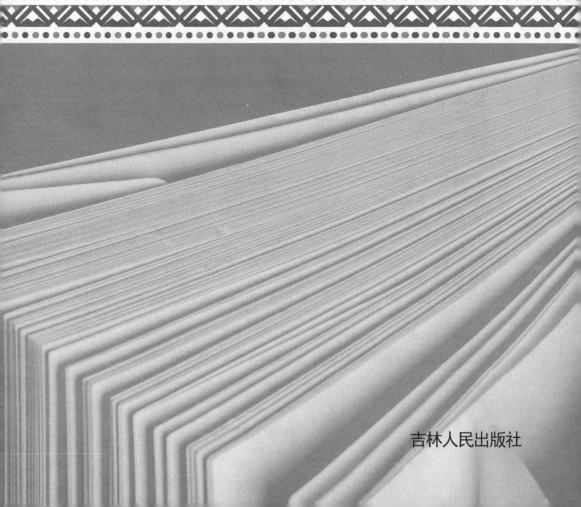

吉林人民出版社

图书在版编目（ＣＩＰ）数据据

整本书连续性阅读实践与研究／王丽丽主编. —— 长
春：吉林人民出版社, 2020.9
ISBN 978-7-206-17529-9

Ⅰ.①整… Ⅱ.①王… Ⅲ.①阅读课—教学研究—中
学 Ⅳ.①G633.332

中国版本图书馆CIP数据核字(2020)第179557号

整本书连续性阅读实践与研究
ZHENGBENSHU LIANXUXING YUEDU SHIJIAN YU YANJIU

主　　编：王丽丽

责任编辑：卢俊宁　　　　　　　　封面设计：百悦兰棠
　　　　　　　　　　　　　　　　　　　　　[BAIYUE LANTANG]

吉林人民出版社出版发行（长春市人民大街7548号　邮政编码：130022）

印　　刷：长春市华远印务有限公司

开　　本：787mm×1092mm　　　1/16

印　　张：16.75　　　　　　　　字　数：270千字

标准书号：ISBN 978-7-206-17529-9

版　　次：2020年9月第1版　　　印　次：2020年9月第1次印刷

定　　价：78.00元

如发现印装质量问题，影响阅读，请与出版社联系调换。

编委会

主　编　王丽丽

副主编　沈在连　潘红义

编　委　邹永刚　范晓婧　罗印球　梁淑仪　王　敏　夏　佳

　　　　　谢燕琳　申红霞　初　波　梁春花　郑　景　吴海华

　　　　　杨文霞　项　凯　刘柳燕　简月丽　罗明兰　陆伟雯

写在前面的话

中学语文教学改革已经进入了一个新时代，《普通高中语文课程标准》（2017 年版）的颁布、部编版高中语文教材即将发行，以及新高考改革方案即将实施是其标志。新的《普通高中语文课程标准》有三个核心词：语文核心素养、学习任务群、整本书阅读。语文教学改革将在语文核心素养、学习任务群和整本书阅读指引下进行创新和实践。其中"整本书阅读"是新时期语文教学改革的突破口。另外，多媒体信息技术已经全面进入课堂，智慧课堂理念已经深入人心，如何对处于青春困惑期又有个性追求的学生实施人性化教学，是每一位教师必须思考的课题。

2018 年 12 月 20 日，广州市中小学生智慧型成长阅读项目启动。即依托信息技术手段，通过大数据分析，实行个性化指导和因材施教，进而培养学生的阅读兴趣，养成阅读习惯，掌握阅读方法，提升阅读能力，最终提高学生语文核心素养的教育活动。于此，我们广州市第七十一中学也将"智慧课堂"作为打造新型校园文化建设品牌的重头戏。

知识结构的重新洗牌、教学技能的脱胎换骨已经迫在眉睫，我们每一位教师也在不断审视自己的教学之路，可面对学生，还是会时时感到捉襟见肘的窘迫：部分学生宁愿沉迷于天马行空的玄幻小说，也不愿意听教师苦口婆心地讲解经典美文；他们宁愿追逐没有太多内涵的网络流行用语，也不愿精心思考来创作一篇阅读随笔……不是我们不明白，而是这个世界变化太快，改变我们的课堂已经势在必行。

无数教育工作者为此做了许多努力，我们的课堂也在悄悄地发生着改变。许多教师都热切地希望能为高中课程改革做出应有的贡献，能够让我们的学生得到课堂教学改革的实惠。因此，不少人借助智慧课堂的平台，依托教育同仁的支持，在整本书阅读教学的领域上开辟出一块块沃土，期望有一天能开出灿烂的鲜花，结出丰硕的果实！

王丽丽老师主编的《整本书连续性阅读实践与研究》一书应运而生，一共十五篇的整本书阅读的教学设计，采用至少四课时（学段）的容量，打破了以往一课时教学就完成名著学习的仓促与粗放；课时之间有着紧密的联系，运用适合学生阅读成长的合理逻辑演进顺序。本书主要由广州市第七十一中学语文骨干教师，依据平日对智慧课堂教学的实践，以及对新课程理念的理解而编写的。读书活动任务布置，信息技术应用，情景创设，小组合作探究等，都是在教学中经常采用的方法，无不收录其中。

经过多年的语文教学实践，我们深刻地意识到：语文教学不应以教教材为中心，而要以提升学生语文核心素养为中心；读书活动的重要性，等同于甚至大于课文教学。

成书的过程焚膏继晷，困难重重，终得以付梓，实为不易。

本书抛砖引玉，但愿它能为富有生机的语文阅读教学增添一枝嫩芽，则幸甚也！

韩　斌

2020 年 5 月 1 日

目　录

观剑操曲

识器晓声

观剑操曲

寻梦牡丹亭　品味传奇情

——《牡丹亭》整本书阅读教学设计

广州市第七十一中学　初波

教学总体目标

1. 语言目标

积累、梳理和整合《牡丹亭》诗化的戏剧语言，在学习与实践中了解明清传奇戏剧的语言特点，掌握戏剧语言文字特点及其运用规律，形成个体的言语经验。

2. 思维目标

运用分析、评点、创造等高阶思维能力来精读《牡丹亭》精彩片段，学会鉴赏，并从汤显祖创作戏曲的思维方式入手，探讨《牡丹亭》的至情思想与象征方式、禅思意境与象征意蕴。

3. 审美目标

引导学生对《牡丹亭》进行审美阅读、鉴赏与评价，以此体验作者丰富的情感，激发起审美意象，感受文章思想魅力，并逐渐学会如何运用戏剧语言来表现美和创造美，从而形成自觉的审美意识和审美鉴赏能力。

4. 文化目标

了解明代作家汤显祖的《牡丹亭》在文化方面的成就，理解戏曲蕴含的中国古典文化精神，推广中国古典戏剧文学并传播中华古典美学文化。

技术运用与核心问题

《高中语文课程标准》强调语文教学应该提升审美境界，体会中华文化的博大精深，重视优秀文化遗产的传承。《牡丹亭》是中国古代文学史上一部地位十分特别的戏剧名著，称得上是中国戏曲舞台第一剧，是明代剧作家汤显祖一生中最得意的作品，被赞为"灵奇高妙，已到极处"。然而在教学中，大多数学生对中国古典戏曲不熟悉，缺乏欣赏的兴趣。甚至有的教师对中国古典戏曲也不熟悉，教学中不重视，将之视为可有可无。所以首先要解决的问题是引发学生对中国戏剧的好奇心。

在进行《牡丹亭》整本书阅读时，教师要广泛地阅读相关的资料，并且和学生同时参与阅读。共读活动中，教师拿出自己真实的阅读感受，真诚地和学生对话交流，带着学生在阅读中提出问题，探讨问题，分析、解决问题，让学生成为知识的发现者和建构者。

另外，在《牡丹亭》整本书阅读过程中主要以小组为单位，进行走组制操作，利用任务图表来激发学生阅读的积极性，培养学生良好的阅读习惯，逐步提升学生的阅读思维品质。

课堂内外充分利用互联网、微信、智慧平台等云阅读方式，欣赏相关图文视频资料，并参与作业整理、评价、作品的分享，找准机会让学生感受中国古典戏剧之美。借助昆曲表演的视频资料营造唯美氛围，细读精彩曲词。组织相关活动，互相切磋，加深领悟，让学生在轻松愉快的氛围中体味一段充满浓郁诗情的美读历程。

活动计划表

第一课时：激发兴趣 初读感悟	教学方法：讲授法、阅读指导法、示范法、任务驱动法。	任务一，准备每堂课课前五分钟演讲：说《牡丹亭》，同学们对演讲者的演讲做出评价。
		任务二，借鉴前人阅读《牡丹亭》剧本的经验，结合自己的阅读方法，制定阅读计划。综合运用批注、梳理、评说等方法阅读整本书，形成阅读中国传统戏剧剧本的经验。完成阅读卡，定期交给组长检查。
		任务三，阅读检测：按照正常的时间推进顺序重整故事脉络，标明关键情节与场景，画出人物关系图，写出500字以内的故事梗概。

		任务四，观看昆曲《牡丹亭》剧场演出（如条件有限，也可观看视频资料），或根据原著改编的影视作品，了解昆曲表演艺术特色，观察演员表演细节，完成昆曲和明代传奇的知识笔记和影视评论写作。
第二课时： 感悟探究 细读赏析	教学方法：合作探究法、讲授法、讨论法、任务驱动法。	任务一，精读言怀、训女、闺塾、劝农、惊梦、寻梦、诘病、闹殇、谒遇、冥判、拾画、幽媾、回生、耽试、遇母、闹宴、圆驾。完成人物评价表，并从《牡丹亭》中选择一位你最喜欢的人物，写一篇人物小传。
		任务二，从《牡丹亭》中选出至少二十句经典诗句，完成表格《牡丹亭》诗、词、曲赏析。
		任务三，《牡丹亭》戏剧改写。从《牡丹亭》的故事、人物、场景、语言等方面入手，将《牡丹亭》改写成白话诗或小故事或课本剧，并以小组为单位排演。
		任务四，完成阅读测评卷。
		任务五，写一篇《牡丹亭》读后感。
		任务六，好书推荐。以小组为单位做成PPT，拿着实体书，讲出推介的理由，同学点评，最后写出推荐后记。
		任务七，将《牡丹亭》的内容介绍给家长，邀请家长一同参与整本书阅读，拍摄亲子阅读照片。
第三课时： 定篇比较 连读悟写	教学方法：成果展示法、评价法、任务驱动法。	任务一，将《牡丹亭》分别与《西厢记》《罗密欧与朱丽叶》进行比较，并将比较结果写成专题性小论文。

续表

		任务二，探讨《牡丹亭》中梅、柳等所蕴含的象征意义，写成文章。
		任务三，邀请家长开展圆桌论坛或读书报告会，有条件可请专家举办《牡丹亭》相关知识的讲座。
第四阶段：体验感悟　活动展示	教学方法：交流法、成果展示法、评价法。	任务一，活动的准备。
		任务二，现场表演、评分、表彰总结。

实施过程

课前准备

1.确定读本。师生配备由徐朔方、杨笑梅校注，人民文学出版社出版的《牡丹亭》（内有注释，非常详细）。

2.班级建立六个合作探究小组，选好组长，小组取好名字，组长做好整本书阅读研究计划。每人准备两个笔记本、图画纸。

第一课时　激发兴趣　初读感悟

——引导课

【教学目标】

1.激发阅读兴趣，概述名著内容。引导学生了解汤显祖以及《牡丹亭》，引发学生欣赏这一文化瑰宝的兴趣。

2.指点阅读方法，了解戏剧要素。探索阅读整本书的门径，形成和积累阅读《牡丹亭》的经验。

【教学准备】

教师阅读相关书籍，包括《牡丹亭》、王永宽的《世间只有情难诉——汤显祖和〈牡丹亭〉》、周育德的《汤显祖论稿》。将《阅读登记表》分发给组长，由组长登记，学生人手一本《牡丹亭》和笔记本。教师下载《百家讲坛》，观看《戏剧的文化意义》讲座视频。

【教学方式】

讲授法、阅读指导法、示范法、任务驱动法。

【教学过程】

1. 导入

播放昆曲《游园惊梦》或白先勇策划、苏州昆曲剧院演出的青春版《牡丹亭》精彩片段。在欣赏的过程中教师随时介绍一些中国戏曲在程式与行当方面的知识。学生做笔记。

2. 其人

介绍汤显祖的哲学思想、宗教意识、文艺观、贡献影响及名人评论。

3. 其书

书名理解。《牡丹亭》，全称为《牡丹亭还魂记》，也称《还魂梦》或《牡丹亭梦》，是明代剧作家汤显祖创作的传奇（剧本），刊行于明万历四十五年（1617年）。

整体内容探究：

（1）《牡丹亭》是怎样的一本书？

第一，引发女性的情感共鸣。

第二，引发临川派与吴江派之争。

第三，助推明清文坛泛情论思潮。

第四，对其后戏曲与小说的影响。

（2）我们为什么要读《牡丹亭》？

第一，读《牡丹亭》，激发青春生命的憧憬（思想价值）。

第二，读《牡丹亭》，提升语文核心素养（教学价值）。

第三，读《牡丹亭》，汲取中华传统文化智慧（文化价值）。

（3）怎么学《牡丹亭》？

介绍四种整本书阅读的方法。

①圈点批注法。

从文字入手通读全文，按照原书顺序，一字一句、一章一节、一篇一篇细读。阅读过程中要求做到：第一，正字音，并把字音标注在原文中；第二，疏通字词的意思，即看注释，主要是实词、虚词的意思要在原文中标注出来；第三，句子的意思一定要弄懂。读完后将经典句子摘抄到笔记本上，由组长检查。

教师以第一出标目为示范，教学生如何阅读《牡丹亭》，引导学生开启《牡丹亭》整本书阅读活动，分享阅读经验和体会，让学生体会他人的读写理解，引起阅读兴趣。安排几名学生提前做圈点批注，课上进行交流。

②摘录式阅读法，即摘录点评式日记。

此方法有利于学生积累语言，是进行修辞训练的极好范例。指导学生采用摘录式阅读，即学生浏览原著，先勾画圈点喜欢的语句，然后再摘录在读书笔记上。一般分三个步骤：

第一步，精读、自读指导提示；

第二步，浏览故事情节，勾画自己喜欢的内容；

第三步，按章节摘录自己勾画的内容并做个性化点评。

教师和组长要求并监督学生坚持写摘录日记，然后进行个性化点评。

③循序渐进式阅读法。

《牡丹亭》有很多文言成分，学生不易理解。需要采用化整为零的阅读方式进行，天天都读，每天只读一小段，要求背诵每出的经典句子。具体操作如下：

第一步，每天晨读，利用部分时间来读一句或几句国学经典。

第二步，教师准备解读辅导材料，即教师学习心得、名言摘录、成语汇总。

第三步，每读完两出要求学生进行默写经典句子的填空考试，并写一篇学习心得。

④美句积累背诵法。

个人阅读完相关内容后，小组一起挑选每一出的经典美句，摘抄在笔记本上，然后背诵积累，教师抽背。

4.任务布置

（1）准备课前五分钟演讲：说《牡丹亭》。做成PPT，利用课前五分钟，让全班学生轮流按回目演说《牡丹亭》，一人演说两出，每人精读自己演说的内容，泛读他人演说的内容。同学们对演讲者的演讲做出评价。要求每位参加演讲的同学写出参加此次演讲的心得体会，即演讲后记（主要有准备过程、上台感受、同学点评、演讲者本人对点评的看法，共四个方面）。

课前演讲具体实施步骤：说情节——品人物——析手法——赏语言。

（2）借鉴前人阅读《牡丹亭》剧本的经验，结合自己的阅读方法，制定阅读计划，综合运用批注、梳理、评说等方法阅读整本书，形成阅读中国传统戏剧剧本的经验，完成阅读卡，定期交给组长检查。

《牡丹亭》阅读日记

章名：	阅读日期：		时长：	页数：
主要内容				
人物、环境列表	人名或地名			
	人物形象或环境特点概括			
诗词名句				
写法特色				
疑难困惑	字词句			
	主题			
我的思考				

（3）阅读检测：按照正常的时间推进顺序重整故事脉络，标明关键情节与场景，画出人物关系图，写出500字以内的故事梗概。

（4）观看昆曲《牡丹亭》剧场演出（如条件有限，也可观看视频资料），或根据原著改编的影视作品，了解昆曲表演艺术特色，观察演员表演细节，完成昆曲和明代传奇的知识笔记和影视评论写作。

第二课时　感悟探究　细读赏析

——精读课

【教学目标】

1.细读赏析，积累语言。结合语文选修课本《中外戏剧名作欣赏》中第三单元汤显祖与《牡丹亭》的阅读理解，并对"游园"讲解文本细读，让学生掌握文本细读的阅读方法。在理顺疑难字句的前提下，再次细读文本，按照环境、人物、情节三要素的角度来分析原著故事。

2.鉴赏艺术形象，分析人物性格及其形成的原因。理解人物形象的特质，探究《牡丹亭》所蕴含的文化价值，了解曲词特点，品味戏曲语言，提高学生鉴赏戏曲的能力。

【教学准备】

教师阅读《〈牡丹亭〉选评》（赵山林）、《世间只有情难诉——汤显祖和〈牡丹亭〉》（王永宽），印发《牡丹亭·游园》导学案给学生。

【教学方式】

合作探究法、讲授法、讨论法、任务驱动法。

【教学过程】

1.品读经典《游园》，先概括情节。

2.合作探究，从遣词用字、心理描写、抒情方式等方面让学生自选角度进行鉴赏。

3.总结游园之美：遣词用字——精练典雅

　　　　　　　心理描摹——惟妙惟肖

　　　　　　　直抒胸臆——感人肺腑

4.小试文笔：根据本课学习写一写心中的杜丽娘。

5.观看视频：欣赏《游园》昆曲演出。要求：阅读或观看视频时，要做批注，写提纲或做摘录，并将《游园》改写成小说。

6.任务布置：开展整本书阅读走组制学习活动，组内合作，组间竞争，相互评价。具体内容如下：

（1）精读言怀、训女、闺塾、劝农、惊梦、寻梦、诘病、闹殇、谒遇、冥判、拾画、幽媾、回生、耽试、遇母、闹宴、圆驾。完成人物评价表，并从《牡丹亭》中选择一位你最喜欢的人物，写一篇人物小传。

《牡丹亭》人物评价表

人物	维度	出处	文化意义	名家评价
杜丽娘	外貌			
	情节			
	语言			
柳梦梅	外貌			
	情节			
	语言			
春香	外貌			
	情节			
	语言			
杜宝	外貌			
	情节			
	语言			
陈最良	外貌			
	情节			
	语言			

续表

人物	维度	出处	文化意义	名家评价
石道姑	外貌			
	情节			
	语言			
甄氏	外貌			
	情节			
	语言			

（2）从《牡丹亭》中选出至少二十句经典诗句，完成下表。

《牡丹亭》诗、词、曲赏析

诗句				
出处				
喜欢的理由				
评价（名人评价）				

（3）《牡丹亭》戏剧改写。从《牡丹亭》的故事、人物、场景、语言等方面入手，将《牡丹亭》改写成白话诗或小故事或课本剧，并以小组为单位排演。要求：所写的白话诗语言要精练，有节奏，大体押韵，还要符合原文风格；小故事的语言要活泼，有文采，要有必要的细节描写，要简单刻画出男女主人公的性格特点，表现出人物的思想感情。

（4）完成阅读测评卷。

（5）写一篇《牡丹亭》读后感。

（6）好书推荐。以小组为单位做成PPT，拿着实体书，讲出推介的理由（可从作者介绍、内容、主题、语言、手法、阅读感悟等方面谈），同学点评，最后写出推荐后记或制作推荐短视频和手抄报、广告词等，形式不限。

（7）将《牡丹亭》的内容介绍给家长，邀请家长一同参与《牡丹亭》整本书的阅读，拍摄亲子阅读照片。

第三课时　定篇比较　连读悟写

——专题课

【教学目标】

1.通过拓展阅读，积累阅读经验，增加阅读的广度和深度。挑选《西厢记》和《罗密欧与朱丽叶》两部经典作品，让学生从主题思想、艺术构思等方面将这两部作品和《牡丹亭》进行比较。

2.精选内容，聚焦问题，培养学生的语言表达能力和思维能力。探讨《牡丹亭》所蕴含的象征意义、语言风格和抒情方式等。

【教学准备】

教师阅读《汤显祖与莎士比亚的女性观与性别意识》(张玲)、《汤显祖论稿》(周育德)、《〈牡丹亭〉与明清女性情感教育》(谢雍君)等文章，指导学生泛读《西厢记》和《罗密欧和朱丽叶》，印发《汤显祖的理想王国》(杨晓光)、《汤显祖的早期经历及其言情思想》《汤显祖与道学》《汤显祖的文艺观》《黛玉与〈牡丹亭〉》《〈牡丹亭〉的情节创新》等相关资料，视频下载《文化大百科之〈牡丹亭〉》。学生提前阅读资料。

【教学方式】

交流法、成果展示法、评价法、任务驱动法。

【教学过程】

1.观看视频《文化大百科之〈牡丹亭〉》，学生做笔记。

2.从主题思想、艺术构思等方面将《牡丹亭》和《西厢记》做比较。学生交流，代表发言，教师补充。

《牡丹亭》和《西厢记》的比较

内容	相同	不同	结论
主题			
情节结构			
艺术特色			

3. 小组交流探究《牡丹亭》写作特色并了解该剧的人文内涵，比较《牡丹亭》与《罗密欧与朱丽叶》，从语言风格、戏曲语言的抒情方式等方面看两个作品有何不同之处，进而探究中国戏曲与西方戏剧的差别。学生交流，派代表发言，教师补充。

《牡丹亭》与《罗密欧和朱丽叶》的比较

内容	相同	不同	结论
主题			
情节结构			
艺术特色			

4. 任务布置。

（1）将《牡丹亭》分别与《西厢记》《罗密欧与朱丽叶》进行比较，并将比较结果写成专题性小论文。

（2）探讨《牡丹亭》中梅、柳等所蕴含的象征意义，写成文章。

（3）以爱情为主线，为《牡丹亭》创作一首主题曲。

（4）邀请家长开展圆桌论坛或读书报告会，有条件可以请专家举办《牡丹亭》相关知识的讲座。

5. 写一份《牡丹亭》的读书报告。

（1）著作基本信息，主要是著作名称、作者、出版社、出版年份等。

（2）著作简介，不超过 300 字，主要是作者简介、著作主要内容等。

（3）报告主体，主要是作品赏析或读后感，不少于 1000 字。

①围绕主题，可自拟题目。

②可以是对整部著作的赏析，也可以是对部分章节内容的赏析，或者对著

作中人物的赏析，或语言、情节等方面的研究和思考。

③可以采用比较阅读、同主题多篇著作比较分析、同作者多篇著作比较分析等。

④先写赏析做基础，再写读后感，读后感要有据可依。

（4）参考文献。文中引用了别人的观点、内容一定要指出。格式为：作者、著作名称、版次、出版社、出版年份，如果是网络内容，一定要标注详细网址。

第四课时　体验感悟　活动展示

——活动分享课

【教学目标】

1. 礼敬中华优秀传统文化，深化对中华优秀传统文化的认识和理解，完善人格培养。宣传《牡丹亭》，向汤显祖致敬。

2. 体验、感悟活动。班级组织以"寻梦《牡丹亭》　品味传奇情"为主题的《牡丹亭》阅读节活动，在全年级或全校演出，邀请家长参与。

【教学方式】

交流法、成果展示法、评价法。

【教学准备】

1. 营造活动氛围。

（1）教师组织学生进行班级文化布置和学校层面的宣传。包括张贴《牡丹亭》相关戏剧照片，汇编相关新闻、读后感，出黑板报，视频播放昆曲《牡丹亭》经典唱段等。在全校广播宣传此次活动，包括活动的海报张贴、标语张贴等。向全校发放《牡丹亭》调查问卷，征集广告词等。

（2）班内以小组为单位确定阅读节的徽标和口号，并进行阅读节海报设计。然后交由全班评比，选出最优秀的作品。要求：鲜明生动，语言表达简洁，要能体现阅读节的宗旨。

2.写活动策划书。让学生充分利用网络资源阅读策划书写作范本，然后归纳写作要点，小组讨论交流写作，可请教师补充，如：活动的名称、活动准备、活动背景、目的及意义、时间地点、活动流程等。完成策划书初稿后先小组内部讨论完善，然后全班评选最优策划书。根据最优策划书，组织开展阅读节活动。活动形式不限，可个人或小组。方式不限，如：手抄报、戏剧表演、诗歌朗诵、书法、摄影、颁奖词等。

3.以"我为《牡丹亭》代言"为题组织演讲比赛，选出优秀者在阅读节汇报演出。

演讲打分量表

项目	要求	得分
演讲内容	紧扣主题，观点鲜明，结构严谨，文字流畅。（30分）	
语言表达	吐字清晰，语气、音量、节奏合适，有适当的身体语言。（40分）	
演讲效果	具有感染力，跟观众有互动，时间在5分钟以内。（20分）	
演讲形象	精神饱满，服饰大方得体。（10分）	

4.写串词与鉴赏语。确定节目名称和内容，每个同学为节目写串词，并选用优秀串词在正式场合使用。

5.设计"寻梦《牡丹亭》 品味传奇情"阅读节活动评分表，演出期间，组织全年级或全校师生线上线下评选投票，选出我最喜爱的节目。

节目名称	表演形式（20分）	主题内容（10分）	表情演绎（10分）	表演艺术（30分）	服饰道具（10分）	总体印象（20分）

6.收集所有学生作品，结集成册，并挑选优秀作品张贴到学校宣传栏，由广播部朗读优秀作品。

7.确定好活动时间、地点，制作阅读节背景 PPT，准备好节目音乐和奖状、奖品。

8.邀请家长。

【教学过程】

1.暖场：现场播放《牡丹亭》视频营造阅读气氛。

2.主持人介绍到场教师和家长，并致欢迎词，宣布活动开始。

3.节目单。

①演讲《最美〈牡丹亭〉　最深传奇情》。

②串背接龙《牡丹亭》。

③亲子朗诵《牡丹亭·游园》。

④课本剧表演《牡丹亭·游园》。

⑤语文教师发言。

⑥对唱《牡丹亭·惊梦》。

⑦现场互动知识问答。

⑧小品《相聚——崔莺莺、杜丽娘、林黛玉》。

⑨朗诵《向汤显祖致敬》。

4.现场投票，票数统计。

5.公布获奖情况。

6.表彰总结。

7.主持人介绍名著书目并宣布活动结束。

教学反思

对文本选择的思考：在十几年的高中语文教学中，很少涉及戏曲，即使遇到，也总认为反正高考不考，就随意教授完算了，更别说深入地去思考教法。但是戏曲作品中富含儒家思想、人伦道德及东方雅韵等精华，极具中华传统文化精神。一些经典篇章有很多好文字、好韵味的词曲。而且学习经典戏曲作品是对我国传统文化的认同与继承，也符合"新课标"的"提高审美情趣与鉴赏品味"的要求。它语言典雅华贵，思想隽永深邃，可以像品读唐宋诗词一样去揣摩推敲，得其佳妙。其炼字、修辞、抒情皆有可观之处。

对阅读活动的思考：为了让学生更容易接受文本，我在教学时充分利用了互联网、微信、智慧平台等云阅读方式，欣赏相关图文视频资料，并参与作业整理、评价、作品的分享，找准机会让学生感受中国古典戏剧之美，借助昆曲表演的视频资料营造唯美氛围，细读精彩曲词，组织相关活动，互相切磋，加深领悟。另外，我还渐渐加大了难度。从通读文本到精读文本，再到专题阅读，从批注式阅读到读书笔记的摘抄，再到读书报告的写作，每一次指导课都上在下一个任务的前面，目的就是为了让学生一步步地走入《牡丹亭》、了解《牡丹亭》、吃透《牡丹亭》。

在阅读广度上，我结合《牡丹亭》内容把跟本书有关的大部分拓展资料介绍给学生阅读，这里面有基础阅读，也有对比阅读，更有名家评价，目的是引导学生在反复阅读文本时思考文本的内涵，碰撞思想的火花。从实际情况来看，这本书读完后学生能够从阅读和交流中，总结自己的思考，能够以阅读为起点，培养良好的阅读思维和习惯。

最后的活动课是学生们最期待的，也是参与度最高的，大家把自己的热情全部投入到活动中来，现场气氛相当不错，很多同学多才多艺，能写能说，赢得了一阵阵的掌声。这次活动获奖和被表扬的同学有很多，我的主要目的就是要提高学生的自信心，让学生们知道只要努力并坚持去做一件事情，一定会成功。

不足之处：指导课过程中学生交流不够，单纯的方法指导效果不佳，应该让学生先自己尝试，教师再点评、总结可能效果会更好。

另外，由于评价监督机制不完善，导致个别同学能力没有得到很好的培养，主要原因是没有按时完成阅读任务，组长为了交差只得包办。

总之，整本书阅读现在很"热"，但作为一名语文教师还是要"冷"思考，多尝试，多积累，多总结。

附录

《牡丹亭》经典名句（部分）

1. 似这般花花草草由人恋，生生死死随人怨，便凄凄惨惨无人念。

2. 恰三春好处无人见。不提防沉鱼落雁鸟惊喧，则怕的羞花闭月花愁颤。

3. 惊觉相思不露，原来只因已入骨，情不知所起，一往而深。

4. 天意秋初，金风微度，城阙外画桥烟树。

5. 他青梅在手诗细哦，逗春心一点蹉跎。小生待画饼充饥，小姐似望梅止渴。

6. 一般桃李听笙歌，此地桑阴十亩多。不比世间闲草木，丝丝叶叶是绫罗。

7. 最撩人春色是今年。少什么低就高来粉画垣，元来春必无处不飞悬。哎，睡荼蘼抓住裙衩线，恰便是花似人心好处牵！

8. 本待要送春向池塘草萋，我且来散心到荼蘼架底，我待教寄身在蓬莱洞里。

9. 则为你如花美眷，似水流年。是答儿闲寻遍，在幽闺自怜。

10. 蹇金莲红绣鞋，荡湘裙鸣环佩，转过那曲槛之西。

11. 观之不足由他缱，便赏遍了十二亭台是枉然。倒不如兴尽回家闲过遣。

12. 雨过炊烟一缕斜。

13. 略知孔子三分礼，不犯萧何六尺条。

14. 风无定，人无常。

15. 梦短梦长俱是梦，年来年去是何年？

16. 春鞭打，笛儿吵，倒牛背斜阳闪暮鸦。

17. 良辰美景奈何天，便赏心乐事谁家院。则为你如花美眷，似水流年。

18. 情由心生，生可以死，死可以生；生不可以死，死不可以生者，情非之至也！

19. 梦回莺啭，乱煞年光遍，人立小亭深院。

20. 但凡少年，情不知所起，一往而深；恨不知所踪，而纠结流离。

赏淳美边地　品人间大爱

——《边城》阅读教学活动方案

广州市第七十一中学　梁春花

教学总体目标

1. 提升语言运用能力

在形式多样的读书活动中，掌握基本的阅读步骤、技巧和方法，养成良好的读书习惯，培养学生运用语言交流沟通的能力，提升写作能力。

2. 提升审美鉴赏能力

品味有关风景美、风情美、人性美的语言，探究作者的写作意图，探讨《边城》的现实意义，培养和提升学生的审美鉴赏能力。

3. 培养思维能力

在系列综合实践活动中，深度理解文本，解决思辨性问题，培养思辨能力和创造性思维能力。

4. 培养文化自信、家国情怀

感受《边城》中人物的淳朴、善良、纯真、正直，感受《边城》中的风俗美，增强对祖国传统文化的敬重感，培养文化自信、家国情怀。

技术运用与核心问题

1. 多媒体技术综合运用

利用智慧课堂、腾讯课堂、微信公众号、微信朋友圈、QQ群、爱剪辑、问卷星、喜马拉雅FM等多媒体技术，灵活多样地进行阅读教学。比如：借助百度百科搜索资料；编辑《边城》电影视频，在智慧课堂设备上共享；借助爱剪辑软件制作学生朗诵视频，在腾讯课堂上赏析视频，进行投票活动；使用问卷星进行调查和投票活动；使用微信公众号、微信朋友圈、QQ群跟名家、同级书友、网友进行阅读对话，深入赏析文本内容，挖掘作家写作意图，畅聊小说主题、小说现实意义等。

2.整本书阅读教学分三个阶段

由导读到研读再到连读，学生在教师指导下掌握整本书阅读的基本步骤。导读阶段：学生与文本对话，了解作家成就、作品影响，熟悉故事梗概；研读阶段：学生与作者对话，围绕情节、环境、人物进行深入研究和赏析，探讨作者写作意图；连读阶段：学生与书友对话，进行对比阅读，扩大视野，探究作品的现实意义，提炼阅读成果。

实施过程

阶段（一）：导读——对话文本

第一课时　激发兴趣　初读感悟

【教学目标】

1.开展导读课，了解沈从文及《边城》，激发阅读兴趣，引发学生的阅读期待。

2.从学生感兴趣的角度入手，梳理《边城》的故事情节，绘制人物关系表，培养学生的概括能力。

【教学过程】

1.把学生分成八个学习小组，课前按照教师分配的任务分组搜索有关沈从文和《边城》的相关资料。

2.课上各小组展示资料搜索结果。

（1）展示电影《边城》精彩照片、电影片段，引起学生观看的兴趣。

（2）介绍沈从文的轶事，引发学生由人及文的兴趣。如小学毕业却成了大学教授，爱上了自己的学生张兆和，沈从文名字的由来等。

（3）《边城》创作的插曲：曾经绒线铺的"翠翠"已逝，女儿"小翠"守孝，提示学生作家作品可能与经历有关。

（4）成就与影响：两次入围诺贝尔文学奖。因《边城》影响巨大，小说中的"茶峒镇"改为"边城镇"。

3. 从容易引起学生阅读兴趣的爱情角度设题导读，结合端午日梳理情节，把握文本，完成表格。

（1）找出小说中写了几次端午日。

（2）结合作者对端午日的描写，标记出有关翠翠和傩送的段落，概述情节内容。

（3）概括每次端午日翠翠和傩送所表现出来的爱情特点。

端午日	概述主要情节内容	概括翠翠和傩送的爱情特点
第一次	邂逅傩送	萌发爱情
第二次	擦肩天保	坚守爱情
第三次	再见傩送	考验爱情

4. 制作以"爱情"为主题的人物关系图并进行导读。

（1）分小组绘制以翠翠为核心的人物关系图。

（2）分小组绘制以翠翠母亲为核心的人物关系图。

（3）教师就关系图存在的问题提出思辨性问题：老船夫为什么将翠翠托付给杨马兵，这是临时之举吗？你怎么看？请再仔细浏览文本，找到与杨马兵有关的情节，回答问题。

（4）通过集体讨论后，利用问卷星网络投票形式评出最佳制图，并在班级展示。

以翠翠为核心的人物关系图：　　　　以翠翠母亲为核心的人物关系图：

阶段（二）：研读——对话作者

第二课时 学会质疑 确定研究专题

【教学目标】

研读《边城》，熟知文本，培养概括能力，培养摘抄好词好句的习惯，引导学生提出质疑，助其确定研究专题，培养其审美能力。

【教学过程】

1.学生利用课余时间再读《边城》，并完成教师布置的研读作业表。要求：提出至少三个感兴趣的问题，指出问题所在章节，概括内容梗概，摘录精彩词句，填写表格。

章节	内容梗概	精彩词句	问题（关于人物、情节、环境、作者、其他……）

2.课堂上以小组为单位，集中展示各组的问题，在交流碰撞中，教师再补充。预设有以下具体问题：

关于人物：

（1）大老为什么要像二老一样唱歌来表达爱情？

（2）二老还会回来吗？如果回来，他会娶翠翠吗？

（3）兄弟二人为什么在爱情面前还要如此相让？

（4）爷爷在翠翠的爱情选择上为什么总是想要做好安排？

（5）是爷爷害死了大老吗？

（6）翠翠为什么不直接说出自己的想法？

（7）小说中的一些次要人物，如顺顺、杨马兵、妓女等，在作者笔下为何都如此淳朴美好？

关于情节：

（1）为什么书的前半部分用很多笔墨来描写边城人民的生活？

（2）全书的前半部分为什么要写三年的端午节？

（3）为什么结尾会是悲剧收场？

（4）为什么在结尾提到"可能'明天'回来"，这种写法想传达给读者什么？

关于环境：

（1）为什么要把茶峒的景色写得那么美，感觉像个世外桃源？

（2）为什么小说里的人们这么看重端午节？

关于作者：

（1）作者是否希望傩送回来同翠翠一起生活？

（2）作者为什么在前文把人、环境写得那么美，却又把故事的结局写成悲剧？

其他：

（1）在茶峒是否是男方娶了女方之后就要继承女方的家业，无论男方身世如何，都要继承这份家业？

（2）造成小说中爱情悲剧的原因是什么？

3.学习小说三要素的作用，三要素与作者的写作意图、小说主题之间的关系。

4.确定整本书阅读研究专题:《边城》之自然美与风情美,《边城》之人性美,深挖情节探悲剧之因,浅探《边城》的现实意义。

第三课时　《边城》之自然美与风情美

【教学目标】

1.通过鉴赏活动，细细品味有关风景美的语言，感受小说中的自然美，丰富学生的语言素材，培养学生的审美能力。

2.通过观看影视片段、设计节日风俗卡片等活动，感受书中的风情美，强化学生的审美体验和创造思维能力，教会学生对祖国传统文化要敬重，提高其文化自信，增强其家国情怀。

【教学过程】

1.找出小说中关于风景描写的段落，搜集有关湘西的风景图片，分小组制作配乐朗诵视频，在腾讯课堂进行网络播放欣赏，让学生们在优美的画面与音乐声中去感受书中的世外桃源之美，感受小说文字之美。

2.课后利用问卷星进行投票活动，为朗诵视频投票，选出三个获奖作品。

3.根据对文本的阅读理解，分小组制作节日风俗介绍卡片。学生选择最适合的方式制作卡片，可以是书签，也可以是明信片等，内容需要包括节日名称与具体风俗，每组选出最优作品，在课上展示。

4.教师播放相关节日风俗的影视片段，鼓励学生说说自己记忆深刻的节日与个人感受，共同熟悉节日的起源与风俗。

5.教师小结：风情之美，不仅在于风俗之美，更在于人们这种庄重的仪式感，在于人们对传统文化的敬重。关于传统风俗的审美体验，不应局限于欣赏课堂上的一张卡片、一段音频、一个视频，学生应通过文字、卡片、音频、视频等感受到激荡千年的文化传统，以及在传统背后生生不息的生命传承。希望学生在小说充满诗意的文字中，引起对个体生命的重视，从而探寻生命的意义，领悟生命的真谛。

6.小组合作学习探究。在这部作品中，作者给我们描写了湘西边地特有的风景美和风俗美，目的何在？（根据学生的理解水平，能说出以下两点即可）

参考答案：

（1）环境是人物活动的依托，一方水土养育一方人，环境对人物的成长有重大影响，自然风光的美，社会风俗的美，孕育了淳朴憨厚的人民。优美的环境与人物的淳美浑然一体，相互映衬。

（2）作家对环境美的描写，表达了作者对祖国、故乡以及故乡人们的一种热爱。爱祖国，最突出的表现就是爱故乡和故乡的人们。

第四课时 《边城》之人性美

【教学目标】

1.通过改写故事，帮助学生熟知原著，读透主要人物和故事情节。

2.通过鉴赏主要人物形象，感受人性美，提升学生的审美鉴赏能力。

3.通过思辨性提问，探究作者的写作意图，培养学生的思辨能力。

【教学过程】

1.课外写作：依据文本，发挥想象，转换叙述视角，选择翠翠、大老天保、二老傩送、爷爷等其中一个人的口吻改写故事，800字以上。

2.线上活动：每小组挑选出最优作品，发布在微信朋友圈，学生们有选择地评论，每条评论语言至少50个字，表达对叙事主人翁的看法或评价，评价内容包括"人物特点+结合文本分析"。最后通过问卷星选出最佳作品和最佳评论员。

3.课上活动：师生共赏最佳作品和最佳评论，然后学生为最喜欢的人物写一段"最美人物颁奖词"，表现他（她）身上的美好品格。

（1）赏析"感动中国人物"颁奖词，熟悉颁奖词的特点和写法；

（2）撰写颁奖词，要求内容合理，有文采；

（3）课堂展示，师生共评。

4.寻找"翠翠们"，认识《边城》人物群像。在书中找出和翠翠一样，身上体现人性美的次要人物，说说他们让你感动的理由。

感动人物	人物故事	感动理由

5.小组合作探究，完成思辨性思考题：20世纪二三十年代的湘西，是贫穷、落后、愚昧的，作者为什么要特意给读者创造人性纯美的诗意化的湘西呢？

创作背景：《边城》成书于1931年，那正是沈从文爱情、事业双丰收的季节。1931年，社会虽然动荡不安，但总体上还是稍显和平，这个时候中国有良知的文人，都在思考着人性的本质。沈从文自然是走在前沿的。于是，他希望通过自己对湘西的印象，描写一个近似于桃花源的湘西小城，给都市中迷茫的人们指一条明路。人间尚有纯洁自然的爱，人生需要皈依自然的本性。作者希望通过抒写青年男女之间的情爱、祖孙之间的亲爱、邻里之间的互爱来表现人性之美。《边城》寄托着沈从文"美"与"爱"的美学理想，是其所有作品中最能表现人性美的一部小说。《边城》极力讴歌传统文化中保留至今的人性美德。

第五课时　深挖情节　探究悲因

【教学目标】

1.深挖故事情节，找出文本中的多次误会情节、伏笔，分析翠翠和傩送爱情悲剧的成因。

2.举行小型辩论赛，探究小说结尾的悲剧性，让学生充分体会小说情节设置的艺术性和思想性，培养思辨能力。

【教学过程】

1.细读文本，找出书中多次误会情节，体会误会情节推动什么情节发展。

章节	人物	误会	推动什么情节发展

2.细读文本，找出翠翠爱情悲剧的伏笔，探讨她与傩送爱情悲剧的成因（包括外因和内因）。

章节	伏笔（概括内容）	分析成因

3.课上活动：各小组展示两个阅读任务的成果，教师归纳总结。

4.举行小小辩论赛：小说结尾说"这个人也许永远不回来了，也许明天回来"，傩送还会回来吗？请你根据文本，找出依据，分正反两方展开辩论。

5.小组合作探究，完成思辨性思考题：作者在小说中给我们描绘了一个至善至美的边城，为什么要赋予小说一个悲惨的结局？这不矛盾吗？

6.教师小结：小说的结尾给读者留下无限的想象空间，显示了作者构思的巧妙和小说的魅力所在。鲁迅说："悲剧是把人类有价值的东西撕毁给别人看。"作者这样编写结局，或许更能引起读者的反思和社会改进，给都市中迷茫的人们指一条明路。

阶段（三）：连读——对话书友

第六课时　浅探《边城》的现实意义

【教学目标】

通过连读活动，对话网络书友，结合网络现象，对比探讨《边城》的现实意义。教导学生要善于发现美、创造美，提升其审美素养，激发其创造意识。

【教学过程】

1. 课上观赏热门的关于田园生活的短视频,探讨此类视频爆红背后的原因。阅读文章《为什么全世界人都喜欢看李子柒干活?》

2. 小组合作探究。

有人说沈从文笔下的《边城》是个理想国,和短视频里展现的中式田园生活一样,在现实中是不存在的,但是《边城》被译成日本、美国、英国等四十多个国家的文字出版,并被美国、日本、韩国、英国等十多个国家或地区选进大学课本,受到国内外读者的青睐,也奠定了沈从文先生在文学史上的历史地位。

既然两者展现给读者和观众的都是现实中不存在的理想世界,可是文字也好,视频也罢,为什么都能深深地打动国内外的读者和观众呢?

讨论参考文献:牛国静《一曲和谐的赞歌——探析〈边城〉中的和谐美》,王一同《〈边城〉人性美赏析》,张兴源《从风景到风俗——浅析〈边城〉造境之美》。

3. 学生交流看法,得出结论:边城在沈从文的笔下,是一个理想王国,没有等级,没有歧视,没有贪婪,没有不公,更没有虚伪、冷酷、自私,风景美、人性美、人情美、民俗美,充满和谐。沈从文的文字让读者不禁对这里自然、纯真、质朴、公平的氛围充满了向往,对这样的社会充满了憧憬,这些深深吸引了读者。

当下热门的田园生活短视频的特别之处,也是在于美感与放松,治愈和向往。在一个田园小屋里,萦绕着花香鸟语,美味佳肴常伴,没有世俗纷争,女主人美若仙子,这种经过美化了的田园生活,是现实中人们没有而又神往的,深深地戳到了现代都市人的软肋上。

所以,两者共同点就是都向人们展示了现实世界中所没有的一种纯粹美,展示的都是人们向往中的"乌托邦"。无论中外,无论种族,人们都喜欢看美的东西,虽知它是修饰过的生活,但看过之后,都填补了现实生活带来的情感空缺。而沈从文的文字能让人性受到洗礼,心灵得到净化。所以,田园生活短视频受到了大众的欢迎,而《边城》更是成为中国文坛上一颗璀璨的明珠。

第七课时 展示阅读成果

【教学目标】

1. 通过连读活动，对话名家和同级书友，搜索与小说相关的评论，促使学生对文本产生更深刻的认识，撰写小论文。

2. 进行手抄报比赛、海报设计比赛两个实践活动，分享整本书阅读成果，培养学生写作能力、动手能力，培养其创造意识，提升其思维力。

【教学过程】

1. 与名家交流。

（1）教师推荐名家评论《边城》的文章，上传至群文件：①沈从文《〈边城〉题记》；②雷淑琼《〈边城〉的美——沈从文〈边城〉赏析》；③汪曾祺《又读〈边城〉》；④张新颖《〈边城〉：这个世界有它的悲哀，却在困难中微笑》；⑤陈思和《由启蒙向民间的转向：〈边城〉》。

（2）教师推荐喜马拉雅音频文件：《青春注定是悲剧吗？》《中国现代文学牧歌传统的顶峰之作》。

2. 与同级书友交流。

学生利用早读、午读时间与同学热烈讨论，交流学习的心得体会。交流专题包括《边城》之美、悲剧之因、作者之意、《边城》的现实意义等。

3. 根据交流所得及个人阅读认识，选一个自己感兴趣的专题，撰写一篇专题小论文，1000 字左右。

4. 手抄报比赛，由手抄报小组成员协作完成。

（1）手抄报主题：诗意的美，淡淡的愁；

（2）手抄报内容：小论文成果；

（3）班级张贴栏展示后，用问卷星投票形式评选出优胜组。

5. 举行整本书阅读成果展，学习宣传海报的制作方法，为《边城》整本书阅读成果展制作宣传海报，选出最优海报进行宣传。

教学反思

回想整本书阅读的设计与学习过程，思考和感悟集中在三个方面，即阅读步骤设计、多媒体技术的综合运用、语文素养的培养。

一、阅读步骤的设计

阅读步骤分为三步走，由导读到研读再到连读，由对话文本到对话作者再到对话书友，是一个由激发阅读期待到培养而后提升语文素养的过程。

第一步骤能否成功实施我个人认为尤为重要，因为这个过程是激趣过程。没有兴趣为基础，后面的学习活动开展是何其艰难和尴尬。《边城》的情节淡化、人物虚化、结构散化，被称为散文化小说，而学习对象是高一学生，他们阅读储备相当有限，又是受快餐文化影响成长起来的一代人。文本特色和学生的阅读期待、阅读水平有明显冲突，学生拿起《边城》的第一感觉大多是"想说爱你不容易"。所以，导读环节的设计为了迎合学生的猎奇心理，从赏析电影片段、沈从文轶事、创作插曲、成就与影响入手，再到制作以"爱情"为主题的人物关系图，一步步把学生引入到文本中去，引发他们的阅读期待。从学生参与热情来看，这个设计是合理而有效的。

第二步骤是研读部分，引导学生由对文本的质疑开始，再逐步深入到对话作者。由为何创造一个至善至美的边城，到为何要赋予小说一个悲惨的结局的步步拷问，循序渐进去理解文本，探究作者写作意图。学生在教师的引导下，审美能力慢慢建立起来，达到了培养审美素养的目标。

第三步骤是连读部分，学生与作者、名家、网友、同学通过各种形式的交流，探讨《边城》的现实意义这个比较深层次的问题，在探讨过程中形成个性阅读，再提炼出阅读成果，从而达到提升个人审美素养的目的。鉴于学生的鉴赏水平有限，探讨是蜻蜓点水式的，设计里将网络中的现象与《边城》的艺术价值放在一起比较，心里也有点对作者不敬的惶恐之感。本还想设计一个创读环节，希望学生从文本中读出新意，将阅读成果运用到实践中去，实现再创造，培养学生的创新能力，鉴于个人与学生水平确实有限，暂且作罢。这是个遗憾，也是个可继续研究的方向。

二、多媒体技术的综合运用

云阅读近来比较规范有序地出现在语文教学中，这是传统媒体和新媒体互动融合的新尝试。其外在表现，是借助多媒体技术，譬如智慧课堂、腾讯课堂、微信公众号、微信朋友圈、QQ群、爱剪辑、问卷星、喜马拉雅FM等，实现个人或群体的阅读连贯性，把碎片阅读组织起来。其内在表现，则是围绕课堂内容核心，实现阅读、审美、创造的协同。比如在本次整本书阅读各类活动中，我们借助百度百科搜索资料；编辑《边城》电影视频，在智慧课堂设备上共享；借助爱剪辑软件制作学生朗诵视频，在腾讯课堂上近距离赏析视频并进行投票活动；使用问卷星进行调查和投票活动；使用微信公众号、微信朋友圈、qq群帮助学生跟名家、同级书友、网友进行阅读对话，深入赏析文本内容，挖掘作家写作意图，畅聊小说主题、小说现实价值等。将多媒体技术与阅读活动结合在一起，加强了学生的阅读体验，保持了学生的阅读兴趣，对培养学生的审美、创造素养极有帮助。不过多媒体技术的综合运用，必须依靠线上与线下、课内与课外的有机结合，学校或者学生，任何一方不具备一定的软、硬件实力，均难以践行。

三、语文素养的培养

本次语文核心素养的培养是可见的。在阅读过程中，学生参与了一系列综合实践活动：受图表任务形式驱动深入阅读、制作节日风俗介绍卡片、制作配乐朗诵视频、撰写主要人物颁奖词、对比网络现象、改写故事、展示作品、参与辩论比赛、撰写小论文、设计手抄报、设计成果展宣传海报等。学生在活动中逐步加深对文本的理解，锻炼了思维能力，培养了语言运用能力，提升了审美鉴赏能力。至于活动过多会不会流于形式化的问题，我个人认为，学生个性差异使然，或主动或被动参与活动，表现出来的参与度、热情度也不尽相同，但只要他们在读书任务的驱动下，进行了相关实践，收获自然比课堂单一的知识接收途径要多。

爱与死为邻　悲因情而生

——《边城》整本书教学方案

广州彭加木纪念中学　潘红义

教学总体目标

1. 学习小说兼具抒情诗和小品文特点的语言。

2. 辩证认识命运的无常与人性的美丽，体会悲剧美的魅力。

3. 感受湘西的风景美、风俗美和人性美，提高学生的审美鉴赏能力。

4. 理解湘西质朴、勤俭、正直的民风，拓展文化视野。

技术运用与核心问题

以美国学者艾德勒和范多伦合著的《如何读一本书》（商务印书馆，2014 年）为理论指导，让学生掌握整本书阅读的基本步骤。第一步基础阅读，对《边城》的作者、主题、创作背景等进行大致了解；第二步检视阅读，快速通读《边城》，写出故事梗概；第三步分析阅读，以专题探究的形式，做好读书笔记，并在课堂讨论与展示；第四步主题阅读，让学生"读出来"，把《边城》和小说《月下小景》《长河》《雪国》等进行对比阅读，举一反三，扩大文化视野。

《边城》是中篇小说，字数不多，情节简单，人物关系单纯，教师要在课堂上指导学生运用各种读书方法，诸如圈点法、读思结合法、略读跳读精读结合法、读书笔记与读后感结合法、课堂阅读与课堂交流展示结合法等。

在教会学生一些基本读书方法的基础上，《边城》本身鲜明的语言特点、独特的湘西文化以及《边城》美丽与哀愁的悲剧主题都为培养学生语文核心素养提供了绝佳的素材。教师引导学生学习《边城》诗化的语言句式，做好优美段落、句子的摘抄积累。让学生理解自然质朴的民风民俗、优美健康的人生形式、秀美山水所形成的湘西文化，联系新时代美丽乡村的建设，激发学生热爱祖国文化的热情，提高学生的审美鉴赏能力。

实施过程

第一课时

【教学目标】

完成基础阅读和检视阅读，了解沈从文及《边城》创作的背景，了解《边城》的大致内容。

【教学方式】

学生课前资料收集，课堂展示，教师补充。学生带着三个任务快速阅读全书。

【教学过程】

第一个环节：学生上台展示课前通过网络、图书搜集到的有关沈从文及《边城》的相关资料。

每个学生仅限最感兴趣的一个方面，前面学生展示过的后面学生不再展示。学生展示内容大致如下：

1. 沈从文爱上了自己的学生张兆和。

2. 沈从文祖父、父亲、兄弟都是军人，他自己也是军人，后来弃军从文，他的名字和这有关。

3. 沈从文是湖南凤凰人，小说中写的"茶峒镇"原属花垣县，因《边城》的巨大影响改为"边城镇"。

4. 1999 年 6 月，《亚洲周刊》推出"20 世纪全世界中文小说一百强排行榜"，鲁迅《呐喊》列第一，《边城》列第二。

5. 沈从文是现代小说家、散文家、历史文物研究家、京派小说代表人物，作品结集 80 多部。20 世纪 50 年代后主要从事中国古代服饰和文物研究。

6. 沈从文两次入围诺贝尔文学奖。

学生的展示重在沈从文及《边城》外在的光环，还没有真正关注作品本身。教师可做如下补充，从创作背景和作品内容上引导学生深入关注小说内容。

第二个环节：教师补充相关材料。

1. 沈从文 1933 年在青岛时，见村中有死者葬礼，一小女孩奉灵幡引路。因与张兆和约定，将写一个故事引入所见。1933 年 9 月与张兆和结婚，婚后在达子营住处写《边城》第一章，随后在《国闻周报》发表。1934 年沈从文母亲去世，《边城》出版。

2. 沈从文一生，淡泊名利，勤奋简朴、谦逊宽厚。一生经历坎坷，死后其姨妹张充和撰联："不折不从，星斗其文；亦慈亦让，赤子其人。"

3.《边城》描绘了湘西小城淳朴的世道民风和天然的生活状态。全书共 21 个章节，每个章节都似一幅或浓或淡的水墨画，以古朴清新的语言，表现出一种"优美、健康、自然而又不悖乎人性的人生形式"。

第三个环节：学生快速阅读《边城》，课堂时间只能读一部分，余下部分和任务课下完成。

教师在学生读之前提要求，要求读书过程中，做好圈点和摘抄笔记，段落太长的可以在笔记本上标出章节页码，不必都抄写下来。

学生带着三个具体任务去读：①你认为小说中写得美的地方有哪些？为什么你觉得这些地方美？请做好摘抄笔记或者在书中圈出来。②小说中一共死了几个人？他们是怎么死的？死了以后有什么影响？③读完后写一个 200 字左右的故事梗概，下节课请学生上台交流。（板书三个任务）

教师巡视学生读书，并督促学生按要求完成阅读任务。

第四个环节：学生课下继续读完全书，完成课堂上的三个问题，下节课讨论交流。

第二课时

【教学目标】

完成检视阅读和初步的分析阅读。通读全书，让学生知道故事情节、人物关系、基本主题思想，能写出故事梗概，借助这个环节锻炼学生的概括能力。读完后能够在书中有圈点，有读书笔记，对上节课的问题能自主分析、质疑解惑，并学会评判，借此培养学生良好的读书习惯，并锻炼学生的审美能力。

【教学方式】

学生展示自己写的故事梗概，师生互评。学生展示自己认为小说中美的地方，并能说出美的原因，进行初步鉴赏。

【教学过程】

第一个环节：以组为单位选派 4 个学生上台阅读写出的故事梗概，然后组与组之间互评，比较哪一个梗概写得更完整、简洁。

第二个环节：教师评点，并归纳故事梗概的基本要素，故事发生的时间、地点、人物、起因、过程、结果，故事的基本主题等。

综合 4 个学生写的故事梗概，《边城》的故事梗概可概括如下：

20 世纪二三十年代，在川湘交界的茶峒，渡口边住着主人公翠翠和她外祖父。茶峒城里的船总顺顺有两个儿子天保和傩送。翠翠看龙舟赛，偶遇傩送，互生情愫。天保也喜欢上了翠翠。天保自知唱山歌唱不过弟弟，驾船远行做生意，后出事淹死。顺顺和傩送对老船夫变得冷淡，傩送斗气渡船下行。外祖父为孙女的婚事焦急不安，在一个大雨夜死去。老军人杨马兵和翠翠等待着也许永远不回来，也许明天就会回来的傩送。

第三个环节：《边城》寄托着作者"美"与"爱"的美学理想。学生交流各自认为小说中美的地方，然后向全班同学讲述。要求按照"你认为美在何处 + 书中句子或例子 + 你认为美的原因"格式讲述。

第四个环节：学生交流，结果大致分成如下类型（板书）（书中句子或者例子及原因略去）。

1. 美在人的外貌。

2. 美在人的心灵。

3. 美在自然风景。

4. 美在淳朴民风。

5. 美在古朴民俗。

6. 美在和平环境。

7. 美在纯真爱情。

8. 美在温暖亲情。

9. 美在邻里友情。

10. 美在忠诚黄狗。

11. 美在纯粹人性。

12. 美在梦中歌声。

13. 美在诗化语言。

14. 美在凄美结局。

15. 美在无尽回味。

……

第五个环节：教师总结提问。《边城》中的美无处不在，美得让人目眩，美得让人心颤。那么，对比一下，现实社会和《边城》中描述的有没有不同呢？本问题作为课后作业，下节课讨论。

第三课时

【教学目标】

通过现实社会和《边城》中描写的世界的对比，加强对《边城》中美的把握，让学生感受到《边城》里的世界是一个世外桃源，是作者提供给我们的一方心灵净土，而现实中这个世界已经消亡。小说中几个人物的死亡以及傩送也许永远不会回来的结局给整个小说罩上一层浓浓的悲剧色彩，进而引导学生辩证认识命运的无常与人性的美丽，体会悲剧美的魅力。

【教学方式】

讨论式、辩论式。

【教学过程】

第一个环节：讨论现实社会与《边城》中所描写的世界的不同。

学生可以有不同的见解，认识到《边城》中的世界如琉璃般透明纯粹、干净就可以了。《边城》中的世界是一个世外桃源，是作者提供给我们的一方心灵净土，而这方净土也不在了。工业文明社会、商品经济社会中的阴暗面，诸如环境恶化、人心不古等可以让学生有所了解。

第二个环节：讨论问题。小说中一共死了几个人？他们是怎么死的？他们的死有什么影响？

学生讨论结果如下。

1.有学生认为一共死了4个人，即翠翠的爷爷、父亲、母亲、天保；也有学生认为死了5个人，傩送也死了，小说结尾在暗示"这个人也许永远不回来了"。

2.学生对爷爷的死因有几种结论：爷爷是老死的；得病死的；为翠翠的婚事操心着急死的；爷爷是受不了顺顺和傩送的冷落而死的等。说法不一。

但爷爷死后，杨马兵向翠翠讲明了一切，翠翠明白了其中的恩怨纠葛，似乎一下子长大了。爷爷的死让顺顺原谅了爷爷，并打算把翠翠接到自己家中作为傩送的媳妇。爷爷的死化解了恩怨情仇。

3.学生对天保的死因也有几种结论：天保淹死了；天保是爷爷弄死的；天保是爱情失意后郁闷故意落水而死的；天保或许没有死，傩送沿河六百里都没有找到天保的尸骸，天保或许远走他乡等。

天保的死给顺顺一家带来巨大打击。顺顺憔悴了，傩送也变得寡言少语。顺顺和傩送都对爷爷非常冷淡，认为是爷爷办事不利落，老而好事，间接害死了天保。傩送内心觉得对不起哥哥，通过到川东押物来减少自己的痛苦，回来后和顺顺吵了一架后到桃源去了。顺顺想起家中的事全与爷爷有关，心中有个疙瘩，直接拒绝了爷爷想把翠翠嫁给傩送的想法。

天保死后，由于顺顺一家人的冷淡，爷爷病倒了。爷爷觉得翠翠的婚事没有着落，再加上对顺顺一家心怀愧疚，便永远离开了翠翠。天保的死直接加速了爷爷的死亡。

4.翠翠的父亲不愿毁去做军人的名誉，想同翠翠的母亲一同死去，于是选择了服毒而死。翠翠的父亲为名誉而死，为情而死。翠翠的母亲在生下翠翠后，为追随亡夫，在溪边故意喝了许多冷水殉情。

翠翠父亲的死直接导致翠翠母亲的死，使翠翠成了遗孤，使得爷爷和翠翠相依为命。父亲与母亲殉情使翠翠的成长和婚姻注定蒙上了悲剧色彩。

第三个环节：教师在学生讨论形成结论后接着启发学生思考：小说描写了那么多的美，为什么又写了那么多的死亡？如何看待生命的无常和人性的美丽？学生可就喜剧美和悲剧美哪个更美展开辩论，也可辩证看待生命无常和人性美丽的矛盾，各抒己见。

教师提示引导如下。

湘西人就是为爱而生为情而死的精灵，死亡诞生了爱的责任，死亡推开了爱的距离，死亡催生了爱的成长，死亡缝合了爱的裂缝。死亡真是个神奇的东西。

湘西文明的没落，《边城》中各色人等的死去，翠翠无望的等待、无果的爱情，统统给小说的美笼罩上一层阴影，让人唏嘘感叹，让人心痛流泪。朗吉努斯说："崇高是伟大心灵的回声。"而车尔尼雪夫斯基又说："悲剧是崇高的最高、最深刻的一种。"《边城》的悲剧美具有震撼人心的作用，也有唤醒人心的目的。

专家学者对《边城》爱情悲剧性的原因可归纳为孤独说、误会说、天命说、义利冲突说、本能与道德冲突说、文化冲突说、恋父情结说、主动选择说和寻找平衡说等九种。

人性的美丽在死亡面前经受了考验，是那样纯净似玉，那样甘醇如酒，哀婉凄美的歌声响起，生者是不是更应懂得珍惜？

第四个环节：你还读过沈从文的哪些小说？能不能拿来和《边城》做些比较？你读过的小说中有哪些和《边城》相似？

本问题想引导学生从《边城》走出来，关注沈从文的更多作品，或者树立一个比较阅读的意识，此问题留待下一节课解决。学生下课后如有兴趣可阅读沈从文其他作品。

第四课时

【教学目标】

如果学生课下读过沈从文其他小说，或者有学生读过其他相似的小说，教师可以让学生尽情地谈一谈，达到对比阅读、举一反三、开阔视野的目的。如果学生谈得不多，教师可以拓宽学生视野，谈谈《月下小景》《长河》《雪国》等。最后让学生就《边城》某一方面的美撰写一篇小论文或读后感。

【教学方式】

沙龙式畅谈，撰写小论文或读后感。

【教学过程】

第一个环节：学生能够畅谈就让学生谈，如果不能，教师可适当做些介绍，以激发学生兴趣，学生课后可以阅读。

1. 教师可以把《边城》和《月下小景》进行对比介绍：一样凄美的爱情，一样优美的景物描写，一样诗一般的语言。

2. 教师也可以把《边城》与《长河》进行对比介绍：《边城》的"茶峒"代表的是一个有健康人性、纯善道德和蓬勃生命力的空间；《长河》的"吕家坪"代表的是一个由"权力、知识、金钱"等观念组成的传统失范空间。

3. 教师还可以把《边城》与日本作家川端康成的《雪国》进行对比介绍。《边城》与《雪国》同中有异：两部作品都足以问鼎诺贝尔文学奖，都描写了发生在偏僻地区的一个忧伤而美丽的故事，两部作品中的主人公有相似性；两位作家在创作动机、叙事视角的选择上并不相同，《边城》的文字能感受到"水"的灵动，《雪国》则让我们感受到"雪"的宁静，《雪国》比《边城》

更让人悲伤。

第二个环节：教师指导学生撰写小论文或读后感。

小论文或读后感以第二、第三两课时讨论的内容作为参考，在圈点、摘抄和做读书笔记的基础上进一步精读小说，梳理归纳，形成自己的观点，然后逐步完善形成论文或读后感。学生尽量选取有意义或自己感兴趣的内容落笔，深挖一点，不要面面俱到。教师可举例打开学生思路。

1. 比如学生对《边城》中的爱情感兴趣。教师可指导学生精读《边城》中对爱情描写的段落文字，思考如下问题：《边城》中的爱情涉及哪些人物？他们的爱情都有什么共同特征？结局都怎样？作者对这种爱情观持什么态度？书中的爱情观与现在人的爱情观有什么不同？对这些问题形成自己的看法就是一篇不错的读后感。

2. 比如学生对《边城》的象征手法感兴趣。教师可指导学生泛读小说，之后会发现，对《边城》中的人和物作者赋予了特殊的含义。如白塔、虎耳草、梦中歌声、渡船、碾坊、黄狗等，都具有象征的含义，连人的名字翠翠、顺顺、天保、傩送等也含有象征意义。就拿天保来说，名字中有上天保佑的意思，小说第二节中写道"天保佑的在人事上或不免有龃龉处"，暗示天保爱情和生命的不顺利。上天并没有保佑天保，偏偏让他遭受爱情的挫折，偏偏让水性极好的他淹死了，名字的美好寓意却被残忍现实、无常命运击得粉碎。探寻人和物背后的象征意义，可以更好地把握小说的情节和主旨。

3. 比如学生对《边城》的风俗习惯感兴趣。教师可指导学生跳读小说，找出小说中描写当地的风俗活动。例如，端午节、过新年、中秋节，还有唱山歌、婚丧嫁娶等，这些活动体现了湘西特有的民俗风情，让学生从中归纳湘西的风俗美、人性美美在何处。

4. 比如学生对《边城》的语言感兴趣。教师可指导学生就某一方面语言，在积累和摘抄的基础上学习其语言风格。小说借用诗歌的意境，糅合了古代山水小品文的特点，又夹杂一些文言词语和湘西口语，使小说语言呈现出清丽柔美、古朴隽永的鲜明特色。如小说中多次描写渡口的风景，每次用词都同中有异。

5. 比如学生对小说中的死亡感兴趣。小说一直笼罩在死亡的阴影之下。开篇翠翠父母为情而死，紧接着小说在许多章节里暗示爷爷会死去，然后天保突然淹死，最后爷爷真的死去。爱翠翠的人要么死去，要么远走，留下可怜孤独的翠翠。死亡在小说中无处不在，像一只无形的魔爪左右着小说的情节和人物的命运。如何看待小说中的死亡与人性的美丽是一个值得学生辩证思考的问题。

第三个环节：学生在课堂上寻找自己感兴趣的论题，然后有目的地跳读课文，搜寻与写作论文或读后感有关的章节段落，准备写作。课堂上完成不了的作为课后的每周练笔。

教学反思

想把《边城》作为整本书阅读的一个代表，代表着内容相对较少的整本书如何在课堂上完成阅读任务。

这类书在课堂上完成基础阅读、检视阅读、分析阅读这三步较容易。教学重心放在教会学生阅读方法上，诸如圈点法、读思与讨论结合法、略读精读跳读结合法、读书笔记与读后感结合法、课堂阅读与课堂交流展示结合法等方法在整个教学环节中尽量用上。学生学完后，可以养成良好的读书习惯。

特别值得一提的是课堂交流展示（或者叫读书汇报会）。高中生有思想、有热情，如果交流主题选择得好，学生会非常活跃，还有可能碰撞出思想的火花。本教案中第二课时的交流分享就很活跃，第四课时由于学生仅读了《边城》，而沈从文的其他小说读得不多，因此教师的介绍可以简短点，达到激发学生的阅读兴趣就行。

第三课时的讨论实际上涉及本小说的主题，这是一个有深度、有争议的话题，教师要尽可能地贴近小说的情节设计一个有关死亡话题来讨论，这个讨论学生要能结合小说进行畅谈。课堂讨论会让学生不停地翻阅小说，很好地完成了跳读与精读的结合。同时这是一个辩证的问题，可以锻炼学生的思辨能力。主问题的设计有点先入为主的缺陷，但总比漫无边际地胡乱读要好得多。

浩气也无涯　超然亦有情

——《苏东坡传》阅读教学活动方案

广州市第七十一中学　王敏

教学总体目标

1. 提升阅读能力

引导学生通过阅读整本书，拓展阅读视野，掌握基本的阅读技巧、方法，建构阅读整本书的经验，形成适合自己的良好阅读习惯，提升阅读能力。

2. 全面知人论世

全面了解苏东坡的生平事迹，熟悉苏东坡的主要作品，体会苏东坡的人格魅力及在中国文化史上的影响和意义，读懂其人其文。

3. 培养思辨品质

比较阅读林语堂笔下的苏东坡和其他文人笔下苏东坡的不同形象，探究林语堂借助苏东坡寄托的人生理想，进而思考真实的苏东坡形象究竟该是怎样的，从而使学生养成独立思考、善于思辨的阅读品质。

4. 激发审美创造

充分调动学生的主体性，整合阅读整本书，以独特的审美眼光，创造性、个性化地解读和诠释苏东坡的一生，让学生在审美再创造的体验中成长为有情怀、有思维的读者。

5. 探究人生意义

促使学生从苏东坡身上汲取养分，培养学生乐观向上的人生态度，增强直面挫折的信心和勇气，并积极思考人生的价值、意义，从而更好地做好个人的职业生涯规划，不断成长，不断走向成熟。

技术运用与核心问题

1.利用智慧课堂设备，共享相关图文视频资料。比如：借助百度百科，制作有关林语堂的视频，在智慧课堂设备上共享；剪辑《百家讲坛》相关评说苏东坡的视频，在智慧课堂设备上共享；教师录制《苏东坡传》好书悦读分享推荐视频，等等。

2.利用图表等任务形式促使学生完成阅读，深入阅读。充分考虑学生的学习实情，不断用任务图表来提高学生阅读的积极性，培养学生良好的阅读习惯，逐步提升学生的思维品质。

教学准备

1. 了解学情

（1）问卷调查与访谈调查。

①你了解林语堂吗？读过他哪些作品？

_____

②你学过或读过苏东坡的哪些作品？

_____

③你还了解有关苏东坡的哪些情况？

_____

④你平时每天用来阅读课外书的时间是多少？（　　　）

A. 少于 20 分钟　　　B.20 分钟到 40 分钟　　　C.40 分钟到 1 小时

D.1 小时以上　　　E. 其他

⑤你的阅读习惯是什么？（　　　）

A. 只读不批　　B. 读后再批　　C. 边读边批　　D. 及时摘抄　　E. 其他

⑥你认为课外阅读的主要目的是什么？（　　　）

A. 丰富知识积累　　B. 提高阅读写作能力　　C. 考试中取得好成绩

D.其他

⑦你希望教师怎样上课外阅读课？（　　　）

A. 学生静静地读书　　　B. 指导学生阅读　　　C. 读书会分享交流

D. 其他

⑧你喜欢的读书分享交流的形式有哪些？（　　　）

A. 美文朗读　　　B. 测试竞赛　　　C. 角色扮演　　　D. 自由辩论

E. 其他

（2）整理并分析学情、教情，适时调整活动方案。

2. 激趣促读

（1）让学生爱上林语堂。

借助百度百科，制作有关林语堂的视频，在智慧课堂设备上共享。

（2）让学生爱上苏东坡。

剪辑《百家讲坛》相关评说苏东坡的视频，在智慧课堂设备上共享。

（教师录制《苏东坡传》好书悦读分享推荐视频）

3. 确定方案

（1）确定版本：张振玉译本。

（2）明确流程。

分好阅读互助小组：6~7人为一组，全班约6个小组，教师做好小组长培训，明确组员分工。

阅读课时安排：高一第一学期，历时6周，共安排14课时，其中课外阅读8课时，课内汇报交流6课时。

（3）明确要求。

全员参与、通力合作。随机批注、完成任务。

4.活动计划

时间	阅读任务	活动设计
第一周 第二周 （课外阅读 4 课时 课内交流 1 课时）	1.阅读教材中有关苏东坡的诗文； 2.阅读林语堂生平介绍及创作背景； 3.阅读"译序"和"自序"； 4.通读《苏东坡传》全文。	1.教师利用智慧设备提供有关林语堂的生平和创作背景的资料链接，让学生阅读并留言； 2.完成分章节阅读任务驱动表，并随机批注； 3.完成整本书阅读任务驱动，绘制苏东坡人生轨迹图。
第三周 （课外阅读 2 课时 课内交流 2 课时）	1.研读各小组选定的专题范围部分； 2.比较研读余秋雨、邓凌原等人笔下的苏东坡； 3.参考阅读吴泓工作室有关苏东坡的专题文章。	1.各小组选定研读小专题，完成小专题报告； 2.比较林语堂、余秋雨等人笔下的苏东坡； 3.思考还原历史真实的苏东坡形象； 4.深刻领会东坡精神内核，反思自身。
第四周 第五周 （课外阅读 2 课时 课内交流 2 课时）	1.选择阅读东坡人生的关键部分； 2.分镜头式创意解读东坡人生各阶段； 3.参考阅读邓凌原《沧海寄余生——苏东坡传》。	1.完成苏东坡纪念馆策划方案图并汇报交流； 2.创编《东坡》四幕剧； 3.表演《东坡》剧本。
第六周 （课外阅读自定 课内交流 1 课时）	1.自读本书感兴趣的部分； 2.观看《百家讲坛》相关评说苏东坡的视频。	1.制作《苏东坡传》宣传海报； 2.制作《苏东坡传》好书分享推荐视频； 3.结合自身实际撰写"给苏东坡的一封信"； 4.本书阅读活动颁奖。

实施过程

阶段（一）：通读——整体感知东坡事略

第一课时

【教学目标】（包括课外阅读）

1. 对照本书附录一中的年谱，通读全书，理清本书线索，梳理相关内容，了解苏东坡一生，获取整体感知。

2. 在通读整本书的基础上，通过任务驱动，学会筛选有关信息、提取准确信息，并归纳概括每一部分的内容。

3. 在归纳概括的基础上，整合全书内容，从不同视角、用不同图表梳理绘制苏东坡不同人生阶段的生命轨迹。

【教学过程】

1. 分章节进行阅读任务驱动，并完成表格。

阅读任务驱动表

卷一：童年与青年（＿＿＿岁至＿＿＿岁）				
第一章 文忠公	偏爱苏东坡原因	1.		
		2.		
		3.		
	简短概述其一生			
	历史地位	1. 人品		
		2. 才艺		

		自然环境（风土）		
第二章 眉山 第三章 童年与青年	成长环境及影响	家庭背景	祖父	
			父亲	
			母亲	
			兄弟	
	概括少年事件 （年龄＋事件）			
第四章 应试 第五章 父与子	青年人生大事 （概括并点评）	1.		
		2.		
		3.		
	进京赶考路线 （箭头标示）			
	赴京为官路线及 事件（箭头标示）			
	三人性情异同	苏洵		
		苏辙		
		苏轼		
卷一内容概括				

2. 整本书进行阅读任务驱动：以某一点为线索，绘制标画出苏东坡的人生轨迹图。

【示例一】苏东坡从政轨迹图

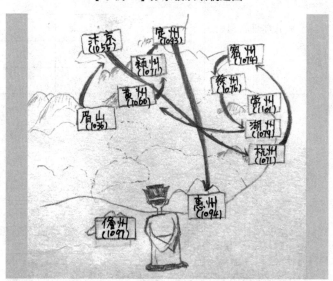

【示例二】苏东坡"三起三落"横纵坐标图

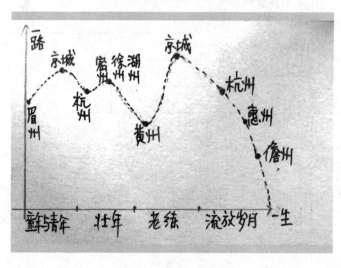

【示例三】苏东坡人生行踪地图（略）

【示例四】苏东坡文学经历思维导图

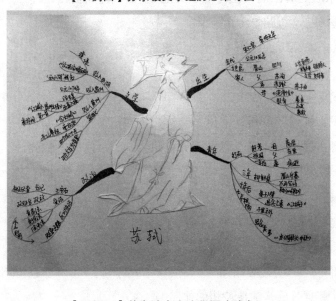

【示例五】苏东坡人生流程图（略）

3.通过阅读小测验检测任务完成情况（用智慧设备发布并及时反馈）。

"《苏东坡传》知多少"阅读小测验（100分）

一、判断题（每题5分）

1."王安石变法"中，苏轼因上神宗皇帝万言书而遭罢免。（   ）

2."东坡居士"别号由来：苏轼被贬徐州务农开垦了城东一块坡地。（   ）

3.苏东坡上湖州任职，因《谢恩表》中关心农民无粮食而入京受审，史称"乌台诗案"。（   ）

4.苏轼最难过时写出的最好的中秋词《水调歌头》是在任密州太守时。（   ）

5."书读百遍，其义自见"，苏东坡用的是"八面受敌读书法"。（   ）

6.苏东坡在惠州白鹤峰的住所经后人辟为"小住胜地"。（   ）

7.自从苏轼兄弟在雷州罗湖醉游之后，罗湖改为西湖。（   ）

8.给佛印的诗里，苏东坡流露出对声势显赫的官场权贵的蔑视。（   ）

9.在杭州时苏东坡写抗暴诗。（   ）

10.苏东坡到海南后设法改变了当地人杀牛祭神治病的风俗。（　　　　）

二、选择题（每题5分）

1.苏轼一生经历了北宋（　　）位皇帝。

A.6　　B.4　　C.5　　D.3

2.苏东坡任职地区依次为（　　）。

A.湖州、杭州、黄州、密州　　B.杭州、密州、徐州、湖州

C.密州、黄州、杭州、湖州　　D.杭州、湖州、密州、徐州

3.苏东坡的朋友（　　），事先知道了苏东坡被弹劾的消息，先派人去通知了子由。

A.王诜　　　　　B.张方平　　　　　C.黄庭坚　　　　　D.佛印

4.苏东坡被贬到（　　）时，成立了一个救儿会，救助婴儿。

A.黄州　　　　　B.徐州　　　　　C.常州　　　　　D.杭州

5.下列哪项不是苏轼在黄州的作品？（　　）

A.《定风波·三月七日沙湖道中遇雨》　　B.《游沙湖》

C.《喜雨亭记》　　　　　　　　　　　D.《记承天寺夜游》

6.苏轼《江城子》："十年生死两茫茫，不思量，自难忘。"悼念的是（　　）。

A.王弗　　B.王润之　　C.王朝云　　D.苏小妹

7.苏东坡整理西湖初衷是（　　）。

A.供给用水　　B.供人游湖　　C.美化环境　　D.避免洪灾

8.一直陪苏东坡到九江的朋友不含（　　）。

A.陈慥　　B.参寥　　C.乔今　　D.佛印

9.年过花甲的苏轼被贬海南时家人有谁陪同前往？（　　）

A.侍妾朝云　　　B.苏迈　　C.苏迨　　D.苏过

10.苏轼在海南未给下列哪本书做注解？（　　）

A.《孟子》　　B.《论语》　　C.《尚书》　　D.《易经》

答案：

一、判断题：1.√　2.×　3.×　4.√　5.√　6.×　7.√　8.×　9.×　10.√

二、选择题：1.C　2.B　3.A　4.A　5.C　6.A　7.A　8.D　9.D　10.A

4. 交流展示、汇报。

（1）展示、交流阅读任务驱动表。

各小组选出一份完整任务表在班内张贴展示、交流。

（2）展示、汇报阅读任务驱动图。

各小组交出一份清晰的轨迹图，派代表在多媒体平台展示并讲解汇报。

通读评价量表

评价项目	评价指标	组别得分
分章节阅读任务驱动表	人人参与完整完成表格20分 筛选提取信息准确无误20分 归纳概括信息精炼得当20分	第1小组：
		第2小组：
		第3小组：
		第4小组：
		第5小组：
		第6小组：
阅读小测验	各小组平均得分	第1小组：
		第2小组：
		第3小组：
		第4小组：
		第5小组：
		第6小组：

阶段（二）：研读——分析透视东坡情怀

第二课时

【**教学目标**】（包括课外阅读）

1. 从"情"的角度（如亲情、爱情、友情等）来研读本书，各小组分别就某一方面内容进行专题式研读、梳理、分析、论证和总结。

2. 深刻体会苏东坡人格精神及在中国文化史上的影响和意义，读懂其人其文。

【教学过程】

1. 分析本书中展现出来的东坡情怀，各小组分别选取一点展开专题式研读。

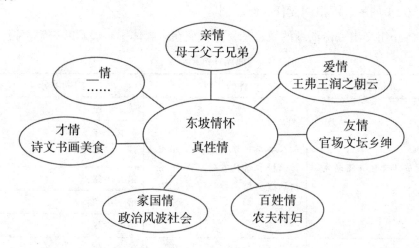

2. 专题式研读指导（阅读范围、表现及影响、辅助阅读、发现及点评），最后汇总形成专题小报告论文。

情怀	阅读范围	表现及影响	辅助阅读	发现及点评	形成小专题
亲情	示例：卷一第二章、第三章、第五章，卷二第十章……	示例：母子情、父子情、兄弟情……	示例：吴泓工作室博客……	示例：书香家风，家母贤育；父亲表率，传道授业；教学相长，并驾齐驱……	示例：苏门家风耀古今
……	……	……	……	……	……

第三课时

【教学目标】

1. 比较阅读林语堂笔下的苏东坡和其他文人笔下苏东坡的不同形象，探究林语堂借助苏东坡寄托的人生理想。

2. 思考真实的苏东坡形象究竟该是怎样的，从而使学生养成独立思考、善于思辨的阅读素养。

3. 促使学生从苏东坡身上汲取养分，培养学生乐观向上的人生态度，增强直面挫折的信心和勇气，并积极思考人生的价值、意义，从而更好地做好个人的职业生涯规划，不断成长，不断走向成熟。

【教学过程】

1. 还原一个历史真实的苏东坡

苏东坡真如林语堂所写的那样完美吗？（推荐阅读余秋雨《苏东坡突围》，还可参考其他资料）

余秋雨眼中的苏东坡：

苏东坡突围（节选）

我非常喜欢读林语堂先生的《苏东坡传》，前后读过多少遍都记不清了，但每次总觉得语堂先生把苏东坡在黄州的境遇和心态写得太理想了。语堂先生酷爱苏东坡的黄州诗文，因此由诗文渲染开去，由酷爱渲染开去，渲染得通体风雅、圣洁。其实，就我所知，苏东坡在黄州还是很凄苦的，优美的诗文，是对凄苦的挣扎和超越。苏东坡在黄州的生活状态，已被他自己写给李端叔的一封信描述得非常清楚……这是一种真正精神上的孤独无告，对于一个文化人，没有比这更痛苦的了……艰苦的物质生活，又使他不得不亲自垦荒种地，体味着自然和生命的原始意味。这一切，使苏东坡经历了一次整体意义上的脱胎换骨，也使他的艺术才情获得了一次蒸馏和升华。他，真正地成熟了……

——余秋雨《秋雨散文》

2. 探究林语堂借助苏东坡形象寄托的人生理想

林语堂笔下的苏东坡：

在林语堂看来，苏东坡具有在苦难中寻找乐趣的罕见本领。"他一生嬉游歌唱，自得其乐，悲哀和不幸降临，他总是微笑接受。"他以精神自由的眼光俯瞰人生时，他的灵魂终于"获得一种自我完善感和灵魂归属感"。为何林语堂笔下的苏东坡是"快乐"的？

只有快乐的哲学，才是真正深刻的哲学；西方那些严肃的哲学理论，我想还不曾开始了解人生的真义哩。在我看来，哲学的唯一功用是叫我们对人生抱一种比一般商人较轻松较快乐的态度。

——林语堂《生活的艺术》

林语堂和苏东坡有着心灵上的共鸣，他对苏东坡特别仰慕甚而偏爱，以至在本书中对王安石的评价大失偏颇。

（教师可引导探究，让学生学会质疑与思辨）

3. 深刻体会苏东坡面对苦难的情怀，领会其人格精神内核

我们该如何看待人生的苦难？同样是写苏东坡面对苦难，林语堂和余秋雨有着不同的解读，前者看到的是快乐，后者得出的是成熟，那我们呢？请同学们用一句话来表达自己对不幸或苦难的理解。

唯有真实的苦难，才能驱除浪漫底克的幻想的苦难；唯有看到克服苦难的壮烈的悲剧，才能够帮助我们承担残酷的命运；唯有抱着"我不入地狱谁入地狱"的精神才能挽救一个萎靡而自私的民族：这是我十五年前初次读到本书时所得的教训。

——傅雷《〈贝多芬传〉译序》

阶段（三）：创读——个性展示东坡魅力

第四课时

【教学目标】

1.充分发挥学生的主体性，整合阅读整本书，以独特的审美眼光，创造性、个性化地解读和诠释苏东坡的一生，让学生在审美再创造的体验中成长为有情怀、有思维的读者。

2.让学生在综合实践活动中获得再创造的愉悦，分享阅读的成果。

【教学过程】

1.小组合作策划苏东坡纪念馆。

策划方案应包括如下要素：

	选址		（理由）
纪念馆 策划方案	展厅	1.（命名）	（前言）
		2.（命名）	（前言）
		……	……
	花园浮雕	1.（人物）	（说明）
		2.（人物）	（说明）
		……	
	对联	正门	
		……	
	设计图纸	（电脑呈现）	

2.小组通过智慧课堂设备展示策划方案并讲解，交流互动。

第五课时

【教学目标】

1. 充分发挥学生的主体性，再次阅读整本书，以独特的视野，分镜头式创意解读和诠释苏东坡的一生，让学生在审美再创造的体验中成长为有情怀、有思维的读者。

2. 让学生在体验式学习中获得再创造的愉悦，感受阅读的至乐。

【教学过程】

1. 小组合作创编《东坡》四幕剧。

2. 小组合作表演《东坡》剧本。

可根据实际情况，选择在课堂上现场表演，也可录制好表演视频在智慧课堂设备上展示分享。

阶段（四）：阅读成果与感评

第六课时

【教学目标】

1. 总结汇合前期阅读所得，分享阅读成果。

2. 分享交流《苏东坡传》整本书阅读心得与感受，让学生爱上阅读，爱上文学经典。

【教学过程】

1. 制作展示《苏东坡传》整本书阅读宣传海报（汇合前期阅读成果，图文并茂）。

2. 用自己独特的风格或方式，制作《苏东坡传》好书分享推荐视频，并在智慧设备上分享点评（教师录制示范）。

3.结合自身实际撰写"给苏东坡的一封信"，并在智慧设备上交流，作为学生快乐成长的纪念。

4.总结本书阅读教学活动，为活动中出色的小组和个人颁奖。

教学反思

阅读对象的确立是恰当的。基于我们的学情，选择实用类的经典名著作为高中系列阅读的起步是明智的。本书阅读难度不大，在短期内可以实现反复阅读。教师在设计活动、引领学生阅读的过程中，在深度和广度两个维度上做足功课，既引导学生联系个人经验享受读书的乐趣，又让学生立足文本，从著作中汲取营养，丰富自己的精神世界。

阅读活动的过程是合理的。本次整本书阅读教学活动，完全改变了以往学生课外阅读放任自流的状态，课前对学生进行充分指导，准备充足，尽量做到任务明确，层次分明，读写并重，同时精心设计各种交流展示汇报活动，力求让学生听说读写都得到锻炼，体现了语文课程的实践性和综合性。此外特别重视活动过程中的阶段性评价，努力让学生在交流中爱上阅读，提升阅读与审美能力，让学生在品读中爱上东坡，爱上文学经典。

核心素养的体现是可见的。本次阅读活动中，学生的全体参与性及主体性得到很强的体现。本次阅读活动以促进学生能力与精神成长为目的，可以欣慰地发现，学生借由互动探讨，对苏东坡有了更为成熟的理解，在自我意识逐步增强的同时，对人生困惑也有了疏导的能力。同时教师通过阅读任务的设置，推进学生对具体文本的细读、思考、交流，更有助于学生思维品质的培养。当然，本活动的长远目的在于学生在整本书阅读的基础上，会读以后人生路上更多的"可以帮助我们的心智保持活力与成长"的书。

由于学生阅读水平的差异、人生阅历的不同等复杂因素的存在，对同一本书的阅读理解的角度往往不尽相同。如何让学生在阅读交流活动中擦出思维的火花，是教师要着力下功夫的，尤其是针对不可避免的"误读"情况。如何在不伤害学生阅读积极性的情况下提高学生的阅读理解水平，都是整本书阅读活动设计的难点。但是有一点是毋庸置疑的，那就是，在整本书阅读活动中，教师的角色定位是启发者，即以一本书为基点，尽可能地打开学生的阅读视野，让他们更多地关注自己思考的广度和深度。在激发学生阅读思考的同时，还需要培养学生良好的阅读习惯。值得欣喜的是，整本书阅读的实践探索还在继续，当有更多类型的文本进入我们的阅读书目的时候，我们还可以结合典型文本，践行前人的诸如做旁批、提玄勾要等阅读经验，探索符合当下学生心理、学习习惯的阅读方式。

思辨《红楼梦》 细品世间情

——《红楼梦》整本书阅读教学方案

广州市第七十一中学 吴海华

教学总体目标

1.激发学生阅读《红楼梦》的兴趣，在高中阶段完成对《红楼梦》的整本书阅读和精读。

2.引导学生用思辨的方式阅读、品鉴《红楼梦》。以"情"为主题，按照爱情、亲情及世情、友情等几个专题，组织学生精读和品鉴。

3.培养学生思辨性阅读能力，不断探究《红楼梦》的内涵。

4.引导学生写作赏析《红楼梦》的文章。

5.形成品读、探究、辨析《红楼梦》的风气。

技术运用与核心问题

1.用问卷星设计调查问卷，分析结果，找出学生阅读《红楼梦》最大的难点。

2.调动学生运用网络资源的能力，在 B 站、百度文库等搜索导读视频及相关资料，上传到学校云平台分享。针对学生的疑难，设计导读课，建立阅读的信心，激发阅读的兴趣，明确阅读要求。

3.运用细读法在云课堂环境下对文本深入思辨阅读和鉴赏。细读文本是思辨性阅读的凭借，有效利用云课堂平台，引导学生多介质、多渠道阅读文本细节，如人物动作、神态等细节描写及作者评论性文字，充分展开对文本的思辨阅读。

用 10~15 周完成整本书阅读。以十二回为一组，每周完成一组阅读任务，并在云平台完成相应的阅读作业。

4.借助云课堂平台，通过解释式阅读和对比分析式阅读加强对人物、主旨的理解，通过评价式阅读来加深对作者创作手法的领悟。

加上导读课，安排4~5个课时。以阅读交流、品鉴为主，课堂内容有答疑解惑、分享阅读体会、品读赏析文章。

5.设立"智·悦读"公众号，由教师、学生、家长多方参与，分门别类提供《红楼梦》思辨性阅读的相关文章。初始阶段的推文以思辨性阅读方法以及《红楼梦》相关资料为主，逐渐推送教师、家长、学生的思辨性阅读小论文。

6.期中、期末分别进行一次一个课时的阅读成果展示。

实施过程

（推荐阅读版本：《红楼梦》，人民文学出版社，2019年8月印刷版）

第一课时　读不尽的《红楼梦》　品不完的人世情

【教学目标】

1.明确学生阅读的难点并指出解决阅读阻碍的对策。

2.引导学生精读前四章，把握《红楼梦》主旨。

3.布置阅读任务，安排阶段性活动，让学生有章可循。

【教学方式】

1.设计问卷调查及结果分析。

2.视频引入、讨论。

3.小组合作探究。

【教学过程】

一、难点导入

1. 问卷调查情况反馈

根据《红楼梦》整本书阅读情况调查表结果分析，我们发现大部分同学兴趣比较浓厚，特别是对书中经典人物形象和文化内涵，都想进行更深入的解读。但是很多同学对《红楼梦》比较陌生，没有真正走进书中，只停留在间接了解中。

2. 没有读完《红楼梦》的原因

客观因素：

（1）《红楼梦》人物众多，人物关系错综复杂，看不明白。

（2）人物语言口语化，很多北方方言，有些难懂。

（3）多层故事框架交错，理不清头绪。

（4）书中时有出现梦境或神鬼人物，有不少迷信思想，不知如何看待。

主观因素：

对《红楼梦》理解不全面，认识存在偏差，阅读方法不当。

3. 应对措施

（1）查找资料，以小组为单位，绘制人物关系谱系图。

（2）读到不懂的语言或理解有障碍的情节，先在书上做标记，并在笔记上提出有针对性的问题，先小组内交流，再通过阅读课解惑。每周评选"最佳质疑之星"和"答疑能手"。

（3）在泛读的基础上，按照教师指引，跳读相关故事框架的章节，整理各个人物脉络，并理顺不同故事之间的内在联系。

（4）对书中的神鬼人物和迷信思想，结合创作背景和时代特征，展开思辨阅读，从作者的创作意图出发，跳出故事现象探寻思想本质。

二、激趣导读

1. 播放语文教师录制的《红楼梦》好书推荐视频

《红楼梦》不是你想象的那样高深莫测、复杂难懂，它是中华文化的百科全书，它就在你我的生活之中。不论你喜爱高雅还是通俗，不论你习惯哪种感情的表达，你都能在它的讲述中找到共鸣。走进这部小说，你会发现自己走进了如梦似幻而又真切清醒的大千世界。

2. 播放学生的推荐视频

网络"小戏骨"，古风演绎"红楼"情。

3. 学生观看视频后讨论对《红楼梦》认识上的改变

如作者、创作风格、小说人物、影视热度……

三、精读前四章，畅谈红楼情

1. 通过回目了解前四章内容，提炼其蕴含情旨。

第一回：甄士隐梦幻识通灵 贾雨村风尘怀闺秀

第二回：贾夫人仙逝扬州城 冷子兴演说荣国府

第三回：托内兄如海荐西宾 接外孙贾母惜孤女

第四回：薄命女偏逢薄命郎 葫芦僧乱判葫芦案

2. 课堂上讨论，小结本书蕴含哪些情，表达了什么思想？

（1）爱情：对真爱的探求和执着。（以宝黛钗爱情婚姻悲剧为例）

（2）亲情：人一生的基础和永世的牵绊。（黛玉与父母、外祖母，宝玉与家人，宝钗与家人……）

（3）友情：知己是人生不可缺少的慰藉。（宝玉与秦钟、柳湘莲、蒋玉函等人，黛玉与史湘云、宝钗、紫鹃等人）

（4）世情：世态炎凉，造就一切看似无理、实则真实的人情冷暖。（黛玉之孤，宝玉之逆，探春之敏，宝钗之"拙"，凤姐之毒……）

（5）闲情：琴棋书画、美食美饰、医道禅佛、虫鱼鸟兽……（对一切美的喜爱和追求，对一切善的呵护）

3. 主旨：贾宝玉眼见这贾府由盛及衰的过程，这众女子由聚到散到亡的命运，怎能不令人扼腕，不让人痛彻心扉。然而，不管你怎么"哭"，怎样"悲"，都不能阻挡这繁华落尽，这旧时代的衰颓，而这就是这部大书暗含的价值判断——"千古红楼只一梦"。（引自吴泓《〈红楼梦〉整本书阅读教学建议及方法》）

4. 解读方式：以"情"为主题，以贾宝玉之多情，终失去一切所重之情；以林黛玉之痴情，终伤损于一世真情；以薛宝钗之冷情，亦终束手无策难挽大厦之倾、家亡人散，更显悲凉，更惊心动魄。

5. 小组活动：确定小组研究方向，畅谈"红楼"之情。

（1）以小组为单位，交流自己课前查到的资料，派代表阐释本小组选择研究的"《红楼梦》之情"。

（2）以朗诵（音）、歌曲（乐）、表演（型）、演奏（器）、文章（文）等方式，表达对本组所选"《红楼梦》之情"的赞美或思考。

四、阅读方法指引

1. 整本书意识：曹雪芹创作手法简介。

查阅专业资料，交流分享，结合文本理解。

2. 忠于原著，不可牵强附会、无中生有、过度解读。

提醒：百度上的资料只可偶读，不可深信。

3. 结合脂砚斋的评点理解文本内涵和创作手法，但不迷信，理性质疑。

4. 拓展阅读：王国维《〈红楼梦〉评论》、鲁迅《中国小说史略》、白先勇《解读〈红楼梦〉》等相关书籍。

五、《红楼梦》整本书阅读阶段性任务安排

1. 每周作业：每周泛读十二章，提一个思辨性问题。

2. 基础泛读：第一周作业：精读第一至四章，查找相关资料，绘制《红楼梦》人物关系谱系图。

3. 展开精读活动：在持续泛读和解惑的基础上，以品鉴"爱情""亲情及世情""友情与闲情"为三大模块，细分为9个小题进行思辨解读，以加深学生对《红楼梦》情感世界的探索。在这一过程中，主要运用细读法和比较阅读法，以引导学生直观感受曹雪芹创作手法之一二。

（1）细读宝黛感情，品味纯真之爱：细读《红楼梦》第三、八、十七至二十三回、二十八至三十二回、四十九回、五十七回、六十七回、九十七回。

（2）读懂宝钗美——"无情也动人"：细读《红楼梦》第八回、二十八回、三十四回、五十六回，寻找宝钗对宝玉动情的表现，分析宝钗的性格与爱情。

（3）尤三姐爱情悲剧的原因：细读《红楼梦》第六十四至六十六回。

（4）课前细读《红楼梦》第三回、二十一回，对比分析林如海与黛玉、贾琏与巧姐的父女情。

（5）细读《红楼梦》第十三回、三十三回，对比分析贾政与宝玉、贾珍与贾蓉的父子情。

（6）细读《红楼梦》第七十九回，对比分析薛蟠与宝钗、宝玉与四春的手足情。

（7）纵观全书，贾宝玉的朋友有哪些？他的朋友有哪些共性？

（8）林黛玉和薛宝钗，哪个朋友多？她们各自是靠什么品格获得朋友的？

（9）王熙凤是贾府的实际掌权者，是王夫人的内侄女，贾母跟前最得意的人，根据判词，她的结局是被休弃回金陵惨死。为什么会这样？

4.阅读活动成果汇报。

（1）第一个月：手抄报评比《我眼中的〈红楼梦〉》。

（2）第二个月：在白云智慧云平台上进行读后感评比《我最欣赏的红楼恋人》。

（3）第三个月：在白云智慧云课堂上举办主题活动"歌唱友谊""品味亲情"。

（4）阅读成果汇报："致敬曹雪芹，我爱《红楼梦》"。以小组为单位，用最擅长的方式，展现对《红楼梦》的理解，表达对作者的敬意，对红楼人物的热爱。

第二课时　刻骨铭心的相知　爱而不得的相恋

【教学目标】

1.理清宝玉、黛玉感情的发展阶段，分析人物性格，品味纯真爱情。

2.通过寻找宝钗爱情的蛛丝马迹，赏宝钗"任是无情也动人"的美。

3.通过分析爱而不得的原因，认识社会爱情观。（以尤三姐、司棋为例）

【教学方式】

1. 挑选一个目标任务细读相关章回，并完成读书笔记。

2. 在线上读书平台分享，互评读后感，评出"品读之星小组""诉情圣手"。

3. 多种形式分享"读情"成果。

4. 抒写读后感。

【教学过程】

一、课前细读

细读《红楼梦》第三回、八回、十七至二十三回、二十八至三十二回、四十九回、五十七回、六十七回、九十七回。

二、旷古未有的爱情

脂砚斋曾经这样评论曹雪芹写的宝黛爱情："岂别部偷寒送暖、私奔暗约，一味淫情浪态之小说可比也哉？"在当时那个时代这样描写一段爱情，可以说是开了一个历史先河。前后联系起来看贾宝玉、林黛玉的感情发展变化，概括几个阶段两人的不同表现，感受宝黛情之痴、爱之纯、悲之切。

1. 青梅竹马：前世宿因，一见如故，言和意顺，不虞之隙，黛玉含酸，误铰香囊，静日生香，亲不间疏。

两人初次相见就有一见如故的感觉。之后两小无猜，亲密无间，经常待在一起，共同度过了美好的时光，为两人日后埋下了爱情的种子。宝钗的到来和湘云的偏爱，让黛玉吃醋，但还谈不上爱情。（爱之纯）

2. 猜疑不断：禅机解悟，青春萌动，西厢戏语，艳曲惊心，春困幽情，燕泣残红，怒砸通灵，求近反远。

"两假相逢必有一真"，两人本是一心，却都用假话、气话试探对方，造成了这种矛盾和争吵，直闹到怒砸通灵宝玉，贾母哭诉"不是冤家不聚头"。（爱之纯）

3. 相互验证：妒生麒麟，肺腑心迷，棒打不回，旧帕题诗，梦兆芸轩，深悟分定，秋霖夜探，钗黛和解。

在第三十二回宝玉对黛玉说出"你放心"三个字之后，宝黛之间的爱情，由情感交流进入心灵交融的最高阶层，从今而后两个人再不发生口角了，体谅和爱护代替了疑虑和探询，理解和相通成为构筑他们爱情的新桥梁。（情之痴）

4. 情比金坚：情笃言稀，紫鹃试情，誓同生死，难得知心，归于平淡，寄语桃花，代临小楷，改文成谶。

第五十回，宝玉要写红梅诗了，黛玉可能是觉得他刚从外面回来手还冷，提起笔来，说道："你念，我写。"这时的宝黛二人，已经好得像是一个人了。（情之痴）

5. 终难意平：由于家世的悬殊及黛玉性格的原因，二人未能修成正果。

三、任是无情也动人

课前细读《红楼梦》第八回、二十八回、三十四回、五十六回，寻找宝钗对宝玉动情的表现，分析宝钗"无情也动人"的原因，感受宝钗之美。

1. 半推半就的害羞：第二十八回，回目即说"薛宝钗羞笼红麝串"，一个"羞"字揭露了作为女儿的宝钗的心思，与宝玉相处那么几年，从来都是心机深藏，随分守时，此时的羞正是少女情怀的真实流露。宝钗虽然"见元春所赐的东西，独他与宝玉一样，心里越发没意思起来"，但这一次她却在元春赐礼后立马就戴上了红麝串，且第一时间往王夫人房里去，因为她知道，在这里一定可以碰见宝玉。果然，宝玉要看她的红麝串，没想到宝玉看到拥有一双雪白臂膀的宝钗，就忘了情。"宝钗褪了串子来递与他也忘了接。宝钗见他怔了，自己倒不好意思的。"——平时越显老成，此刻越觉娇媚。

2. 微露半含的爱意：第三十四回，宝玉挨打后，宝钗去看宝玉，不仅送了上好的棒疮药，还对宝玉施以言语上的关怀，不小心透露了自己的心事。"宝钗说：'早听人一句话，也不至今日。别说老太太、太太心疼，就是我们看着，心里也疼。'刚说了半句又忙咽住，自悔说的话急了，不觉的就红了脸，低下头来。宝玉听得这话如此亲切稠密，大有深意，忽见他又咽住不往下说，红了脸，低下头只管弄衣带，那一种娇羞怯怯，非可形容得出者，不觉心中大畅，将疼痛早丢在九霄云外。"

宝钗对宝玉的关心，已经下意识地表露出自己的心事，超出了姐弟之间的范围。从她的言语，从她的害羞之态，可以看出，此时的宝钗已经接纳了宝玉，甚至开始把宝玉当成心中未来的伴侣来看待。这一段蒙府本有一侧批说："行云流水，微露半含时。"一个"微露半含"，非常准确地表达了此时宝钗对宝玉的感情。——平时越是含蓄，此刻越觉情真。

3.情不自禁的坦然：第三十六回，宝钗、黛玉、湘云等在王夫人房里吃完西瓜就各自回房去了，宝钗没有直接回去，而是拐进了怡红院，正在为宝玉绣肚兜的袭人看到宝钗进来，就让宝钗坐会儿，自己出去走走，"宝钗只顾看着活计，便不留心，一蹲身，刚刚的也坐在袭人方才坐的所在，因又见那活计实在可爱，不由的拿起针来，替他代刺。"宝钗坐在睡梦中的宝玉身边为宝玉绣肚兜的这个场景，恰好被黛玉看在眼里："林黛玉却来至窗外，隔着纱窗往里一看，只见宝玉穿着银红纱衫子，随便睡着在床上，宝钗坐在身旁做针线，旁边放着蝇帚子。"

一向为人谨慎、注重名声的宝钗，为什么在宝玉熟睡的时候，在宝玉房内没有任何人的时候，不顾自己名声，坐在宝玉身边替袭人为宝玉绣肚兜呢？宝玉在睡觉，宝钗坐在宝玉床边，这不大符合宝钗素日的为人，而且她做的活计还是宝玉的贴身之物——绣着五色鸳鸯的肚兜，这是夫妻日常的场景。——平时越重礼教，此刻越觉心切。

四、擦肩而过的完美传奇

课前细读《红楼梦》第六十四回至六十六回，分析造成尤三姐爱情悲剧的原因。

1.环境：尤氏姐妹随母亲改嫁，混迹贵族亲戚中，被污名所累。

2.品貌：尤三姐绝世尤物，人格独立，最具燕赵悲歌气质，却又出淤泥而不染，痴情独付。

3.性情：柳湘莲：外在——俊朗飘逸、超然物外、浪迹萍踪、快意任侠；内在——冷面冷心、自以为是、自私狭隘。

五、炽热却无望的挣扎

课前细读《红楼梦》第七十一回、七十四回，分析造成司棋爱情悲剧的原因。

1.环境：大观园相对自由的环境和松散的管理给了他们爱的机会，但社会上自由恋爱被视为伤风败俗，遭人唾弃。

2. 品行：司棋大胆不羁，潘又安温柔懦弱，倒也都是痴情一片。

3. 机缘：鸳鸯放过，却又撞上王夫人抄检大观园，难逃厄运，终被扼杀。

六、小结：情乃世间至宝，爱情尤为美好珍贵

《红楼梦》展现这人世间各种各样的爱情，或纯粹，或现实，或纯真，或复杂，或炽热，或隐秘，或畸形，或绝望……除却红玉和贾芸、宝琴和梅郎之外，几乎没有完满结局者。正常的情感被压抑，美好感情被毁坏，悲剧满地皆是。而作者又分明让读者看清造成悲剧的不是哪个人哪件事，甚至悲剧已成为当时人人之必然。此乃作者创作诸多爱情故事的目的所在。

王国维先生在《〈红楼梦〉评论》中以宝玉、黛玉之事为例分析《红楼梦》的悲剧："兹就宝玉、黛玉之事言之：贾母爱宝钗之婉嬺，而惩黛玉之孤僻，又信金玉之邪说，而思压宝玉之病；王夫人固亲于薛氏；凤姐以持家之故，忌黛玉之才而虞其不便于己也；袭人惩尤二姐、香菱之事，闻黛玉'不是东风压了西风，就是西风压了东风'之语，惧祸及己，而自同于凤姐，亦自然之势也。宝玉之于黛玉，信誓旦旦，而不能言之于最爱之祖母，则普通之道德使然；况黛玉一女子哉！由此种种原因，而金玉以之合，木石以之离，又岂有蛇蝎之人物、非常之变故，行其于间哉？不过通常之道德、通常之人情、通常之境遇为之而已。由此观之，《红楼梦》者，可谓悲剧中之悲剧也。"

七、课后小组讨论，畅谈《红楼梦》中的爱情，领会《红楼梦》爱情与主题之间的关系

形诸文字，写读后感：《〈红楼梦〉，教我品爱情》，在平台分享互评，推选"阅读小情圣"。

第三课时　困于礼教的亲情　惑于世情的人伦

【教学目标】

1. 课前细读第三回、十三回、二十一回、三十三回、七十九回。

2. 对比分析书中父女情、父子情与手足情。

3. 理解书中展现的情与礼的矛盾。

【教学方式】

1. 课前细读；查阅封建社会有关礼教的资料，加深理解。

2. 对比分析几组父女情、父子情、手足情。

3. 课上讨论书中亲情与封建礼教相违之处。

4. 播放《百家讲坛》片段或者进行影视剧片段赏析。

【教学过程】

一、课前布置阅读任务，分组选择思考题作答

1. 课前细读第三回、二十一回，对比分析林如海与黛玉、贾琏与巧姐的父女情。

2. 细读第十三回、三十三回，对比分析贾政与宝玉、贾珍与贾蓉的父子情。

3. 细读第七十九回，对比分析薛蟠与宝钗、宝玉与四春的手足情。

二、对比分析林如海、黛玉父女情与贾琏、巧姐父女情

1. 课前细读第三回、二十一回，做好读书笔记。

2. 从语言、动作、心理等细节描写，体会林如海与黛玉的父女情。

（1）心理描写：林如海对黛玉"爱之如掌上明珠"（第二回）。

（2）行为描写：林如海对林黛玉是贴心的爱。第三回，黛玉道："我自来是如此，从会吃饮食时便吃药……说要化我去出家，我父母固是不从。"父亲对林黛玉加倍用心，花多少钱多少精力不说，重要的是令人沮丧的"皆不见效"，让人绝望。有癞头和尚来度化林黛玉出家，林如海和贾敏"固是不从"，可见对黛玉的呵护之心。妙玉的父母就同意了，这是鲜明的对比。

（3）语言描写：父女临别，林黛玉不舍，林如海的一番话，说得哀婉动人："汝父年将半百……何反云不往？"黛玉听了，才依依不舍地洒泪拜别……林如海对年幼女儿所说的话，是自己一生的打算，看似狠心，实则无限柔情。

（4）林如海高度重视林黛玉的读书修养。贾敏死后，林黛玉悲痛，不想读书，林如海坚持让林黛玉守制读书，不过是个小女孩，少念几个月书

关系不大，可是林如海即使在如此伤痛的情形下也不放松黛玉的学习，坚持让她跟随进士出身的贾雨村学习。黛玉极高的艺术修养和高贵的品格得益于此。

（5）林如海十分关心林黛玉的健康。第三回："当日林如海教女以惜福养身……方不伤脾胃。"对女儿的起居、饮食细心关怀。

3. 贾琏、巧姐的父女情。

（1）心理描写：贾家每个男主人的第一个孩子都是男丁，偏偏王熙凤第一胎给贾琏生了女儿，后来虽多次怀孕却都小产。这种无形的打击，成为凤姐一生的负累，直到被休惨死。

（2）行为描写：他一次次出轨挑衅王熙凤，并最终休了她。第七回，"戏"的背后有贾琏对生育儿子的渴望，同时描写巧姐，衬托出她作为女儿不受重视的现实，以及母亲王熙凤的悲情。

（3）语言描写：巧姐出生后，书中没写过贾琏对她的只言片语。贾琏多次出场，却无一言给她，长到两三岁，连小名也没有一个，甚至女儿出水痘生死不知之时，贾琏还"饥鼠"一般厮混多姑娘，丑态百出，何尝将病中煎熬的女儿放在心上。

4. 对比分析：林如海是一个有修养、重情义、有情怀的男人，给足了女儿父爱，并得到女儿一生的痴痴牵挂。林如海与黛玉父女情深，这是一段体贴入微、细心呵护、视若珍宝、温柔动人的父女情！

贾琏贪婪无度、漠视感情，几乎看不出贾琏对女儿巧姐有什么父女情：父亲重男轻女、冷酷无情，女儿对父爱终生期盼无果。

书中还写到了宝钗和宝琴都得到父亲极度的喜爱与重视，也写到贾赦对迎春的冷酷无情，贾政对女儿元春只有尊卑等级的礼节，对探春不闻不问。这些放在一起来读，令人深思父爱对女儿的性格养成何其重要，对女儿的终生幸福也有极大影响。

三、细读第十三回、三十三回，对比分析贾政与宝玉、贾珍与贾蓉父子情

1. 用一个字概括贾政对宝玉的态度：严；用一个字概括贾珍对贾蓉的态度：狠。

2.结合书中的语言、动作、心理描写,分析《红楼梦》中封建礼教下的父子情,撰写小文,在网络读书平台上分享。

四、细读第七十九回,对比分析薛蟠与宝钗、宝玉与四春的手足情略。

五、小组讨论,畅谈红楼之亲情

1.以小组为单位,交流对书中描写亲情印象最深的情节,派代表阐释对《红楼梦》亲情的理解。

2.提出对阅读《红楼梦》一书中有关亲情的困惑。同学解惑,互相点拨,教师点拨、解疑。

解:结合创作背景和时代特征,抓住细节理解。

3.播放《百家讲坛》片段,赏析《〈红楼梦〉的亲情与礼教》。

4.小结:亲情跟爱情一样,也是人类永恒的话题。《红楼梦》中不同的家庭,表现出来的亲情也大不相同。有的父亲身居高位,却亲情至上,父女情深;有的父亲无才无德,重男轻女,利益至上,淫欲泛滥;有的父亲对儿子恨铁不成钢,待女儿如棋子,一切为了家族利益;有的父亲一味胡来,道德沦丧,毫无人情,践踏伦理。无论薛家兄弟姐妹,还是宝玉和四春姐妹,都让人感受到浓浓的手足亲情,这是那个冷漠残酷社会里的一股暖流。在那个社会里,诸多乱象,依然泯灭不了亲情的光辉。

第四课时　黄金千两容易得　知己一个也难求

【教学目标】

1.通过观察宝玉择友的标准,理解他的价值观。

2.通过观察黛玉的择友标准,理解她的痴情。

3.分析宝钗的友情。

4.分析王熙凤的友情。

【教学方式】

1. 细读法。

2. 思辨性阅读。

【教学过程】

1. 细读第十六回，分析贾宝玉的朋友秦钟、柳湘莲、蒋玉涵有什么共同点？

（1）美：外貌出众，有较高艺术修养。

（2）不俗：没有家庭羁绊，不理俗事，眼界高。

（3）叛逆：敢于挑战世俗和权威。

2. 细读相关章节，分析黛玉与妙玉、宝钗、香菱、紫鹃、晴雯的友情各有什么不同？

（1）与妙玉：同病相怜、互相欣赏。

（2）与宝钗：冰释前嫌、情比金兰。

（3）与香菱：理解欣赏、费心成全。

（4）与紫鹃：情同姐妹、相知相惜。

（5）与晴雯：性情相投、真爱宝玉。

3. 宝钗有哪些朋友？她是如何获得友谊的？

（1）湘云：如姐姐般体贴，设身处地地替她考虑。

（2）黛玉：真心教导，细心呵护。

（3）袭人：欣赏其见识，尊重其人品。

4. 王熙凤有哪些朋友？她是如何关心她们的？

（1）秦可卿：地位相当，品貌一流，时时探望，体己知心。

（2）尤氏：地位相当，性格互补，嬉笑怒骂。关键时刻出手相助，顾全大局。

（3）平儿：情同姐妹，互敬互重。

5. 小结：如果你想深入了解一个人，就去观察他的朋友。《红楼梦》中有各式友情，你一定都能读出不同的感受。

第五课时　汇《红楼梦》思想启迪　报整本书阅读进益

【教学目标】

1. 总结阅读《红楼梦》的收获。

2. 升华对《红楼梦》的认识和情感。

3. 展现阅读成果。

4. 形成继续研讨《红楼梦》的风气。

【教学方式】

1. 小组合作探究。

2. 教师主导，学生展示。

【教学过程】

1. 火花碰撞：小组阐释《红楼梦》带来的思想启迪。

2. 动情一刻：阐释最感人的《红楼梦》中情。

3. 致敬作者：说出对《红楼梦》的理解，表达对作者的敬意。

4. 最爱人物：用最擅长的方式，表达对红楼人物的热爱。

5. 小结：思不透的人性，辨不明的梦幻，读不尽的真善美，品不完的世间情。这就是千古奇书《红楼梦》。这部集中华文化之大成的经典，这部怎么评价它的价值都不为过的巅峰之作，让我们一直读下去、思下去、辨下去、品下去！

教学反思

融合了兴趣，仍需耐力加持

《红楼梦》是最值得一再阅读的经典之作。它艺术水平极高，文化内涵极其丰富，思想意蕴极其深厚。以"情"为主题来设计和开展整本书阅读教学，融合了学生的兴趣点和作品的主旨，能让学生比较近距离地体会到作品的优美和深刻。

设计不错，开头也激动人心，进展却不是那么顺利。反思总结几点不足，聊作教训，以期改进和完善。

1. 针对《红楼梦》的复杂性和深刻性所做的工作不足

学生对细读、精读的任务完成情况良好，可是也有部分学生并没有事先看完整本书。虽说新课标也有说明，部分比较复杂的作品可以大概完成阅读任务甚至跳读、精读关键部分，但是毕竟整本书阅读以通读整本书为前提。如何更好地让学生读得完整，是我今后需要改进的第一个点。

2. 针对高中生课余阅读时间不足所做的研究不够

整本书阅读如何平衡时间的利用，是所有语文教师都必须面对的问题，也是精简教学步骤、深入研究作品和教学模式的一个挑战。

著鬼狐异事　叙人间世情

——《聊斋志异》整本书阅读教学设计

广州市第七十一中学　郑景

教学总体目标

1. 语言目标

引导学生主动积累、梳理和整合必要的文言基础知识，品味作者精炼而不单调、词汇丰富而描写生动的语言艺术。

2. 思维目标

引导学生通过体验文言语言来获得形象思维、逻辑思维和创造思维的发展，促进其思维向深刻性、批判性和独创性等发展，以此来提升学生的思维品质。

3. 审美目标

享受读书的愉悦，从作品中汲取营养，丰富自己的精神世界；通过审美体验、评价等活动形成正确的审美意识、健康向上的审美情趣与鉴赏品位，并在此过程中逐步掌握发现美、创造美的方法，逐步形成正确的世界观、人生观和价值观。

4. 文化目标

感受中华文化的源远流长，拓展文化视野，增强文化自觉，提升文化自信，教导学生弘扬和传承中华传统文化。

技术运用与核心问题

一、技术运用

1.以智慧课堂为依托（智慧白云教育大数据平台、交互平板电脑、智能手机等），为学生提供相关的网络资料查询与整合。

2.利用智慧课堂平台，实施课上的预习检查、交流展示、归纳总结等活动。

3.利用智慧课堂平台，播放相关的专题研究视频，激发学生的学习兴趣。

二、核心问题

《聊斋志异》是中国清代著名小说家蒲松龄创作的一部文言短篇小说集。"聊斋"是他的书斋名，"志"是记述的意思，"异"指奇异的故事。全书共有短篇小说491篇（12卷），本书选录了其中73篇经典短篇小说。这些小说题材广博，内容丰富，有歌颂纯真爱情的，如《聂小倩》《青梅》《连城》等；有抨击封建科举制度种种弊端的，如《叶生》《司文郎》《王子安》等；有批判当时残暴不仁的统治阶级的，如《促织》等；还有描写荒诞离奇故事的，如《罗刹海市》等。作品的人物形象鲜明生动，故事情节曲折离奇，结构布局严谨巧妙，整部作品文笔简练，描写细腻，具有很高的艺术成就，堪称中国古典文言短篇小说之巅峰。郭沫若先生评价其："写鬼写妖高人一等，刺贪刺虐入骨三分。"老舍先生评价说："鬼狐有性格，笑骂成文章。"

但由于这是高中生接触的第一部文言经典著作，基于学情，我的教学设计的主线就是激发兴趣，以兴趣来消除学生与经典，尤其是对文言文阅读的隔膜。引导学生在兴趣中阅读整本书，在兴趣中学会阅读整本书的方法，提升文言文的阅读水平，同时在兴趣中初步形成专题探究的意识，并且能完成简单的读书报告。读完全书，希望能够提高学生的文言阅读水平，培养学生的语文核心素养，并能引导学生对真善美的追求，保持对美好生活的向往之情。

教学准备

书籍名称：《聊斋志异》（精批版）。

书籍作者：蒲松龄著。

书籍版本：江西人民出版社，2019 年版。

实施过程

第一课时　导读课

【教学目标】

1. 引入本书阅读，激发学生的阅读兴趣。

2. 引导学生学会自主制定读书计划，梳理《聊斋志异》（精批版）选录的 73 篇经典短篇小说。

【教学过程】

环节一：讲一讲故事。

学生畅谈都喜欢听什么样的故事，这些故事主要从哪里来。

我们每个人都有自己喜欢听的故事，有些同学就特别喜欢听妖狐鬼怪、神仙僧侣的故事。对于这部分同学来说，《聊斋志异》这本书将会是个不错的选择。

设计意图：从学生的生活经验出发，拉近大家与《聊斋志异》的距离。第一次激发阅读兴趣。

环节二：查一查作者。

学生展示课前预习成果，幻灯片出示蒲松龄简介，蒲松龄的传奇出身。

设计意图：通过图片与传说故事，给学生直观的印象，激起学生的好奇心，让他们对阅读这本书更有兴趣。第二次激发阅读兴趣。

环节三：猜一猜人物。

学生活动：人物连线。出示《聊斋志异》中几个出名的人物（如王成、聂小倩、席方平、黄英等），以及相关的性格特点、人物命运，让学生连线，猜一猜相关的故事内容，然后说说最想了解哪个人物、哪个故事。

设计意图：通过看人物猜内容，查看大家对《聊斋志异》内容的了解情况，激发学生的想象力；同时也了解学生大致会对哪些内容感兴趣，引导学生有针对性地阅读。第三次激发阅读兴趣。

环节四：品一品故事梗概。

根据上个环节中学生的反馈，出示书中的几个精彩片段。

设计意图：给学生设置悬念，提前展示书中的精彩片段。第四次激发阅读兴趣。

环节五：理一理主题分类。

根据上一环节活动继续让学生品读书中的"名家导读"部分，大致了解全书的长度及其大概的内容，教会学生自主制定读书计划。以学生的兴趣为主，梳理四个主题分类，即歌颂纯真爱情、抨击科举制度、批判统治阶级、揭露病态现象，并且记录每个专题的思想内容与代表篇目。

设计意图：经过四次激发阅读兴趣，指导学生在一定的时间内完成阅读整本书，教会学生制定读书计划，理清四个主题分类的内容，并记录印象深刻的人或事，为下面的专题探究打下基础。

读书计划示例一：目录读书法

读书时间	目录	篇目	内容简介	印象深刻的人或事	疑难的字词句	拟采用的阅读方法

读书计划示例二：主题读书法

读书时间	主题	相关篇目	内容简介	印象深刻的人或事	疑难的字词句	拟采用的阅读方法

第二课时 推进课

【教学目标】

1.引导学生再读整本书，搜集、整理、归纳信息。

2.引导学生掌握基本的阅读方法：精读与泛读相结合、圈点批注阅读。提升学生的文言阅读水平。

【教学过程】

环节一：学生之间交流制定的读书计划，粗略分享四个主题文章的内容，谈谈初读作品的感受，提出在阅读过程中遇到的文言知识难点和自我感觉疑惑的地方，教师进行适当点拨。

设计意图：交流读书计划，可以初步了解学生读书的情况，掌握学生读书的效果、读书的兴趣点以及感受和疑惑，为下面的专题探究和撰写读书报告打基础。

环节二：根据导读课的读书计划布置任务，让学生给自己感兴趣的专题建立一个档案袋，把相关的内容进行归档。

如：

1.主题：歌颂纯真爱情。

2.思想内容：鼓励冲破封建礼教束缚，勇敢追求爱情。

3.代表篇目：《连城》《青梅》《鸦头》等。

4.概括相关的故事情节，分析主要人物的性格特点并进行比较，把你认为精彩的句子摘录出来，整理成表格形式，思考作者为什么要写这些人物。

主题	思想内容	代表篇目	精彩语句	人物性格	作者写作原因
歌颂纯真爱情	鼓励冲破封建礼教束缚，勇敢追求爱情。				

设计意图：通过整理归纳书中的信息，教会学生阅读整本书的方法：精读与泛读相结合、圈点批注阅读。初步培养学生的专题探究意识。整理信息之后，学生自然会看出作品中人物的性格特点，以及阅读作品时存在的困惑。这时可以再适当地讲解一下蒲松龄的生平经历和思想，引导学生尝试分析作者写这些人物的原因，自然地引入理性的批判。

第三课时　交流课

【教学目标】

1. 学会整合作品中的信息做浅显的专题探究，初步形成专题探究意识，培养鉴赏逻辑思维能力。

2. 依据专题探究结果，学会撰写简单的读书报告，培养创造思维能力。

3. 成果分享，总结激励。

【教学过程】

环节一：学生出示信息整理归纳的表格，交流专题探究的成果，谈谈再次阅读的感受。

设计意图：检验学生专题探究的成果，是否形成了专题探究的意识，在阅读当中出现了哪些疑惑，重点了解作品中的"理性的批判"，学生是否能体会得到，是否消除了与经典的隔膜。

环节二：引导学生进行细读鉴赏，提高学生的批判性思维能力。比如，同样是写书生形象的，有些是重情重义、舍生忘死的，如《叶生》中的叶生、《阿宝》中的孙子楚；有些是见异思迁、薄情寡义的，如《武孝廉》中的石孝廉；有些是意志坚定、光明磊落的，如《聂小倩》中的宁采臣；还有些是孜孜以求，却难以如愿的，如《王子安》中的王子安等。通过引导学生进行细读鉴赏，感悟作者对他们的态度倾向。

设计意图：检验学生对精读方法的掌握情况。引导学生进行深度阅读，培养学生的辩证思维能力和创造思维能力，形成自己的独特见解，提升学生的语文核心素养，同时也是为写读书报告做准备。

环节三：综合初读的感受和推进思考的结果，以及本次活动课交流的感受，让学生撰写简单的读书报告。读书报告可以根据上一个阅读活动探究的专题做结论，可以是对某一类人物形象性格的思考，还可以是对蒲松龄在现实生活中郁郁不得志而产生的孤愤之情的分析，对当时黑暗社会的批判等，题目自拟，但一定要有自己的思考和见解。

设计意图：撰写简单的读书报告，既是为了让学生学会积累归纳、总结反思（因为目标是学会写简单的读书报告，所以对学生没有过多的要求），也是为了消除与经典的隔膜，尤其是对文言文阅读的隔膜，让学生认为经典可读，经典能读，不再惧怕经典，不再畏惧文言文阅读。

环节四：学生之间交流读书报告，把专题整理得好的，读书报告写得好的，贴在班级的文化墙上展览。

设计意图：设立鼓励机制可以增强学生阅读整本书的动力。

环节五：教师总结整本书阅读的方法之一，即通过搜集整合书中的信息来达到阅读整本书内容的目的。同时总结文本阅读的基本方法：精读与泛读相结合、圈点批注阅读，提升学生的文言阅读水平。

设计意图：教师总结方法，帮助学生们积累阅读整本书的经验。

第四课时　拓展提升课

【教学目标】

1. 感悟提升，发现、支持学生的读书体验。

2. 深度阅读，体会传统文化在当代现实生活中的作用，教导学生弘扬和传承中华传统文化。

【教学过程】

环节一：粉墨登场演一演，学生选取选本中感兴趣的段落来演一演。

设计意图：以演促读，加深学生对文本内容的理解，再次激发学生对文本阅读的兴趣。

环节二：观看有关《聊斋志异》的电影视频，谈谈视频中的人物形象塑造与自己理解中的人物形象有何不同。

设计意图：引导学生进行比较鉴赏，感受艺术手段在人物形象塑造中的作用。

环节三：现实探究。在《聊斋志异》中，蒲松龄难能可贵地为我们描绘了很多成功的"女商人"形象。要知道，在古代，经商无疑是以男性为主导的，其超前的思想，让人佩服。

这些"女商人"们，个个都很能干，一点不逊色于男性。蒲松龄在《聊斋志异》中描写了近20个女商人的形象，像白秋练、黄英、柳生妻、细柳、小二、鸦头等人，都是非常著名的，每个形象都各有不同。我们挑选几个比较有代表性的"女商人"，来看一看她们的经营之道，探讨一下她们能够成功的原因，以及我们当代社会是否需要这样的经营之道。

教师点拨：比如辛十四娘注重"商品"质量上乘，价格公道；细柳具有胆大心细的性格作风；黄英追求个性，充分挖掘市场的潜能等。

设计意图：引导学生将文本与现实相结合，联系现实反思，挖掘文本的现实主义价值，培养学生树立正确的审美价值取向。

教学反思

蒲松龄在《自志》中写道："集腋为裘，妄续幽冥之录；浮白载笔，仅成孤愤之书。寄托如此，亦足悲矣！"可见《聊斋志异》中这些用唐代传奇的笔法写成的小说，不仅是蒲松龄的兴趣之作，还寄托了他在现实生活中郁郁不得志而产生的孤愤之情。在那一个个奇异的故事背后，隐含着蒲松龄对当时黑暗社会的批判。

在《聊斋志异》之前，志怪小说大多内容简短，不具文采。而蒲松龄则一改志怪小说的风貌，带给读者瑰丽的想象，加之适当地对周遭环境、人物心理等进行描写，大大增加了小说的趣味性，使小说内容奇异精彩，情节曲折生动，人物立体丰满。

所以，对于这本书的阅读，我没有从语言特点、叙述逻辑、写作手法、艺术技巧等角度引导学生进行深入探究，而是始终以兴趣为主导，以学生活动为主要方式，重在引导学生阅读文本、感悟文本；也没有刻意进行文言知识的讲解，而是以学生的阅读感受为主，保护、支持学生的阅读体验，目的只有一个：消除学生与经典、对文言阅读的隔膜，让学生们觉得经典、文言阅读也不过如此，我们也会读，而且读得懂，读得通，从而激发学生进行整本书阅读的兴趣。当然，如果学生能读出新意、发现问题就是意外收获了。

在活动过程中，我们也发现，学生一开始也是比较被动的，甚至因为是文言文而有畏难的情绪。但是随着活动的深入开展，同学间的交流分享，一定程度上也激发了彼此的阅读兴趣，并能积极参与到阅读活动中来，使得此次活动可以顺利有效地开展。同时，我们必须注意，在这一过程中，教师应以自己的阅读经验，平等地参与到同学们的交流讨论中，尊重学生的阅读理解与情感体验，并及时、适时地解答学生的疑惑，这是活动可以顺利开展的重要保证。切忌以教师的讲解代替或限制学生的阅读与思考。

当然，这次的整本书阅读活动设计还有很多不足的地方，需要好好反思与总结，真所谓"路漫漫其修远兮，吾将上下而求索"。

时代前昂首　苦难中奋进

——《平凡的世界》整本书阅读教学设计

广州市第七十一中学　谢燕琳

书册档案

书名：《平凡的世界》

作者：路遥

出版社：北京十月文艺出版社

出版日期：2017 年 05 月

教学总体目标

1. 语言建构与运用

搜集与分析相关问题所需文字材料，运用严谨的语言有依据地对相关问题展开叙述、说明、辨析。

2. 思维发展与提升

借助教师所给的参照模型，正确分析、归纳人物关系与层次；运用简单的文学批评方法对人物进行评价。

3. 审美鉴赏与创造

个人体验、作者经历与文本结合，构建个人对文本独特性体验。

4. 文化传承与理解

体会以孙少平、孙少安为代表的中华儿女的自强不息精神。

技术运用与核心问题

美国学者莫提默·J.艾德勒和查尔斯·范多伦合著的《如何阅读一本书》中，将整本书阅读分为基础阅读、检视阅读、分析阅读、主题阅读四个步骤。鉴于《平凡的世界》字数多达百万，文内人物繁多，情节复杂，阅读难度较大，教师将此次的整本书阅读分为四个阶段。第一阶段为导读阶段，学生对《平凡的世界》的作者、主题、创作背景等进行大致了解，完成基础阅读；第二阶段为自读及交流阶段，学生通读全书，做好读书笔记，梳理小说情节，概括人物形象并进行交流，完成检视阅读；第三阶段为精读阶段，教师根据学生自读反馈的精选问题，进行专题探究，完成分析阅读；第四阶段为悟读阶段，学生由《平凡的世界》一书生发出的感悟应与学生生活的时代和经历有某种关联，鼓励学生"读出来"。

《平凡的世界》属于大部头的作品，时间跨度长达十年，出场人物超过百人，线索就有三条，加之字数多达百万，学生如何进行阅读是整本书阅读要挑战的第一个难题。教师要在课堂上指导学生运用各种读书方法，诸如摘抄法、线索梳理法、圈点法、人物比较法、读思结合法、略读跳读精读结合法、课堂阅读与课堂交流展示结合法等。

在教会学生一些基本读书方法的基础上，如何将《平凡的世界》和学生的实际生活联系起来是整本书阅读要挑战的第二个难题。教师要精选相关文本，引导学生深入阅读，打通时代隔阂，让学生充分汲取小说中普通人物身上的精神力量，提高自己的社会责任感与使命感。

实施过程

第一课时　导读课

【教学目标】

1.激发兴趣，阅读全书。

2.了解阅读长篇小说的基本方法。

【教学过程】

1. 引入："路遥"二字让你联想起哪些诗句？

2. 教师介绍路遥生平。

3. 教师介绍《平凡的世界》。

（1）《平凡的世界》作品梗概。

作为一部全景式地展现中国当代社会城市与乡村生活的长篇小说，故事从1975年徐徐铺开。该书以少平、少安兄弟为中心，围绕城市与乡村、理想与现实、快乐与痛苦、日常生活与社会变革等层面多角度地展开细致描写，时间跨度为十年，最终呈现出一幅波澜壮阔的画卷。

（2）《平凡的世界》推荐理由。

① 2019年9月23日，路遥长篇小说《平凡的世界》入选"新中国70年70部长篇小说典藏"。

②这是唯一一本能真正感动我的书，十年来我都不敢看第二遍，书十分令人感动，"平凡但不平庸"。在农村中的那些人那些事会让人找到方向找到支持……人生，就是当有一天，你要离去的时候，回首往事，你不会因碌碌无为而后悔。（杨云）

③《平凡的世界》是茅盾文学奖皇冠上的明珠，激励千万青年的不朽经典，最受教师和学生喜爱的新课标必读书。路遥获得了这个世界里数以亿计的普通人的尊敬和崇拜，他沟通了这个世界的人们和地球人类的情感。（陈忠实）

（3）《平凡的世界》创作过程。

路遥为了创作《平凡的世界》，花了整整三年的时间，走街串巷，搜集到了1975~1985这十年间几乎所有的《人民日报》《光明日报》《解放日报》，亲自走访了许多位经历那段改革岁月的中老年人，积累了大量的第一手素材。

到了具体创作阶段，路遥可以说是废寝忘食，经常是白天翻阅资料、构思故事情节，晚上开始写作，一直写到凌晨四点左右，然后才上床睡觉，睡到中午十二点左右才醒来。

4.阅读方法指导。

（1）摘抄法：本书中有许多激励人心的语句与段落，可以直接进行摘抄。

（2）概括法：以书中人物的言行为依据，概述人物性格。

（3)图表梳理法:阅读文本,选择孙少平、孙少安、田福军三人之一为线索,对小说进行情节梳理。

第二课时　　自读交流课

【教学目标】

完成《平凡的世界》的整本书阅读。

【教学任务】

教师给出学生自由阅读的参考是：最多两周自由阅读《平凡的世界》中的一部，最迟6周完成《平凡的世界》整本书的阅读，每天完成5章的阅读。

【教学过程】

1.本书有许多激励人心的语句与段落，请摘抄相关的语句，并在阅读分享课上进行朗诵。

2.阅读文本，选择孙少平、孙少安、田福军三人之一为线索，对小说进行情节梳理，并在班级阅读分享栏内进行展示。

3.阅读文本，选择你认为最值得探讨的一个人物形象，按教师给出的范例，归纳其形象特点，写出分析依据，并在阅读分享课上进行讲解。

人物	形象特点	分析依据
孙少平	渴望知识	阅读《钢铁是怎样炼成的》之后，对读书产生强烈渴望。

第三课时　精读课（一）

（心中的恋歌，时代的恋歌——从孙兰香的爱恋说开去）

【教学目标】

1. 掌握主题式阅读长篇小说的方法。

2. 理解《平凡的世界》中婚恋与时代的关系。

【教学过程】

1. 导入：婚恋是《平凡的世界》的一个重大主题，书中的每一位女性几乎都有一段或多段苦涩的婚恋历程，但是有一人除外，这个人便是孙兰香，她与吴仲平的爱情几近完满。为什么只有她与众不同呢？

2. 讨论：我们常说环境影响性格，性格决定命运。与孙兰香成长环境最为相似的当属姐姐孙兰花。孙家姐妹成长环境相似，但人生轨迹迥异，这与她们的性格有着怎样的关联？

（学生讨论，教师视学生分析情况加以引导）

孙兰花性格	孙兰香性格
（1）"但平时一直对父亲羔羊般温顺的兰花，这一次却强硬地一边哭，一边和父亲顶嘴，说她死也要死在王满银门上……结婚以后，尽管王满银在所有的人看来，都不是一个好女婿，但兰花却死心塌地跟他过日子，并且给他生养下一男一女两个娃娃。男人一年逛逛悠悠，她也不抱怨，拉扯着两个孩子，家里地里一个人操磨。她不怕这个穷家。她从小就穷惯了。不管别人对她丈夫怎么看，这个忠厚善良的农家姑娘，始终在心里爱着这个被世人嫌弃的人——因为在这世界上，只有这个男人，曾在她那没有什么光彩的青春年月里，第一次给过她爱情的欢乐啊！"（第一部第5章）——善良、倔强、痴情 （2）王满银劳教回来。"半路上，兰花心疼	（1）"兰香不知什么时候又出去捡了一筐柴禾，这时悄悄地从门中进来，又悄悄地去灶火圪崂里倒柴去了……少平他妈突然惊慌地在锅台边叫道：'哎呀，我的天！我这死人咋忘了喂猪了！'孙玉厚一听就火了，正要开口数落老婆，就听见女儿兰香在灶火圪崂里说：'妈，猪我已经喂过了……'窑里所有人的目光，一齐投向这个他们谁也没有留意的十三岁的孩子。她正从筐子里往外倒柴禾。她不知什么时间已经捡回来好几筐柴禾了，足够一两天烧的。可爱的兰香默默地做着她能做的一切活。"（第一部第6章）——勤快、懂事 （2）"兰香强烈地意识到，她读高中是多

孙兰花性格	孙兰香性格
地对男人说：'家里还有六颗鸡蛋，我回去就煮！你和猫蛋狗蛋一人两个！'"（第一部第15章）——包容、体贴 （3）"孩子们也渐渐明白，最苦要数母亲了。父亲一年不在家，母亲既忙家里的事，还要到山里去耕种。在通常的情况下，她既是他们的母亲，又是他们的父亲，尤其是夜晚，当黑暗吞没了世界的时候，他们睡在土炕上，总有一种莫名的恐惧。他们多么希望父亲能睡在身边——这样，他们就是做个梦，心里也是踏实的。他们现在只能像小鸟一样，依偎在母亲的翅膀下。"（第二部第28章）——任劳任怨 （4）"兰花听着酸歌，常常臊得满脸通红，她真想破口骂这些骚情小子，但人家又没说明是给她唱的，她凭什么骂人家呢？但是，也有人真的在半夜来敲她的门。这时候她就不客气了。为了不吵醒孩子，她穿好衣服溜下炕，走到门背后，把这些来敲门的男人骂得狗血喷头。罐子村想来这里'借光'的人先后都对她死了心。嫁鸡随鸡、嫁狗随狗的传统观念，使这个没文化的农村妇女对那个二流子男人保持着不二忠贞。"（第二部第28章）——忠贞不二 （5）"兰花面对着这些小纸包，心脏剧烈地跳动起来。这些药的出现，似乎是一种命运的安排，使她自然而然地想到了死。是呀，她真不想活了，虽然她是个大字不识的农民，但她也是个人——正因为她大字不识，她心中就更容纳不了如此的事情！她不愿让公家拿法绳把她的男人绑走；但又没能力把那个女人赶走；她更没勇气为这事公开闹一场——这样她的孩子和娘家门上的人都没脸在这个世界上活下去了。死的念头一刹那间便占据了她的心……她半辈子受死受活，如今落了这么个下场，她也	么不容易！现在她明白了，她一生不能再回到农村去；她一定要考上大学……从进入高中那天起，考大学就成了兰香追求的目标。自一九七七年恢复高考制以来，原西县高中每年都有几十名学生进入大学门，这无疑极大地刺激了像她这样有抱负的青年……马上就要高考了。再有几个月，她就要面临这个决定自己一生命运的关口……她知道，要是高考榜上无名，对她来说，那后果就不堪设想。她清楚地知道，那时会有什么样的命运在等待着她。她将一两年内出嫁。而像她这样的家庭，又能嫁个什么人呢？和一个农村后生结婚，过好了，自己能维持自己；过不好，还得连累老人和两个哥哥——姐姐的不幸就在她眼前明摆着……晚上睡觉时，她常梦见自己没有考上大学；醒来之后，手里捏着两把冷汗。"（第二部第43章）——不向命运屈服、锐意进取 （3）"从那天以后，她和吴仲平就渐渐熟悉起来。他们常常在学校的图书馆和社科书目阅览室不期而遇，同时会很自然地坐在一块，讨论许多问题。她很快知道，在班上，她只能和这个人一块讨论课程以外更艰深的学术问题。他们各方面的资质都很接近，完全可以用对方能听懂的语言对话。对于天才来说，能在一个小范围内找到知音，那概率大概如同海中捞针。（第三部第12章）——追求平等和自由、勤快、懂事、独立、自信、矢志不渝……

孙兰花性格	孙兰香性格
没脸活了。去死呢！她相信人死了以后还能轮回转世，有可能转成人，也可能转成动物。不管来世人还是牲灵，她都还要转生到罐子村来；这里有她的亲骨肉；她要来看她的猫蛋和狗蛋……怎个死法？不能死在这个家里。不能死在仇人的面前。老鼠药没水吞咽不下去……对，到前河湾的水井边去。"（第二部第29章）——刚烈、善良、坚忍	

3. 讨论：孙兰香婚恋的完满仅仅是由性格决定的吗？

（学生讨论，教师视学生分析情况加以引导）

孙兰花婚恋特点及原因	孙兰香婚恋特点及原因
外因： 身份因素：家中长女，嫁人后独自持家 经济因素：婚前、婚后均贫困 生活环境：狭小闭塞	外因： 身份因素：家中幼女，后进入重点大学 时代因素：恢复高考，改革开放
内因： 文化水平：不识字，见识少 个人性格：善良坚忍、勤劳朴实、包容体贴、倔强刚烈、忠贞不渝 思想观念：顺从、依附的传统观念强烈	内因： 文化水平：接受高等教育 个人性格：勤快、懂事、独立、自信、矢志不渝、追求平等和自由 思想观念：摆脱传统观念的束缚
守望式的传统婚恋	实现独立自主、平等自由的现代爱情

4. 教师点拨：成长环境、受教育程度、个人性格、时代等都是影响个人爱情与婚恋特点的重要因素。孙家姐妹的婚恋既与个人性格有关，同时在很大程度上也与时代紧密联系，她们的爱情经历很大程度上是时代的产物。兰花和兰香姐妹俩的婚恋，反映了当时农村女青年不同的精神面貌，这恰恰是时代的嬗变，也是时代的进步。

5. 在《平凡的世界》里，作者着意刻画了处于特定时期的一群典型的女性形象，如果从爱情婚恋这个角度出发对她们进行分类，你会怎样分？

（学生讨论，教师视学生分析情况加以引导）

类别	守望式的传统婚恋	在传统与现代间徘徊的爱恋	实现平等自由的现代爱情
代表人物	孙兰花、贺秀莲	田润叶	孙兰香、田晓霞
特点	由于受深入骨髓的传统观念的影响，加之缺少文化，这一类人物的自我意识无法觉醒。瞬息万变的外界环境丝毫影响不了她们，她们固守着古老的生活方式，女子的独立与自尊对她们而言就是天方夜谭。	女性的独立与自尊，带动了其意识的觉醒。但城市化的进程并没能将头脑中根深蒂固的传统思想连根拔起。在自我与亲人之间，这一类人总是将自我置于后方。	这一类人物完全摆脱了传统女性性格上的懦弱成分，逆来顺受、落后性已从她们身上一扫而光，取而代之的是眼界的开阔、思想的独立、自我意识的觉醒、对自由平等的追求。
作者态度	兰花生活艰难但最终"守"到了圆满，"望"到了幸福，秀莲劳碌的一生也不失精彩。作者对这一类人物充满怜悯与同情。	这类女性的人生是寂寞而寡欢的，同时又带有祭献的色彩。	这类女性对自身幸福追求的信念和勇气，在改革大潮中奋勇搏击的独立与自尊，深切地感动着每一位读者。作者在这一类人物身上寄予了自己无限的向往之情。

6. 教师点拨：《平凡的世界》中这三类不同的女性，都在平凡的土地上演绎着不平凡的人生，共同丰富着这个平凡的世界，深刻地揭示了中国妇女从传统到现代的生活画卷。

第四课时　精读课（二）

（奋斗是青春最亮丽的底色）

【教学目标】

汲取《平凡的世界》的精神力量，体会以孙家兄弟为代表的中华儿女自强不息精神。

【教学过程】

教师问题导读：路遥曾指出，《平凡的世界》中所写的时代是一个复杂的交叉地带，面对巨大的社会变化，孙家兄弟是如何面对的呢？

1. 小组合作，对文中描写时代背景发生巨大变化的典型段落进行梳理，整理出小说所展示的时代特点。（略）

2. 小组讨论：面对时代的巨变，孙少平和孙少安的人生选择大不相同，你能列出他们人生选择的不同之处吗？

（教师依据学生梳理情况进行适当补充）

孙少安注重物质，深入农村。在孙少安的眼中，一家人吃饱饭就是最重要的。13 岁就辍学回家的他，和父亲一起出山干活，积攒工分。十一届三中全会后，以自己对农业生产的理解以及自身的智慧，谋求新的出路，并带领乡亲们走上了发家致富的道路。这当中虽历经波折，但这个生长于黄土高原上的年轻人却始终深深地眷恋着这块土地。

孙少平注重精神，追逐梦想。他读过不少书，"到外面去闯荡世界的想法还是一直不能从他的心灵中勾销"。他不愿一辈子待在双水村当个农民。为了追寻自己的梦想，他忍受疼痛、寂寞、肮脏……一步步完成着平凡而伟大的蜕变……

讨论 1：孙家兄弟的选择看似南辕北辙，你能发现其中的相同之处吗？

教师点拨："什么是人生？人生就是永不休止的奋斗！只有选定了目标并在奋斗中感到自己的努力没有虚掷，这样的生活才是充实的，精神也会永远年轻。"孙家兄弟面对时代巨变，一个扎根农村，一个追逐梦想，但不同的人生抉择之中，都歌咏出不屈服命运，勇于奋斗的时代强音。

讨论 2：路遥给小说设置了一个开放性的结局，但是孙家兄弟的命运走向真的难以预测吗？请你为小说续写一个结局，要求符合小说的主题。

教师点拨：人究竟该怎样面对现实？故事的最后，路遥给我们呈现了一个开放式的结局，但是他播下的种子却是清清楚楚指向明确的，那就是永恒的希望与奋斗。

第五课时　悟读课

【教学目标】

汲取《平凡的世界》中的精神力量，助力学生成长。

【教学过程】

1.2018 年 9 月，《平凡的世界》入选"改革开放 40 年最具影响力小说"，请你为该作品写一段推荐词，并在分享课上展示。

2.《平凡的世界》与我们每一个人的现实生活有何关联？请结合小说与你的现实生活写一篇随笔，不少于 800 字。

教学反思

一、关于整本书阅读书目的选择

本学期选择《平凡的世界》作为整本书阅读的书目主要是基于以下几点考虑：一是《平凡的世界》是茅盾文学奖皇冠上的明珠，2019 年 9 月 23 日，入选"新中国 70 年 70 部长篇小说典藏"书目，是教育部推荐的高中生必读书目，并且是北京市高考必考名著之一，在中国现代文学史上的地位非同一般；二是教师本人多次阅读《平凡的世界》这本书，对路遥的其他作品也都通读过，能对学生的阅读做一定的指导；三是学生刚升上高中，学习较后面几个学期轻松，阅读时间比较容易保障。事实证明，这个选择是正确的。班上 85% 以上的同学在规定的时间内完成了整本书的阅读，并表示有所收获。这提示我们在选择整本书阅读的书目时要考虑几个重要的因素：书籍本身的价值、阅读时间的保障、教师对作品的把控能力。

二、关于整本书阅读时学生阅读状况的监测

什么是整本书阅读的关键？学生完成阅读最为关键。面对大部头的作品，如何才能监测学生是否按时完成阅读任务？这是开展整本书阅读的一大难题。为了突破这个难题，我在自读环节按学生的阅读速度规定完成时间，并采用摘抄法、概括法、表格梳理法来监测学生阅读情况。从结果呈现来看，大部分学生还是能够按教师意见完成独立阅读，当然也存在小部分同学有偷工减料的嫌疑。这次的尝试提示我们，学生的自读环节是整本书阅读最为关键的一环，教师要加大力度开展研究，创设更多合理的情境，设置更多的任务群来推动整本书阅读的开展。

三、关于整本书阅读精读课的选题

一部百万字的小说，时间跨度长达十年，出场人物多达百位，线索就有三条，如何在这错综复杂的关系里挑选有价值的问题进行深入解读呢？精读课的选题一方面要来源于学生阅读的体悟和疑惑，如孙兰香的人生轨迹与众不同，这就是学生在阅读的过程中发现的。精读课的选题另一方面要来源于文本本身。《平凡的世界》最大的价值就是路遥用"巴尔扎克式"的写作，向我们呈现了一个波澜壮阔的大时代，引导无数的读者叩问着"人究竟该如何面对现实"这个命题，因此，孙家兄弟呈现给读者的共同精神导向是另外一个很好的选题。当然，《平凡的世界》中还有很多有价值的问题等待着我和同学们一起去开发。这次的尝试提示我们，主题式的阅读在整本书阅读中起着重要的作用，但精读课是否只有主题阅读这条道路呢？同一主题下的阅读又是否只局限于一部作品呢？这些问题都需要我们再花精力去研究。

更好的自己　更好的未来

——《围城》整本书阅读教学设计

广州市第七十一中学　杨文霞

教学总体目标

1.语言目标

在《围城》整本书阅读过程中，掌握其幽默风趣的语言文字特点，运用规律形成个人言语经验，发展有效沟通交流的能力。

2.审美目标

梳理整合重要事件，通过若干活动，引导学生把握人物关系，探讨悲剧形成原因，探讨主人公人生价值、社会价值，并进一步尝试个性化深度阅读，挖掘性格与命运的关系，促进学生精神成长并形成正确的审美意识、健康向上的审美情趣与鉴赏品味，促使学生对自我性格的分析及其对未来人生的思考。

3.文化目标

继承和弘扬中华优秀传统文化，热爱祖国语言文字，拓展文化视野，增强文化自觉。

技术运用与核心问题

采用批注式阅读法，运用智慧校园平台，以问题和活动以及定期展示交流的形式促进学生完成《围城》整本书阅读。

实施过程

第一课时　腹有诗书气自华

——导读课

【教学目标】

1. 开展导读课，引发阅读期待。

2. 运用批注的阅读方法，整体第一次阅读《围城》，了解重要时间节点、事件，提出阅读中发现的问题。

【教学过程】

一、对学生的阅读情况进行调查

调查 1：除了教材，你还读了哪些书？

调查 2：你最喜欢哪些类型的书？

调查 3：你是怎样读书的？

二、怎样才能读好书

一序：由浅入深，循序渐进。

二勤：业精于勤，荒于嬉。

三恒：持之以恒，锲而不舍。

四博：从精出发，博览群书。

五问：不懂就问，洞明学问。

六忆：多动笔墨，多做笔记。

七用：专心致志，专一博广。

八专：多加思考，多质疑。

九思：学以致用，改变命运。

三、高考作文卷中出现的硬伤

细节不实：

关于霍金的病。

甲：从小就是残疾（该生在篇末说：霍金想好了这一切，整理了一下衣服，打开门大步走了出去）。

乙：小儿麻痹症。

丙：高血压。

丁：心肌梗死。

戊：帕金森综合征。

时代错位：

甲："鲁迅在'四人帮'攻击他的时候，拿起手里的笔反抗，最后牺牲了。"

乙："战国时期的曹操，在赵文姬的帮助下一步一步地走上历史政治舞台……最后终于和赵文卓结为夫妻。"

张冠李戴：

甲："霍金曾经是美丽的女孩，年轻的时候很可爱，后来瞎了眼睛，写了《假如给我三天光明》。"

乙："桑地亚哥是一个伟大的作家，他又聋又哑，后来写了《老人与海》。"

四、方鸿渐身上的三重"围城"

方鸿渐身上有三重"围城"。

第一重围城：方鸿渐是个典型的知识分子，一个玩世不恭又有点良知的知识分子，这就构成了他人生的第一圈"围城"。

第二重围城：给他带来多灾多难的假学位。

第三重围城：他在处理感情问题时候的玩世态度。

也许从第一重围城建立时，就决定了会有第二重围城和第三重围城了。在那个时代，想要做个大人物并不是每个人都能成功的，可是他还是希望做个大人物。买文凭时，希望自己能够使家翁感觉光耀门楣；买了文凭，又觉得有损道德。

多数的人都像方鸿渐一样，有那么一点的良心，有那么一点的虚荣。他们处处做小人，又不得不处处提防小人。他们懂得世道艰险，可又不好好地去接纳它。他们尝试去改变，就像方鸿渐想知道韩学愈文凭的真伪，以此找回自己的公道一样。殊不知，人家早就设定了陷阱等他踩进去。

或许《围城》的文学价值也在于此。它写出了人们不愿意正视的、真实的社会环境。

任务 1：怎样读一本书？你将选择怎样的方式读《围城》？

活动 1：第一轮整本书阅读。

任务 2：读书。边读边批注，完成每章的阅读过程记录表。教师定期收集学生的阅读疑问，利用阅读课讨论答疑。

第二课时　读全书　整合内容

——细读课

【教学目标】

1. 学习并运用批注、略读、精读等阅读方法。

2. 学习并运用思维导图梳理人物关系。

3. 提升口语表达能力。

【教学过程】

活动 2：分组绘制人物关系思维导图。

任务 3：带着阅读思考题，第二次读书。

阅读思考题：

A：《围城》主要人物历程图。

B：人物关系图。

C：说说人物。在这部小说中，你最喜欢或讨厌哪个人物，为什么？（写一篇 600 字的短文）

任务 4：以小组为单位，从作品主旨、作者介绍、剧情介绍、人物、悲剧产生的原因、文字、风格几个方面制作 PPT，各小组派代表在汇报课中汇报讲解。

第三课时　重点研读　收获启示

——研读课

【教学目标】

1.各小组分享文中经典语录，并加以讲解。

2.学习《围城》中的比喻艺术。

【教学过程】

任务5：积累经典语录和精彩比喻，各小组编辑成册，全班传阅。

任务6：

（1）拓展阅读。教师印发阅读资料，要求学生做批注、写提纲或做摘录。

（2）尝试在作文里以一句有哲理的话为中心写作，并有三个以上的比喻句。

任务7：书签制作活动。将你喜欢的《围城》中的经典语录或精彩比喻做成书签。

任务8：小说中的讽刺艺术运用得出神入化、新奇巧妙，独特的漫画式白描手法把人物的性格、形象勾勒得丰满传神、诙谐幽默，妙趣横生的比喻包含辛辣和冷峻，饱含其中的哲理引人深思，尖锐泼辣的语言具有独特的艺术魅力。

以小组为单位，分享你喜欢的讽刺句。

第四课时　个性阅读　专题写作

——活动课

【教学目标】

1.阅读梳理，深入理解小说中的人物形象，把握主人公丰富的人格魅力以及形成原因，探讨主人公的人生价值、社会价值。

2.学习写作学术小论文。

【教学过程】

一、人物形象

方鸿渐是一个失败的人。他的失败在于他在面对现代社会残酷的生存竞争时缺乏应有的理性，还在于他不算是个卑鄙的人，有时候还想保持一点做人的尊严。我们知道，乱世是英雄或枭雄的天下，懦弱者是注定要失败的。所以，既不作恶也无英雄气概，既与世无争又一事无成的方鸿渐，是注定要失败的。

《围城》人物谱里更有独特意义的是孙柔嘉。她是怯生生的小女生，却是个最工于心计的人。这种既柔又嘉、既柔又刚的人，掌控着自己的婚姻、生活和命运，也掌控着方鸿渐的婚姻、生活和命运。中国道家文化中的所谓"阴柔"，中国政治文化中的所谓"权谋"，都可以在她身上找到影子。她是一个复杂的人，当她掌控一切后，婚姻、生活和命运却又似乎全都失控了，这个转折表达了另一个层面的"围城"困境。

苏文纨之名可引谢惠连的《雪赋》："凭云升降，从风飘零，素因孤立，污随染成，纵心皓然，何虑何营。"此诗正暗示了苏文纨在小说中的际遇，空有苏小妹才名及法国博士帽，却沦落到与方鸿渐诸人玩爱情与智力的双重游戏，待理想破碎，容颜渐老时草草下嫁，及至为人妇时，又诱惑赵辛楣与之发生私情，演绎了一出人生闹剧。

二、悲剧产生的原因

（一）社会因素

1. 传统文化的影响

中国传统文化强调的是将社会的外在规划化为个体的内在欲求，从而使人处处以公众的道德尺度制约自己的行动，异化自我以维护社会秩序的稳定。新旧文化、东西文化的矛盾冲突不仅表现在方鸿渐生活的外部环境，以及悲剧人生的客观因素中，更积淀和内化于他的心灵深处，直接构筑着他的"精神围城"。

在这两种价值取向迥然不同的文化夹击下，形成了方鸿渐对立的人生态度和双重人格——认真而又玩世，正直而又脆弱。

在求学的路上，方鸿渐"是个无用之人，学不了土木工程，在大学里从社会学转哲学系，最后转入中国文学系毕业"。大学毕业后，方鸿渐又意外地获得了"准岳父"周经理的资助得以到欧洲留学。可是方鸿渐到达欧洲，四年中换了三所大学，随便听几门功课，兴趣颇广，心得全无，生活尤其懒散，以致学无所用。由此看来，他一无所成是很自然的事。然而，他毕竟留学三四年，在家人的眼里，他是光耀门庭的，他害怕空手而归会引起家人乃至世人的唾骂和嫌弃。因此，他厚颜无耻地买了一个子虚乌有的"克莱登"大学哲学博士文凭。虚荣和恐惧使他在以后的为人处世中都无法理直气壮。

2. 黑暗腐朽的社会背景

现实世界的虚伪和丑恶、荒唐无聊是导致他悲剧人生的重要原因。

方鸿渐生存的环境，是中国沦为半殖民地半封建社会的时代，封建主义与资本主义、传统文化与外来文化、侵略与反侵略交织，中国被卷入了时代的旋涡。中华民族处于危难之际，国难当头，人与人之间经常以自我为中心，谋取私利，方鸿渐身处的环境远非一片净土。这里有道貌岸然、老奸巨猾却口称维护教育尊严，实则是酒色之徒的市侩校长高松年；有外表木讷、内心狡诈的假洋博士韩学愈；有在政界失足落水、混迹学校的旧官僚汪处厚；有专事吹牛拍马、浅薄猥琐的势利小人陆子潇……近朱者赤，近墨者黑。正是在这样的环境下，方鸿渐没有意识到自己可恶的一面，这也是他悲剧人生的重要原因。清高孤傲、无所作为的方鸿渐终于在三间大学几十个知识分子的钩心斗角和相互倾轧中被排挤出来，被解除了教师职务。

3. 养尊处优的生活环境

生活方面的顺利造成了方鸿渐性格上的致命弱点，懒散、依赖、无主见，处事优柔寡断，缺乏处事经验，不懂人情世故，这也是他人生中不断遭遇失败的一个重要因素。方鸿渐生活在一个封建大家庭里，自幼养尊处优，凡事都由他精明的父亲操办，他只管念书。婚姻有父母包办，生活有人替他料理，经济有足够的支持，他出国留学的费用也有"准岳父"承担，就连他工作以后，婚姻生活的钱还是家里寄给他的，而他的工作或是靠"准岳父"挂牌，或是靠赵辛楣介绍，基本上没有他个人奋斗的痕迹。正是这样优越的生活，使他在生活、事业、婚姻方面连一点主动权都没有，任人摆布，由此注定他的人生是摇摆不定的一生。

（二）性格因素

1. 缺乏斗争精神

方鸿渐上过大学，也出国留过学，受过西方自由民主文化的熏陶，他渴望得到自由爱情的权利，却惧怕封建家长的淫威，轻易地向旧势力屈服。在父亲的痛骂下，他"吓矮了半截"，一下子便打消了自己的念头，不再妄想，开始读叔本华，常自我安慰地对同学们说："世间哪有恋爱，压根是生殖冲动。"对苏小姐迟迟不敢表明自己的决心。此外，他刻骨铭心地爱着唐晓芙，却也没有执着地去追求，只是说："你说得对，我只是个骗子，我不敢再辩，以后决不来讨厌了。"然后站起来就走，绝不回头。假如方鸿渐有那么一丁点恒心，也就不会放弃对唐小姐的追求，也不会在把握幸福的关键时刻错失良机。正是他缺乏斗争精神，导致他在婚姻恋爱中一败涂地，也在生活和事业方面处处碰壁，无力回天。

2. 缺少自省意识

方鸿渐是一个具有较高学历的知识分子，但他却愚顽得不可思议。他的人生经历了无数次的挫折，但他从来没有思考失败的原因。

方鸿渐刚回国时俨然是一个春风得意、神气十足的人物，吃饭、住宿有人管，工作自由自在，在女人面前还是你抢我夺的一个香饽饽。但随着与苏小姐的反目，瞬间从命运的宠儿变成了厄运缠身的倒霉蛋。对于这一系列的变化，他并没有认真思考，更没有冷静分析、自我检讨，从中吸取经验教训。在三闾大学任教时，受到了同事们的排挤，在大家的嘲笑下他灰溜溜地离开。然而，对于这一切，他并不懂得扪心自问。如果他能够从失败中总结经验，吸取教训，也不至于造成如此悲剧的人生。因此，缺少自省意识是造成方鸿渐悲剧人生的罪魁祸首。

教学反思

通过智慧校园平台推进《围城》整本书阅读的实践，学生的阅读兴趣大大提高。兴趣是最好的教师。在阅读与深入分析中，学生的口头表达能力和书面表达能力得以提升。落实整本书阅读要考虑学生的阅读兴趣、学情特点，要预估学生在阅读时的需要，更要促使学生完成整本书的阅读。教师要教给学生获得阅读整本书的方法，培养整本书的阅读兴趣，树立整本书阅读的信心，这就要求教师非常细致地设立各个环节。在阅读与探讨的过程当中希望更好地促进学生精神成长，促使学生对自我性格的分析及其对未来人生的思考。

智慧课堂的许多现场评测功能使课堂气氛十分活跃，不仅调动了学生发言和思考的积极性，而且让学生享受了自由阅读的快乐，还有效地提升了阅读的品质，培养了审美的情趣。此外，阅读平台的考级测评也带动了学生养成随时阅读和经常阅读的习惯，更能促使学生变被动阅读为主动阅读，并且自发地在智慧平台上和阅读小组内推荐新书和分享读书心得，这无形中在班级里形成了一个温馨的阅读氛围。很多同学表示，在阅读中遇见了更好的自己。

阅读能遇见更好的自己，拥有更好的未来。

扭曲的父爱　畸形的教化

——《高老头》整本书教学方案

广州市第七十一中学　邹永刚

教学总体目标

1. 语言目标

引导学生阅读《高老头》，学习《高老头》中对典型环境的精细描写以及对典型人物的出色刻画，体味其细致逼真、雄浑而富有生气的语言。

2. 思维目标

通过阅读经典，理解《高老头》多线索互为补充和深化的精致结构。

3. 审美目标

精读《高老头》选段，品味小说中共性与个性相统一的典型形象、精细而富有特征的典型环境、广泛运用的对比手法，认识当时法国巴黎金钱至上的畸形社会现状。

4. 文化目标

培养学生阅读外国文学的兴趣，并由此培养学生由粗读到精读的阅读习惯，引导学生善于从小说等文学艺术形式中发现生活的真谛。

技术运用与核心问题

《高老头》是外国名著，翻译版本较多，在课前我向学生推荐傅雷先生的译本（这部作品，傅雷先生先后进行了三次翻译），从而让学生从整体和细节上对文本进行把握。但由于时间的限制，以及整本书阅读的侧重点不同，对本书的课堂教学将不按书中章节逐一阅读的方式推进，而是让学生采用课外通读和课内精读结合的方式进行。课内学习以学生合作探究、自主交流为主，以教师点评、引导为辅，从而充分调动学生阅读的自主性和积极性。同时，利用多媒体课堂及白云智慧教育平台，设计名著导读《高老头》练习、交流展示等环节，检查课前通读情况。通过"小组合作、代表发言、组间互评"等方式，调动学生阅读的积极性，使学生在思维的交流碰撞中强化阅读所得，开阔眼界，培养学生由粗读到精读的阅读习惯，引导学生善于从小说等文学艺术形式中发现生活的真谛，形成正确的人生观和价值观。

此外，我也十分注重以读促写，引导学生将阅读所得诉诸笔端，再在课堂和智慧白云教育平台上通过分享小说精彩片段，交流、点评学生作品读后感，激发学生阅读和写作的兴趣，以有助于培养学生语文核心素养。

实施过程

第一课时

【教学目标】

初读与感悟，走进《高老头》，了解作者及主要内容。

【教学方式】

课前布置阅读整本书《高老头》，利用课外时间，历时大概三周梳理出每一章的主要内容。

阅读版本要求：《高老头》，傅雷译，人民文学出版社出版。

提前布置每一章内容概括，形成文字，由教师以课件形式进行汇总。

【教学过程】

一、情景导入，走进《高老头》

在巴黎的卡西尼街一间书房里，有个人几乎是发狂似的在书稿上奋笔疾书，他几乎每天写作十八个小时。咖啡气息和烟味使这个房间如同即将失火的厨房。最后一天，房间竟然爆发出一阵阵哭声。几个月后，一部作品风靡巴黎，书商们张贴海报来告知读者。第一批印出的书未投入市场就被书商预购一空。这部作品就是《高老头》，而那阵阵哭声是作者巴尔扎克写到高老头被两个好虚荣的女儿将钱财索要一空后孤独地病死在小阁楼时，伤心至极而发出的。

二、了解作者和《人间喜剧》

巴尔扎克，法国人，全名为奥诺雷·德·巴尔扎克，1799 年出生，1850年不幸过世。他出生于一个法国大革命后致富的资产阶级家庭，由于他父母婚后的生活并不美满，所以在巴尔扎克还没有满月时便送给了乳母寄养，只有在礼拜天才能与家人团聚。巴尔扎克排行老大，家中还有弟妹三人。但因为长期在乳母家寄养，所以他的童年既没有得到父母的爱抚，也没有得到多少欢乐。他曾在后来的回忆中说道："这是任何人命运中所不曾遭受到的最可怕的童年。"他被誉为法国小说之父，曾经进入法律学校学习，但心中充满文学梦想的他，毅然决然地走上了文学的道路，开启了他文学的大门。

1829 年，他发表长篇小说《朱安党人》，迈出了现实主义创作的第一步，1831 年出版的《驴皮记》使他声名大震。1834 年，完成《高老头》的写作，这也是巴尔扎克最优秀的作品之一。他要使自己成为文学事业上的拿破仑，在19 世纪三四十年代以惊人的毅力创作了大量作品，一生创作甚丰，写出了 91部小说，塑造了 2472 个栩栩如生的人物形象，合称《人间喜剧》。《人间喜剧》被誉为"资本主义社会的百科全书"。由于早期的债务和写作的艰辛，导致劳累过度，于 1850 年 8 月 18 日与世长辞。

三、概述小说主要内容

《高老头》是法国 19 世纪伟大作家巴尔扎克的优秀作品之一，它入木三分地刻画了资本主义世界里人与人之间赤裸裸的金钱关系。主人公高老头，年轻时以贩卖挂面为业，后来当上供应军队粮食的承包商而发了大财。他十分疼爱他的两个女儿，让她们过着奢华的生活。她们一个高攀贵族，进入了上流社会，成了新贵雷斯托伯爵太太；一个喜欢金钱，嫁给了银行家，成为纽沁根夫人。她们出嫁时，每人得到了 80 万法郎的陪嫁，因此对父亲百般奉承体贴。当她们榨干父亲的钱财后，便将父亲赶出自己的家门，不允许他再登门，让他在破旧的伏盖公寓过着寒酸的生活。最后，高老头凄惨地死去，而他的两个女儿连葬礼都没有参加。

四、课堂小结，开启细读之旅

本书通过高老头的悲剧，细致入微地描写了统治阶级的卑鄙罪恶，抨击了物欲横流、人性丑恶的社会现实，暴露了在金钱势力支配下资产阶级的人格沦丧和人与人之间赤裸裸的金钱关系。

五、布置阅读任务，细读第一章，选取精彩片段进行赏析

略。

第二课时

【教学目标】

精读第一章《伏盖公寓》，重点通过赏析典型环境和典型人物的描写，初步探讨文本意蕴。

【教学方式】

课前布置摘抄第一章关于典型环境和典型人物的描写（利用课外时间，历时大概二周），以小组为单位分配任务，自制讲解课件，教师提前收集，课内自主展示。

【教学过程】

一、问题导入，了解环境和人物关系

小说中的伏盖公寓是一个怎样的公寓呢？让我们进入这个公寓看一看，进而了解主人公高老头与这个公寓有什么关系。

这一章主要着眼于典型环境和典型人物的描写。首先对伏盖公寓这个故事发生的地点做了身临其境的细节描写，先写外景（街道、建筑、阴沟、墙角），显出"一派毫无诗意的贫穷"，然后写内景（院子、客厅、地板、陈设），无一不散发"公寓味道"——"一股闭塞的、霉烂的、酸腐的气味"。在这样的背景下，再介绍伏盖公寓那些奇形怪状的住客，对每个人从外部形态到心理神态都做了"考古学式的描写"。

二、选读片段，感知环境和人物

上一次课，我们布置了精读的任务，要求大家摘抄第一章关于典型环境和典型人物的描写片段。教师把大家的作业进行了如下归类。大家可以从中挑选你最感兴趣的片段，对该描写片段进行解读。

出示课件1

环境描写：伏盖公寓

人物描写：

1.高老头形象：略。

2.拉斯蒂涅形象：略。

3.伏盖太太形象：略。

分组展示：

第一组：出示课件2

伏盖公寓：

1.公寓的屋子是伏盖太太的产业，坐落在圣·日内维新街下段，正当地面从一个斜坡向弩箭街低下去的地方。坡度陡峭，马匹很少上下，因此挤在华·特·葛拉斯军医院和先贤祠之间的那些小街道格外清静。两座大建筑罩下一片黄黄的色调，改变了周围的气息；穹窿阴沉严肃，使一切都暗淡无光。

2.一到这个地方，连最没心事的人也会像所有的过路人一样无端端地不快活。一辆车子的声音在此简直是件大事；屋子死沉沉的，墙垣全带几分牢狱气息。

3.正屋之后是一个二十尺宽的院子：猪啊，鸭啊，兔子啊，和和气气地混在一块儿；院子底上有所堆木柴的棚子。棚子和厨房的后窗之间挂一口凉橱，下面淌着洗碗池流出来的脏水。

4. 这间屋子有股说不出的味道，应当叫作公寓味道。那是一种闭塞的、霉烂的、酸腐的气味，叫人发冷，吸在鼻子里潮腻腻的，直往衣服里钻。那是刚吃过饭的饭厅的气味，酒菜和碗盏的气味，救济院的气味。

5. 总之，这儿是一派毫无诗意的贫穷，那种锱铢必较的、浓缩的、百孔千疮的贫穷；即使还没有泥浆，却已有了污迹；即使还没有破洞，还不曾褴褛，却快要崩溃腐朽，变成垃圾。

赏析：以上是关于伏盖公寓精细入微的细节描写。文中对伏盖公寓里里外外的环境，从街道、建筑，甚至阴沟、墙角，到内部的陈设布置，使用了大量笔墨描绘伏盖公寓这个穷苦人的聚集地，为之后故事情节的展开埋下了伏笔。

这是对伏盖公寓外部环境多层次立体化的描写，是一幅灰黑、沉闷、贫穷、破旧、像"墓窟"一般"暗淡"的画面。伏盖公寓的内部，到处是"凄凉"的景象，摆放着"古旧、龟裂、腐烂、摇动、虫蛀、残缺、老弱无能，奄奄一息"的家具，充斥着"叫你恶心"的气味。这就是小说的主人公高里奥老头生活的环境，也是被两个自私、残忍、挥霍无度的女儿把财产搜刮净尽后，当作榨干了柠檬汁的"空柠檬壳扔在大街上"，最后贫病而死的悲剧人物的活动舞台。高里奥老头生活的这个环境，与圣·日耳曼区鲍赛昂子爵夫人精雅绝伦的贵族府邸及高老头女儿家豪华俗气的资产阶级暴发户的客厅形成鲜明的对比，有力地表现了主题。

第二组：出示课件3

高老头的形象：

1. 高里奥搬来的时候箱笼充实，里外服装，被褥行头，都很讲究，表示这位告老的商人很会享福。十八件二号荷兰细布衬衫，教伏盖太太叹赏不止，面条商还在纱颈围上扣着两只大金刚钻别针，中间系一条小链子，愈加显出衬衣料子的精细。

2. 他脱下宝蓝大褂跟那些华丽的服装，不分冬夏，只穿一件栗色粗呢大褂，羊毛背心，灰色毛料长裤。他越来越瘦，腿肚子掉了下去；从前因心满意足而肥胖的脸，不知打了多少皱褶；脑门上有了沟槽，牙床骨突了出来。

3. 他住到圣·日内维新街的第四年，完全变了样。六十二岁时的面条商，看上去不满四十，又胖又肥的小财主，仿佛不久才荒唐过，雄赳赳气昂昂，教路人看了也痛快，笑容也颇有青春气息；如今忽然像七十老翁，老态龙钟，摇摇晃晃，面如死灰。当初那么生气勃勃的蓝眼睛，变成黯淡的铁灰色，转成苍白，泪水也不淌了，殷红的眼眶好似在流血。

4. 原来高老头把一张桌子仰倒着，在桌子横档上缚了一个镀金的盘和一件好似汤钵一类的东西，另外用根粗绳绞着那些镌刻精细的器物，拼命拉紧，似乎要绞成金条。老人不声不响，用筋脉隆起的胳膊，靠绳索帮忙，扭着镀金的银器，像捏面粉一般。

评价：高里奥搬来伏盖公寓时，他住在二楼一间最好的房间，每年交1200 法郎的膳宿费。他衣着讲究，每天还请理发师来给他梳头发，连鼻烟匣都是金的。他算得上这所公寓里最体面的房客，人们都叫他高里奥先生。寡妇老板娘还向他搔首弄姿，想改嫁于他，当一名本地区的阔太太。

第二年年末，高老头就要求换次等房间，并且整个冬天屋子里没有生火取暖，膳宿费也减为 900 法郎。大家把他当作"恶癖、无耻、低能所产生的最神秘的人物"。

第三年，高老头又要求换到最低等的房间，每月房钱降为 45 法郎。他戒了鼻烟，打发了理发匠，金刚钻、金烟匣、金链条等饰物也不见了，人也越来越瘦，看上去活像一个可怜虫。

开始，他每个星期可以去女儿家一两次，后来改为一个月，到最后女儿连门都不让他进，最终他病倒了，穷困地死在一间破烂的小阁楼上，女儿们连葬礼都不参加。

高老头因为什么而发生了这样的变化呢？他心甘情愿地让自己的两个宝贝女儿——这是两个毫无人性，甚至可以说毫无廉耻之心的女人——一点一滴地榨干了自己的心血。

第三组：出示课件 4

拉斯蒂涅的形象：

1. 欧也纳侧耳细听，果然有两个不同的人的呼吸，既没有开门声，也没有脚步声，忽然三楼伏脱冷的屋内漏出一道微光。

2. 欧也纳怎么都想不出来，这个爱上玛克辛而能摆布丈夫的女子，怎么会同老面条商来往。他想摸清底细，拿到一点儿把柄去控制这个标准的巴黎女人。

3. 奢侈的欲望像魔鬼般咬着他的心，攫取财富的狂热煽动他的头脑，黄金的饥渴使他喉干舌燥。

4. 欧也纳心事重重，听了皮安训的俏皮话不觉得好笑。他要遵从特·鲍赛昂太太的劝告，盘算从哪儿去弄钱，怎样去弄钱。社会这片大草原在他面前又空旷又稠密，他望着出神了。

评价：拉斯蒂涅是外省没落的青年贵族，父母、兄弟以及姑姑居住在乡下。一家人负担拉斯蒂涅一年1200法郎的学费非常困难。父母对他寄予厚望。他一个人来到巴黎攻读法律，想通过自己的勤奋和努力去当一个法官。

第一年寄居巴黎的生活对他的影响极为深刻。他尽情享受巴黎的浪漫和繁华，去追求一时的快乐。起初他的性格是双重的、矛盾的，幼年父母的教育培养了他良好的习惯，所以童年的幻想和淳朴的道德品质占着主导地位。然而由于缺钱，他心中时刻盘算着如何更方便、快捷地去榨取父母的金钱，这样他的聪明就没有专心用在学习上。

第四组：出示课件 5

伏盖太太的形象：

1. 五十岁左右的伏盖太太跟一切经过忧患的女人一样。无精打采的眼睛，假惺惺的神气，像一个会假装恼怒、以便敲竹杠的媒婆。而且她也存心不择手段地讨便宜：倘若世界上还有什么乔治或毕希葛吕可以出卖，她是决计要出卖的。房客们却说她骨子里是个好人，他们听见她同他们一样咳嗽，哼哼，便相信她真穷。

2.这些伤心人中最幸福的还算伏盖太太，高高在上地管着这所私人救济院。唯有伏盖太太觉得那个小园是一座笑盈盈的树林；事实上，静寂和寒冷，干燥和潮湿，使园子像大草原一样广漠无垠。唯有为她，这所黄黄的，阴沉沉的，到处是账台的铜绿味的屋子，才充满愉快。这些牢房是属于她的。她喂养那批终身做苦役的囚犯，他们尊重她的威权。

3.末了，伏盖太太那双喜鹊眼还瞥见一叠公债票，约略加起来，高里奥这个好人每年有八千到一万法郎的进款。从那天起，龚弗冷家的姑奶奶，年纪四十八而只承认三十九的伏盖太太，打起主意来了。虽然高里奥的里眼角向外翻转，又是虚肿，又是往下掉，他常常要用手去抹，她觉得这副相貌还体面，讨人喜欢。

评价：伏盖太太是那散发着"闭塞的、霉烂的、酸腐的气味"的伏盖公寓的老板娘。她那懒洋洋的步履，憔悴愁苦的面容，无精打采的眼睛，都显示出一个孤凄的寡妇的生活境遇。但伏盖太太毕竟还是一个公寓的老板娘，她那时而像"舞女那样的满面笑容"，时而像"债主那样竖起眉毛、板起面孔"的情态，又跟她狡诈的老板娘身份十分吻合。

三、课堂小结，略窥鉴赏门径

通过同学们的交流讨论，教师发现，大家既能沉心阅读，又能立足现实世界，勇敢发表自己的见解。今天这节课，我们领略了书中精细入微的环境描写，以及各具特色的人物形象的描绘。在伏盖公寓这个聚集着男男女女、老老少少的地方，因贫穷困苦聚集在此的人们各有各的情态、各有各的性格，巴尔扎克对他们一一进行了细致的刻画，为下文人物性格的拓展、故事情节的推进奠定了基础。

下次课，我们将欣赏第二至五章，请大家做好读书笔记并思考：拉斯蒂涅去雷斯托伯爵夫人家因为什么碰了个大钉子，而遭到了冷遇呢？

第三课时

【教学目标】

欣赏第二至五章，分享读书笔记。

【教学方式】

课前布置阅读《高老头》第二至五章并做读书笔记（利用课外时间，历时大概三周），课内展示，小组合作交流。

【教学过程】

通过细读文本，选读部分精彩段落，赏析妙趣横生的语言和巧妙的对比手法，领略巴黎的社会人情。

一、问题导入，继续把握内容

靠着姑妈的引见，拉斯蒂涅终于攀上了巴黎的表姐鲍赛昂子爵夫人，在她的府邸见识了巴黎上流社会的灯红酒绿，结识了美丽的雷斯托伯爵夫人（阿娜斯塔齐），他能否与雷斯托伯爵夫人展开交往，顺利进入巴黎上流社会呢？

二、概括第二至五章故事情节

出示课件 1

第二章　两处访问

拉斯蒂涅拜访雷斯托夫人，因不懂巴黎的规矩处处受白眼。他冲撞了夫人的情人马克西姆先生，谈邻居时又触怒了高老头的长女，在雨中离开后去了鲍赛昂子爵夫人家。但这位表姐却醉心于与阿瞿达潘托侯爵的幽会。在这里他听朗热夫人谈高老头的女儿，讲巴黎上流社会的各种现象。回公寓后即写信向家人要求经济资助。

出示课件 2

第三章　初见世面

母亲、姑母、妹妹给他寄了 1550 法郎，这是她们一年的收入。伏脱冷借机给他讲自己对社会的认识，并建议他去勾引维克托莉这个被家庭抛弃的不幸女孩，答应协助她成为巨额家产的唯一合法继承人。苦于难以接近爱女的高老头很喜欢这个与自己相邻的大学生。高老头的次女但斐纳因他的贵族身份也向他频送秋波，而且她被自己的银行家丈夫夺去了财权。

出示课件 3

第四章　鬼上当

大学生受到大家的怜爱，高老头私下馈赠他一座爱巢，价值 12000 法郎。伏脱冷也诱惑他，并安排了一场决斗，要使维克托莉的哥哥丧命，以达成阴谋。米旭诺小姐接受了警局 3000 法郎的资金成为警方的耳目，帮助抓获了伏脱冷。原来他真名叫柯冷，是逃出监狱的苦役犯。面对一个个要离去的房客，房东不停哀叹。

出示课件 4

第五章　两个女儿

高老头的两个女儿分别被其夫君雷斯托和纽沁根控制，失去了对巨额陪嫁的支配权。高老头将全部家当变卖后补贴给两个女儿。姐妹俩却反目成仇。拉斯蒂涅的表姐鲍赛昂子爵夫人终于被抛弃，她在举办一场豪华舞会之后隐居诺曼底乡下。

三、牛刀小试，初登审美殿堂

以小组为单位，先出示精彩段落的课件，再派代表进行鉴赏。

第一组：出示课件5

"嗳，拉斯蒂涅先生，你得以牙还牙对付这个社会。你想成功吗？我帮你。你可以测量出来，女人堕落到什么地步，男人虚荣到什么地步。虽然人生这部书我已经读得烂熟，可是还有一些篇章不曾寓目。现在我全明白了。你越没有心肝，越高升得快。你得不留情地打击他们，叫他们怕你。只能把男男女女当作驿马，把它们骑得筋疲力尽，到了站上丢下来，这样你就能达到欲望的最高峰。"

学生点评展示：

痛心于自己失败的鲍赛昂子爵夫人教给拉斯蒂涅的完全是资产阶级的教诲：她让拉斯蒂涅去追求她一贯蔑视的银行家太太但斐那。她从个人遭遇中看透了真正统治这个社会的是金钱。她给初出茅庐的拉斯蒂涅上了启蒙的第一课。

第二组：出示课件6

到了圣·日内维新街，他赶紧上楼拿10法郎付了车钱，走入气味难闻的饭厅，十八个食客好似马槽前的牲口一般正在吃饭。他觉得这副穷酸相跟饭厅的景象丑恶至极。环境转变得太突兀了，对比太强烈了，格外刺激他的野心。一方面是最高雅社会的新鲜可爱的面目，个个年轻，活泼，有诗意，有热情，四周又是美妙的艺术品和阔绰的排场；另一方面是溅满污泥的阴惨的画面，人物的脸上只有被情欲扫荡过的遗迹。

学生点评展示：

这些精细而富有特征的环境描写，有利于展示其对人物性格的影响。已经享受过上流社会生活的拉斯蒂涅再也不肯自甘贫贱。最后，他决心弄脏双手，抹黑良心，不顾一切地向金钱扑去。拉斯蒂涅的堕落是这种特定的典型环境所决定的。

第三组：出示课件 7

感情这种奢侈唯有阁楼上的穷小子才有；除了这种奢侈，真正的爱还剩下什么呢？倘若巴黎社会那些严格的法规有什么例外，那只能在孤独生活中，在不受人情世故支配的心灵中找到。这些心灵仿佛是靠明净的、瞬息即逝而不绝如缕的泉水过活的；他们守着绿荫，乐于倾听另一世界的语言，他们觉得这是身内身外到处都能听到的；他们一边怨叹浊世的枷锁，一边耐心等待自己的超升。

学生点评展示：

正像书中所说："拉斯蒂涅像大多数青年一样，预先体验到权势的滋味，打算有了全副武装再跃登人生的战场。他已经染上社会的狂热，也许觉得有操纵社会的力量，但既不明白这种野心的目的，也不知道实现野心的方法。要是没有纯洁和神圣的爱情充实一个人的生命，那么，对权势的渴望也能促成美妙的事业。——只要能摆脱一切个人的利害，以国家的光荣为目标。"

第四组：出示课件 8

老头叫道："我的上帝，我什么地方触犯了你，女儿才会落在这个混蛋手里，由他摆布？孩子，原谅我吧！"

但斐纳道："是的，我陷入泥坑，或许也是你的过失。我们出嫁的时候都没有头脑！社会，买卖，男人，品格，我们懂了哪一样？做父亲的应该代我们考虑。亲爱的父亲，我不埋怨你，原谅我说出那样的话。一切都是我的错。得了，爸爸，别哭啦！"她亲着老人的额角。

"你也别哭啦，我的小但斐纳。把你的眼睛给我，让我亲一亲，抹掉你的眼泪。好吧！我去找那大头鬼，把他一团糟的事理出个头绪来。"

学生点评展示：

高老头的心里只想着女儿，他甚至为了女儿可以去杀人放火。当他无力替女儿还债时，他觉得惭愧死了；当他手中没有钱给女儿时，他说："不中用了，再不能说是父亲了！不能了！"随着金钱的减少，女儿对父亲"爱"的热度迅速下降，同时财富的衰竭使他的身体状况越来越糟，但他对女儿的爱却愈加强烈，甚至达到病态的、疯狂的地步，否则他也不会说出"做父亲的应该永远有钱，应该拉紧女儿的缰绳，像对付狡猾的马一样"。

四、课堂小结，激发善思之乐

读一本好书，就是和优秀的作家交流，我们不仅可以学到书中的知识，还可以了解和学习到他们的思想，这对于提升自己的语文素养是有很大帮助的。人与人之间的感情本是宝贵的，也正因有了感情，人类才不同于飞禽走兽。但在金钱和物欲的刺激下，人性变得扭曲，亲情、爱情、友情都因此被玷污了。正如帕斯卡尔所说："让我们想象有一大群人披枷戴锁，都被判了死刑，他们之中天天有一些人在其他人眼前被处决，那些活下来的人就从他们同样的境况中看到自己的自身境况，他们充满悲痛毫无希望地面面相觑，都在等待轮到自己。"那高老头最后会是怎样的命运呢？请精读最后一章，并做好读书笔记。

第四课时

【教学目标】

欣赏第六章，分享读书笔记，体会书中独特的人物心理刻画以及语言描写。

【教学方式】

课前布置阅读《高老头》第六章并做读书笔记（利用课外时间，历时大概两周），课内展示，小组合作交流。

【教学过程】

通过精读文本，选读部分精彩段落，了解资本主义社会中人与人之间赤裸裸的金钱关系。

一、问题导入，继续把握内容

参加舞会之前高老头的两个女儿为舞会精心准备，甚至忘记了病中的父亲。参加完舞会后，她们会记起她们的父亲，赶去和父亲见上一面吗？高老头最终还是没能逃脱掉死亡，又是谁料理了他的后事呢？

二、内容梗概导读训练

出示课件9

1. 下面对故事情节和人物的叙述不正确的一项是（　　）。

A. 高老头得知拉斯蒂涅爱自己的二女儿，想为拉斯蒂涅与二女儿牵线搭桥，购买了一幢小楼，供他们幽会。

B. 一天，高老头的二女儿纽沁根太太急忙来找高老头，说明她丈夫同意让她和拉斯蒂涅来往，但她不能向他要回陪嫁钱，高老头告诉女儿不要接受这条件，"钱是性命，有了钱就有了一切"。

C. 高老头的大女儿雷斯托夫人后来也来了。她哭着告诉父亲，她的丈夫用她卖掉了项链的钱去为情人还债，现在她的财产已差不多全部被夺走，她要父亲给她一万两千法郎去还债。

D. 两个女儿在高老头那里吵起嘴来，高老头爱莫能助，他急得晕了过去，患了初期脑出血症。

2. 下面对故事情节和人物的叙述不正确的一项是（　　）。

A. 高老头患病期间，两姐妹都没来看他一次，大女儿关心的是即将参加盼望已久的鲍赛昂子爵夫人的舞会；二女儿来过一次，但不是来看父亲的病的，而是要父亲给她支付欠裁缝一千法郎的定钱。

B. 高老头被二女儿逼得付出了最后1文钱，致使中风症发作。

C. 可怜的高老头快断气了，他还盼望着两个女儿能来见他一面。房客米旭诺小姐差人去请他的两个女儿，两个女儿都推三阻四不来。

D. 临终前，老人每只眼中流出一滴眼泪，滚在鲜红的眼皮边上，他长叹一声，说："唉，爱了一辈子的女儿，到头来反给女儿遗弃！"

3. 下面对故事情节和人物的叙述不正确的一项是（　　）。

A. 鲍赛昂子爵夫人举行盛大的舞会，场面非常壮观，公主、爵爷、名门闺秀都前来参加。子爵夫人装束素雅，脸上没有表情，仿佛还保持着贵妇人的面目，而在她心目中，这座灿烂的宫殿已经变成一片沙漠。

B. 舞会结束后，拉斯蒂涅目送表姐鲍赛昂子爵夫人坐上轿车，同她做了最后一次告别。他感到"他的教育已经受完了"，他认为自己"入了地狱，而且还得待下去"。

C. 只有拉斯蒂涅张罗着高老头的丧事，两个女儿女婿只派了两驾空车跟在灵柩后面。棺木是由一个大学生向医院廉价买来的，送葬费是拉斯蒂涅卖掉金表支付的。

D. 拉斯蒂涅目睹这一幕幕悲剧，随着高老头的埋葬也埋葬了自己最后一滴同情的眼泪,他决心向高老头的两个女儿女婿挑战,"现在咱们来拼一拼吧"！

三、概括第六章故事情节

出示课件 10

高老头竭尽所能地帮女儿们还债，急得中了风。临终前渴望孩子们来看他一眼，但大女儿失去自由不被放行，小女儿参加完舞会后生病嫌吵，宁要补觉都不前来。最后，大学生花尽手中的积蓄为老人发丧，他也完成了在巴黎这个无情的大染缸里的学习，暗自下定了决心：踏进巴黎上流社会的罪恶深渊中去拼搏一番。

四、赏析精彩片段，体会心理刻画

请同学们梳理内容，交流讨论，每组派代表发言。

第一组：出示课件 11

"一个也不来。"老头子支起身子说道，"她们有事，她们在睡觉，她们是不会来的。我早知道了。直到死才知道儿女是什么东西。唉！朋友，千万别结婚，千万别生孩子！你生了她们，她们却把你从上流社会赶出来。不，她们不会来的！十年前我就知道了。我有时心里这样想，但一直不敢相信。"

学生点评展示：

这段话是在高老头濒临死亡时想见女儿而不得，痛心之下才将自己十年前早已知道的却从来不愿想也不敢承认的事实道出，充满了悲愤与悔恨之意。高老头此时心如死灰，想起自己的父爱却换来如此结果，肝肠寸断，甚至对拉斯蒂涅说："朋友，千万别结婚，千万别生孩子！你生了她们，她们却把你从上流社会赶出来。"作者以写高老头的悲剧来揭露资本主义社会赤裸裸的金钱关系，揭露人性因金钱而丧失，揭露了社会的丑恶面目。

第二组：出示课件 12

哎！娜齐！哎！但斐纳！父亲待你们多好，他在受难，你们来吧！唉！一个都不来。难道我就像野狗一样死去吗？爱了一辈子的女儿，到头来反给女儿遗弃！简直是些下流东西，流氓婆；我恨她们，咒她们；我半夜里还要从棺材里爬起来咒她们。嗳，朋友，难道这能派我的不是吗？她们做人这样恶劣，是不是？我说什么？你不是告诉我但斐纳在这儿吗？还是她好。你是我的儿子，欧也纳。你，你得爱她，像她父亲一样地爱她。还有一个是遭了难。她们的财产呀！哦！上帝！我要死了，我太苦了！把我的脑袋割掉吧，留给我一颗心就行了。

学生点评展示：

这些咒骂不能说不狠，但恰恰反衬了高老头对两个女儿深深的爱。每次咒骂之后，高老头马上就会否认自己咒骂过她们："谁说的？你知道我是疼爱她们的！"骂过之后想到的是要为女儿挣钱。通过高老头的悲剧，揭露了金钱的统治作用和拜金主义的悲剧，细致入微地描写了统治阶级的卑鄙丑恶，抨击了金钱至上的资产阶级道德原则。高老头临终前的长篇独白，有力地控诉了资本主义社会的父女之间那种"金钱＝感情"的罪恶关系，揭露了物欲横流的社会现实。

第三组：出示课件 13

白日将尽，潮湿的黄昏使他心里乱糟糟的，他瞧着墓穴，埋葬了他青年人的最后一滴眼泪，神圣的感情在一颗纯洁的心中逼出来的眼泪，从它堕落的地下立刻回到天上的眼泪。他抱着手臂，凝神瞧着天空的云。克利斯朵夫见他这副模样，径自走了。

拉斯蒂涅一个人在公墓内向高处走了几步，远眺巴黎，只见巴黎蜿蜒曲折地躺在塞纳河两岸，慢慢地亮起灯火。他的欲火炎炎的眼睛停在王杜姆广场和安伐里特宫的穹窿之间。那便是他不胜向往的上流社会的区域。面对这个热闹的蜂房，他扫了一眼，好像恨不得把其中的甘蜜一口吸尽。同时他气概非凡地说了句：

"现在咱们来拼一拼吧！"

学生点评展示：

这段文字描写了拉斯蒂涅良心与野心搏斗、厮杀的全过程，揭示了金钱对青年的腐蚀和贵族阶级必然衰亡的历史趋势，具有典型意义。他的蜕变，是金钱毁灭人性、败坏良心的最好证明。同时表现出时代的变迁，即贵族子弟经不起金钱的引诱，投入了资产者的怀抱，这正是贵族衰亡的一个重要原因。

五、课堂小结，深化阅读

高老头那种无私的、坚韧的父爱精神，确实有其伟大之处，被称为"父性的基督"。作品以他的父爱反衬出女儿的无情无义，以他的人性的温馨反衬出社会的残忍冷酷。那么造成这一悲剧的原因是什么呢？经过这些天的阅读和分享，你一定有很多感悟。请课后再次阅读《高老头》，写一篇阅读笔记。

出示课件14

参考方向：

1.联系当今社会现实，你怎样看待"父爱"？

2.小说中描写的那种社会现状（金钱至上、人情冷漠）对你有什么启示？

3.以伏盖公寓里的人物关系为例，谈谈你如何看待人与人之间的关系。（巴尔扎克深刻地揭示了金钱对于人们关系的异化。这关系包括夫妻关系、朋友关系、亲戚关系、父母子女关系等一系列社会关系。）

4.如果你有更好的想法，可以尽情书写。如：拉斯蒂涅母亲的回信，他良心与野心的挣扎。

总结：在现代文明社会，我们应慎重地思考高老头的人生价值。我们的物质生活提高了，但也要注意精神文明的建设。改革开放以来强化市场经济，不要认为金钱是万能的，可以买到一切，误认为只要满足孩子的物质需要，就能培养成材。对于子女的爱要分清，不能只用钱去溺爱子女，而更重要的是思想教育。不要忘记我国的优良传统，传统文化的精华是不能丢的。高老头的人生经历对我们有很大的启发，一味地用钱去溺爱子女，最后不是成为金钱的主人，而是成为金钱的奴隶。

教学反思

因为文化、习俗、思维、价值观念，以及时代背景等诸多因素，学生对外国小说理解得不是很好，所以在进行《高老头》整本书阅读时，我安排学生事先通过网络查阅与之有关的资料并进行整理归纳。学生在阅读过程中遇到问题时，让他们通过微信群或智慧白云教育大数据云平台及时与我沟通。这本书是巴尔扎克对拜金主义最深刻的描述与抨击，亦为《人间喜剧》系列的代表作之一。小说以19世纪初的巴黎为背景，揭露了资本主义社会中人与人之间赤裸裸的金钱关系。小说主人公高老头是巴尔扎克塑造的一系列富有典型意义的人物形象之一，他是封建宗法思想被资产阶级金钱至上的道德原则所战胜的历史悲剧的一个缩影。

在进行《高老头》整本书阅读的教学中我进行了如下的设计：

1. 每一章都设置了阅读思考导题，以引导学生带着问题进行阅读。如第一章：①文中对人物的描写运用了大量的比喻，请结合每个人的特点试着找出几例。②这一章中提到的伏盖公寓房客中的"受气包"是谁？为什么会成为受气包？又如第五章：①文中高老头两个女儿似乎都遇到了大麻烦，她们到底遇到了什么样的麻烦都急匆匆地来找父亲？②高老头生命垂危，两个女儿是否放弃了参加舞会来看这位可怜的老人？这样学生在阅读时就不只是囫囵吞枣去读，而是带着问题去思考，去细读。

2. 合理利用智慧白云教育大数据云平台布置实时学习任务，让学生选取小说中发人深思的句子或段落进行赏析，并按阅读阶段及时发布学生作品，增强阅读交流。

3. 进行主题提炼。对于高一年级学生的整本书阅读交流，我们不仅要交流情节、人物、细节，更应从书中提炼主题，交流内心真实感受，做到有所悟、有所得。例如在交流阅读第三章《初见世面》时，就提炼出了"母爱的智慧"这一主题让学生进行交流，即感悟"母爱的智慧"——如今青年人的阵地在网络，父母辈的温暖在现实，代沟明摆着，青年人眼里的游戏、直播或许是他们的梦与远方，然而在父母眼里可能是一地鸡毛，这些也许便是文中拉斯蒂涅不告诉母亲计划的原因，而计划的背后却是父母们供养他的血汗钱。孩子的成长对父母来说，可以是投资，也可以是吸血，这期间的教育导致两种结果。

但在进行整本书的教学中我遇到了一些问题：

1. 虽然我预先布置了每一章的阅读任务并让学生及时进行阶段交流，但仍会发现有一部分学生在课堂上进行读书交流时几乎不作声，或许是因为这些学生根本不重视阅读。

2. 课上对于整体把握交流得不错，但对于细节还有所欠缺，也许是阅读时间不够，也可能是学生阅读外国作品的理解能力有限。

3. 许多学生对于本书内涵的领悟仅是在表面，交流读书笔记或体会时套话较多，多数是参考网上作品，有自己真实感悟的作品较少。

读《孟子》文章　解王者迷津

——《孟子》整本书阅读教学设计

广州市第七十一中学　申红霞

教学总体目标

1. 语言目标

引导学生仔细品读《孟子》，通过反复品读孟子在论辩中的精彩对话片段，领悟其语言表达的独特魅力。

2. 思维目标

引导学生整理并自主评价《孟子》的思想，感受儒家思想之美，提高学生对人生、对社会的思考能力。

3. 审美目标

引导学生理解孟子尽管生于乱世，却有以兴国安邦为己任的责任感。

4. 文化目标

鼓励学生学有所用，将"亚圣"孟子所倡导的"仁爱"思想大胆运用到社会主义现代化建设中来，助力中国梦。

技术运用与核心问题

利用好智慧课堂设备（平板电脑、智能手机等智能设备），方便同学们利用网络查询资料。通过智慧平板的使用，设计问题抢答环节、交流展示环节，落实检查课前预习环节、课上交流环节。

还可以播放与任务研究相关的一些视频节目，把学生兴趣调动起来，使学生在生生讨论和师生讨论的基础上，加入与名家解读的对比补充。可以在白云智慧云平台上交流展示学生的读书成果。

教学准备

1. 通过问卷调查了解学情（见附录一）。

2. 参考用书：《孟子译注》，作者杨伯峻，中华书局出版。

3. 明确要求：全班参与，6人一个小组，合作完成阅读活动任务。

实施过程

第一课时

【教学目标】

激发学生对《孟子》的兴趣，更好地了解孟子生平及时代背景。

【教学过程】

任务1：请学生展示课前布置的《孟子》整本书阅读的海报，并以"我心目中的孟子"为题，进行第一次课前知识分享活动，然后再通过智慧课堂平板对分享的内容进行收集整理。

以小组为单位，合作为孟子填一份档案表，要求学生合理利用好教学平板设备，查阅补充相关资料，下一次课时通过智慧平板展示成果。

"亚圣"生平经历表	
家世	
家教	
求学	
传道	
游学	
著述	

（示例一）孟子家世

孟子名轲，字子舆，邹国（今山东省邹县）人，邹国为鲁国附属之国。

生卒年：约公元前372—前289年。

家世："或曰，孟子鲁公族之后。"（赵岐《孟子题词》）

（示例二）家庭教育

孟母姓仉，出身不详

孟母三迁

孟母断织

买东家豚肉

不敢去妇

抱柱叹息

（示例三）孟子求学

"受业子思之门人。"（《史记·孟子荀卿列传》）

（示例四）传道授业

30岁左右，开始授徒讲学。

"后车数十乘，从者数百人。"（《滕文公》上）

（示例五）游学历程

前329年	率领学生首次出游，到齐国
前323年	去宋国
前322年	回邹国
前322年	前往滕国
前320年	前往魏国
前319年	再往齐国
前312年	离齐国归邹国，聚众讲学和著述

（示例六）著述情况

序《诗》《书》	
作《孟子》七篇	《梁惠王》上、下
	《公孙丑》上、下
	《滕文公》上、下
	《离娄》上、下
	《万章》上、下
	《告子》上、下
	《尽心》上、下

影响：南宋时朱熹将《孟子》与《论语》《大学》《中庸》合称为"四书"。《孟子》是"四书"中篇幅最多的一本，有三万五千多字。从南宋直到清末，"四书"一直是科举必考内容。

任务 2：知人论世。播放鲍鹏山的演讲《孟子，指画天下的先知》，让学生对孟子所处的时代有一个深入的了解，让学生对孟子的思想，知其然还能知其所以然。

作业：孟子处在一个异说横兴、诸侯争霸的时代，他却能有天下舍我其谁的担当，从容讲说其间，确是士人的典范，请结合专家讲解写一段 200 字的评论，题目为《孟子——乱世之英雄》。

第二课时

【教学目标】

1. 积累与孟子相关的成语以及名言警句。
2. 以点带面，进行《孟子》整本书阅读。

【教学过程】

6 人一个小组，利用 5 周的阅读课进行准备，2 周的阅读课进行展示检测。

任务 1：掌握 50 个出自《孟子》的成语，并阅读与之相关的篇目，要求每位同学能用白话文录制一个成语故事。

教师提供资料：关于孟子的成语

流连忘返	独善其身	箪食壶浆	挟山超海	弃甲曳兵	疾首蹙额
为渊驱鱼	春风化雨	舍生取义	守望相助	鳏寡孤独	一曝十寒
出尔反尔	登山小鲁	饿殍遍野	解民倒悬	再作冯妇	以邻为壑

······

任务 2：《孟子》一书成语积累比赛，采用连线题、判断题、抢答题、无声表演猜成语的形式进行。

教师范例：

1. 下面不是出自《孟子》的成语的是：（　　）

A. 五十步笑百步

B. 左右逢源

C. 举一反三

D. 事半功倍

2. 杯水车薪是说一小杯水救不了着火的一车柴，孟子用这个成语想表达什么？（　　）

A. 水不一定能胜火。

B. 不要不自量力地做好事。

C. 既然一杯水不够，就多多拿水来。比喻坚持不懈地以"仁"克制"不仁"。

D. 水不行就用土来灭火。

3. 内心修养充实而有光辉，进而能感化别人。对应的成语是：（　　）

A. 大大咧咧

B. 大手大脚

C. 大而化之

D. 大事化小，小事化了

课下任务布置：掌握 50 条出自《孟子》的名言警句，并阅读与之相关的篇目，要求每位同学能选一句并写200字的阅读感想。小组内互相交流之后，推送一篇在全班展示。

孟子的名言警句（部分）

永言孝思，思孝惟则。

宝珠玉者，殃必及身。

不以规矩，无以成方圆。

诚者，天之道也；思诚者，人之道也。

达则兼济天下，穷则独善其身。

得道者多助，失道者寡助。

父子有亲，君臣有义，夫妇有别，长幼有序，朋友有信。

尽信《书》，则不如无《书》。

老吾老以及人之老；幼吾幼以及人之幼。

其交也以道，以接也以礼。

人之相识，贵在相知，人之相知，贵在知心。

仁之实，事亲是也；义之实，从兄是也。

生于忧患，死于安乐。

出乎尔者，反乎尔者也。

夫志，气之帅也；气，体之充也。

君子莫大乎与人为善。

天时不如地利，地利不如人和。

学生作品展示（部分）

我最喜欢"民为贵，社稷次之，君为轻"这一句，这是孟子提出的一个最伟大的思想，他把人民放在第一位，国家其次，君在最后。

因为他认为有了人民，才需要建立国家；有了国家，才需要有个"君"。孟子认为国家政治一切要以民为本，民众才是真正的"天子"。因为民众的意愿，天总是顺从的。

至于所谓"君",则是民众选举出来的，正如"夫君者，舟也；庶人者，水也。水可载舟，亦可以覆舟"所说的那样，民众有力量选举出一个"君"，也有力量把"君"推翻。无论这个"君"叫作国王，叫作皇帝，叫作总统等，都概莫能外，只要看看历史上无数昏君、暴君最终被推翻、身败名裂的下场，就不难理解这一点。

孟子的这句"民为贵，社稷次之，君为轻"为"君"敲响了警钟，让他们意识到要认真听取民众的意见，坦诚接受民众的监督，关心民生疾苦，与民同乐。

第三课时

【教学目标】

1. 从仁政的角度探究《孟子》，掌握孟子民本思想的主要内容。
2. 理解孟子思想，感悟孟子智慧，接受孟子文化的熏陶。

【教学过程】

任务 1：要求学生结合学过的《孟子》的相关篇目和历史知识，总结孟子仁政的具体内容，然后教师做补充。（展示幻灯片 1）

孟子仁政的具体内容：

（1）民为贵，社稷次之，君为轻——让人民站起来成为国家的主人。

（2）有恒产者有恒心——让人民富起来。

（3）与民同乐——让人民快乐起来。

（4）尊贤使能，仟人唯贤——尊重并实现人才的价值。

任务 2：教师以"民为贵，社稷次之，君为轻"为范本，为学生找到《孟子》一书中的相关章节。组织学生一起精读。请学生概括《孟子》中有关的五则材料的大意。

教师明确：第一则提出了民为贵的中心论题；第二则提出了民为贵的理论依据，不仁不义的君主可以被人民堂堂正正地诛杀；第三则站在统治者的立场上分析失天下与得天下的真正原因是民心向背；第四则提出民为贵的事实依据，"天视自我民视，天听自我民听"；最后一则提出善政不如善教。

任务3：精读赏析第三则材料。

孟子曰："桀纣之失天下也，失其民也；失其民者，失其心也。得天下有道：得其民，斯得天下矣。得其民有道：得其心，斯得民矣。得其心有道：所欲与之聚，所恶勿施，尔也。民之归仁也，犹水之就下，兽之走圹也。故为渊驱鱼者，獭也；为丛驱雀者，鹯也。为汤武驱民者，桀与纣也。今天下之君有好仁者，则诸侯皆为之驱矣。虽欲无王，不可得已。今之欲王者，犹七年之病求三年之艾也。苟为不畜，终身不得。苟不志於仁，终身忧辱，以陷于死亡。《诗》云：'其何能淑？载胥及溺。'此之谓也。"

（《孟子·离娄》上）

本段采用比喻论证的方法，将＿＿＿＿＿＿＿比喻成＿＿＿＿＿＿＿；将＿＿＿＿＿＿＿比喻成＿＿＿＿＿＿＿；将＿＿＿＿＿＿＿比喻成＿＿＿＿＿＿＿；论证了＿＿＿＿＿＿＿的观点。在句式上采用了＿＿＿＿＿＿＿，用这种句式的好处是＿＿＿＿＿＿＿。

教师点拨："民之归仁也"，比喻成"犹水之就下，兽之走圹也"；"为汤武驱民"的不仁的桀与纣，比喻成"为渊驱鱼、为丛驱雀"的獭、鹯；王者称王，但却不行仁政的错误做法，比喻成治"七年之病"不蓄"三年之艾"；得民心者得天下；排比；语言有气势，论证更有力。

任务4：讨论孟子"民为贵，社稷次之，君为轻"思想的历史影响。

《孟子》的研究者认为这一章是《孟子》一书中阐述得最精辟、最透彻的一章。孟子在这一章里提出的"民为贵，社稷次之，君为轻"的观点，是孟子所有的观点里最光辉闪亮的一个。

在战国那样一个生产力异常落后，科技水平异常低下的时代，上至国君，下至黎民百姓，都很讲究迷信。因此，全社会普遍对"君权神授，君权至上"的观念深信不疑。然而，在"众人都醉"之时，孟子却态度鲜明地提出了"民贵君轻"的观点。他认为社稷和国君，都是为人民设置的，如果社稷和国君对人民没有任何功德，那么人民就可以换掉他，另立国君，重建新的国家。

孟子的这个观点把天子和国君从高不可攀的神坛上拉了下来，把民权放在社稷和君权之上，这在中国思想政治史上具有重大的意义。

然而孟子的这种把民权置于社稷和君权之上的观点，却一直停留在初始阶段，没有任何发展。明太祖朱元璋听人读到孟子"民贵君轻"的论述以后，立即勃然大怒，甚至下令将孟子的牌位驱逐出孔庙。

当前，我国正处在建设社会主义民主政治、建设社会主义和谐社会的关键时刻，孟子的民本思想得到一致认可。《孟子》走入课堂，孟子的民本思想对于我国建设社会主义和谐社会无疑具有重大的借鉴与启示作用。

第四课时

【教学目标】

1. 理解孟子民本思想的可贵以及在当时背景下的先进性。

2. 探究孟子思想在现代社会的可行性与实践性。

【教学过程】

一、解读内容

1. 诵读《寡人之于国也》全文，说说孟子为梁惠王描绘了什么样的理想社会？这个理想社会反映了他的哪些政治主张？

明确："不违农时，谷不可胜食也；数罟不入洿池，鱼鳖不可胜食也；斧斤以时入山林，材木不可胜用也。"

2. 提问：当采取了发展生产的措施后，产生的效果是什么？

明确："谷与鱼鳖不可胜食，材木不可胜用，是使民养生丧死无憾也。"

3. 提问：要想"富民"还需采取哪些措施？

明确：孟子用了四组排比句，即"五亩之宅，树之以桑，五十者可以衣帛矣；鸡豚狗彘之畜，无失其时，七十者可以食肉矣；百亩之田，勿夺其时，数口之家可以无饥矣；谨庠序之教，申之以孝悌之义，颁白者不负戴于道路矣。"

前三组排比是从物质的角度"富民",后一组是从精神的角度"富民"。这四组排比句为梁惠王描绘出一幅美好的前景,顺理成章地得出"然而不王者,未之有也"的结论,即"王道之成"了。

投影:

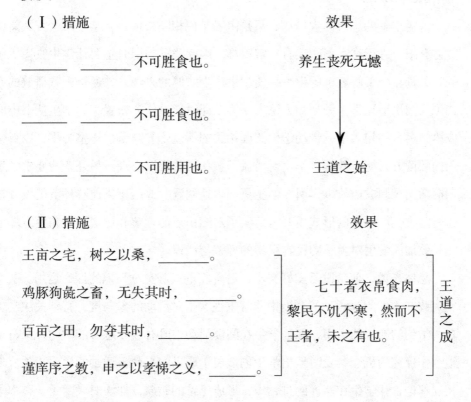

(Ⅰ)措施　　　　　　　　　　　　　　　　　效果

_____　_____不可胜食也。　　　　养生丧死无憾

_____　_____不可胜食也。

_____　_____不可胜用也。　　　　王道之始

(Ⅱ)措施　　　　　　　　　　　　　　　　　效果

王亩之宅,树之以桑,_____。

鸡豚狗彘之畜,无失其时,_____。　　　七十者衣帛食肉,黎民不饥不寒,然而不王者,未之有也。　　王道之成

百亩之田,勿夺其时,_____。

谨庠序之教,申之以孝悌之义,_____。

二、任务布置

战国时代,各诸侯国的统治者争城夺地、相互攻伐,因此争夺人力成为当务之急,而孟子却提倡"仁政",重"富民养民",以此使"天下之民至",你觉得可行吗?说说你的理由。

明确:可行。统治者的根本目的是拥有天下,而实行孟子推行的王道,最终会落实民本思想,这有利于人民,也能够达到经世济民的目的,那么拥有天下就是水到渠成的事情。

探究孟子民本思想的现实意义,说一说当代社会中有哪些具体事例反映了孟子的仁政思想？

略。

课下作业：完成《孟子》测试题（见附录二）。

教学反思

《孟子》的思想博大精深，只是由于年代相隔久远，且学生的文言文阅读能力有限，进行整本书阅读有一定困难。因此我第一课时主要让学生收集孟子的相关资料，了解孟子的生平，使学生产生浓厚的兴趣，并通过视频播放的方式深入浅出地让学生做到知人论世。第二课时通过任务布置，让学生从书中的成语、名言警句入手，带动学生阅读相关的《孟子》篇目，化整为零、以点带面的阅读方式能有效缓解学生对《孟子》一书的畏惧心理。另外，我要求学生用白话文录制成语故事，引导学生更深入地阅读。成语积累比赛环节的设计，通过学生喜闻乐见的形式更好地落实了对知识点的理解和记忆，名句鉴赏环节能有效加深学生对孟子的民本思想的理解与认识。

总体来说，前阶段落实好文本，后阶段重点落实对知识的探究运用。

我在本书阅读活动的开展中非常重视学生对活动的参与度，特别关注学生对所学到的知识的运用，保证学生在阅读活动中既有独立思考的时间，又有小组合作探究的机会。及时地给学生创造展示成果的平台，激励学生对相关成果相互评论，让学生在互评的过程中，形成思维的碰撞，加深对《孟子》整本书阅读的认识与理解。通过这种生生合作和师生合作的方式，在学习交流和分享中将孟子的思想激活，让孟子的"王者之道"在学生的思想中萌芽、壮大，从而达到提高学生核心素养的目的。

附录

附录一　《孟子》调查问卷

班级_____　　　　　姓名_____

一、选择题，请在选项后面打钩

1. 孟子是哪个学派的代表人物？

法家（　　）

道家（　　）

儒家（　　）

墨家（　　）

2. 孟子故里在哪里？

邹城（　　）

曲阜（　　）

不知道（　　）

3. 下列哪些典故与孟子有关？

孟母三迁（　　）

断织喻学（　　）

举一反三（　　）

韦编三绝（　　）

一曝十寒（　　）

五十步笑百步（　　）

4. 下列哪些是孟子的观点？

老吾老以及人之老，幼吾幼以及人之幼（　　）

己所不欲，勿施于人（　　）

民贵君轻（　　）

道法自然，无为而治（　　）

易子而教（　　）

5. 除了从课本、电视上了解孟子外，你有没有亲身体验过孟子文化？

从来没有（　　）

有过一两次（　　）

经常参加有关活动（　　）

6. 在生活中有没有运用过孟子的思想？

从来没有（　　）

有过一两次（　　）

经常运用（　　）

7. 你认为孟子文化对当今社会是否还有影响？

没有（　　）

有一点借鉴意义（　　）

有很深远的影响（　　）

8. 是否了解孟子故里为弘扬孟子文化举行的活动？

是（　　）

否（　　）

9. 你认为孟子故里对于孟子文化的传承和保护怎么样？

很好（　　）

还算可以（　　）

一般（　　）

很差（　　）

10. 有没有在假期到孟府、孟庙旅游，了解孟子文化？

有（　　）

没有（　　）

二、问答题

你认为导致孟子的影响力远小于孔子的影响力的最主要原因是什么？

附录二　《孟子》测试题

学校＿＿＿＿　班级＿＿＿＿　姓名＿＿＿＿　分数＿＿＿＿

一、填空（每题2分，共20分）

1. 儒家的人生理想，即"修身，齐家，治国，平天下"。"平天下"即＿＿＿＿＿＿。《梁惠王》上

2. "富贵不能淫，贫贱不能移，＿＿＿＿＿＿。此之谓大丈夫。"《滕文公》下

3. "天下之本在国，国之本在家，家之本在＿＿＿＿＿＿。"《离娄》上

4. "天作孽，犹可违；自作孽，＿＿＿＿＿＿。"《离娄》上

5. "天将降大任于是人也，必先苦其心志，劳其筋骨，饿其＿＿＿＿＿＿，空乏其身，行拂乱其所为。"《告子》下

6. "言近而指远者，善言也；守约而施博者，＿＿＿＿＿＿。"《尽心》下

7. "尽其心者，知其性也。知其性，则知＿＿＿＿＿＿矣。"《尽心》上

8. "仁之实，事亲是也；义之实，＿＿＿＿＿＿是也。"《离娄》上

9. "天下易生之物也，一日曝之，十日＿＿＿＿＿＿之，未能生者也。"《告子》上

10. "仁，人心也；＿＿＿＿＿＿，人路也。"《告子》上

二、单项选择（每题2分，共20分）

1. "大人者，不失其赤子之心者也。""赤子之心"是指（　　）。

A. 初生牛犊不怕虎的勇敢

B. 发育成熟的身心

C. 人本初仁诚的善念

2. 孟子是（　　）学说的代表人物之一。

A. 道家　　　　　B. 法家　　　　　C. 儒家

3. "恻隐之心，（　　）也。"

A. 义　　　　　B. 仁　　　　　C. 礼

4. "君子有三乐，（　　），一乐也。"

A. 仰不愧于天，俯不怍于人

B. 父母俱存，兄弟无故

C. 得天下英才而教育之

5. "尽其道而死者，正命也。"下列不属于"正命"的是（　　）。

A. 为国捐躯而死　　　　　　B. 年老体衰致死　　　　　C. 犯罪坐牢而亡

6. "入则无法家拂士，出则无敌国外患者，国（　　）。"

A. 兴旺　　　　　　B. 富强　　　　　　C. 恒亡

7. "今夫水，博而跃之，可使过颡；激而行之，可使在山。是岂水之性哉？"孟子认为（　　）。

A. 不是水之性　　　　　B. 是水之性　　　　　C. 即是也不是

8. "恻隐之心"是（　　）。

A. 看到别人的痛苦而感哀痛之心

B. 做错事感到羞耻之心

C. 见好事就推与别人之心

9. "子好好勇乎？吾尝闻大勇于夫子：自反而不缩……"其中"夫子"指（　　）。

A. 老子　　　　　　B. 孟子　　　　　　C. 孔子

10. 孟子曰："是焉得为大丈夫乎？子未学礼乎？丈夫之冠也父命之……"古代士阶层的男子年到（　　），要举行冠礼。

A.18　　　　　　B.20　　　　　　C.22

三、判断题（正确的打√，错误的打×）（每题2分，共20分）

1. "浩然正气"，孟子认为通过学习可以一时兴起，一蹴而就。（　　）

2. 孟子曰："尽其心者，知其性也。知其性，则知心矣。"（　　）

3. 孟子认为：君子的修养首先要立本，即重视善心的培养。（　　）

4. 告子曰："性犹湍水也，决诸东方则东流，决诸西方则西流。"这个观点是错误的。（　　）

5. 孟子曰："从其大体为大人，从其小体为大小人。""大体"指体重大的人。（　　）

6. 孟子曰："尧瞬，性之也；汤武，身之也；五霸，假之也。"这句的意思是说人的善良本性每况愈下，逐渐颓坏。（　　）

7. "人恒过，然后能改。困于心，衡于虑，而后作。""过"的意思

是生病。（　　）

8."诚身有道：不明乎善，不诚其身矣。"孟子认为，人们修善是有办法的，就是首先需要懂得什么是真诚，真诚是善的核心内容。（　　）

9.孟子曰："人之所以异于禽兽者几希……"孟子认为，人与禽兽之间的区别是很小的，这与禽兽的一点点区别就是人的仁义等善性。（　　）

10.孟子曰："学问之道无他，求其放心而已矣。"这句话是说：学问之道没有别的，就是把丧失了的良心找回来罢了。（　　）

四、《孟子》的语言是极其鲜活的，现在我们熟知的许多成语都来源于《孟子》一书中精确而形象的语言表达，请你根据以下语句归纳成语（每题3分，共15分）

1.宋人有闵其苗之不长而揠之者，茫茫然归，谓其人曰："今日病矣，予助苗长矣。"其子趋而往视之，苗则槁矣。（　　）

2.从流下而忘反，谓之流，从流上而忘反，谓之连。（　　）

3.出于其类，拔乎其萃，自生民以来，未有盛于孔子也。（　　）

4.君子不怨天，不尤人。（　　）

5.今之为仁者，犹以一杯水救一车薪之火也。（　　）

五、翻译题（每题5分，共25分）

1.生于忧患，死于安乐。

2.尽其道而死者，正命也。桎梏死者，非正命也。

3.口之于味也，目之于色也，耳之于声也，鼻之于臭也，四肢之于安佚也。

4.仰不愧于天，俯不怍于人。

5.民为贵，社稷次之，君为轻。是故得乎丘民而为天子，得乎天子为诸侯，得乎诸侯为大夫。

《孟子》测试题答案

一、填空

1.使天下太平　2.威武不能屈　3.身　4.不可活　5.体肤　6.善道也　7.天

8.从兄　9.暴　10.义

二、单项选择

1.C　2.C　3.B　4.A　5.C　6.C　7.A　8.A　9.C　10.B

三、判断题

1.×　2.×　3.√　4.×　5.×　6.√　7.×　8.×　9.√　10.√

四、成语填空

1.揠苗助长　2.流连忘返　3.出类拔萃　4.怨天尤人　5.杯水车薪

五、翻译题

1.生存从忧患中增长，死亡从安乐中积累。

2.尽力行道而死的，是正常的命运；犯罪受刑而死的，不是正常的命运。

3.口嗜美味，目喜美色，耳喜爱好听的音乐，鼻子好闻香味，四肢喜好安逸。

4.仰起头来看看，觉得自己对天无愧，低下头去想想，觉得自己不愧于别人。做人要光明磊落，问心无愧。君子坦荡荡。

5.人民最重要，代表国家的土神、谷神其次，国君最轻。所以，得到民心的做天子，得到天子欢心的做诸侯，得到国君欢心的做大夫。

携《庄子》遨游　怀诗意栖居

——《庄子》整本书教学方案

湖北省沙市中学　范晓婧

教学总体目标

1. 语言目标

引导学生阅读《庄子》，学习《庄子》意趣横生的语言。

2. 思维目标

通过阅读经典篇目，理解《庄子》意出尘外的构思。

3. 审美目标

阅读《庄子》选段，品味诙诡怪谲的形象、雄奇开阔的意境、变幻神奇的手法、汪洋恣肆的文风。

4. 文化目标

培养学生阅读《庄子》及相关古典文献的兴趣，并能使庄子的"诗意栖居"内化成学生的生活方式。

教学创意

《庄子》共33篇。由于时间的限制，以及整本书阅读的侧重点的不同，课堂教学以作为文学文本的《庄子》所具有的审美要素为研读线索，而不按33篇篇目逐一阅读的方式推进。学生的学习则采用课外通读和课内精读相结合的方式进行。课内学习以学生合作探究、自主交流为主，以教师点评、引导为辅，充分调动学生的自主性和积极性。同时，辅以多媒体教学手段，提高阅读兴趣。此外，也注重以读促写，将阅读所得诉诸笔端，使《庄子》之哲思与美感给学生以精神滋养，真正有助于培养学生的核心素养。

技术运用与核心问题

利用多媒体，设计"抢答接力"比赛、交流展示等环节，检查课前通读情况。通过"小组合作、代表发言、组间互评"的方式，调动学生积极性；设计"头脑风暴"环节，使学生在思维的交流碰撞中强化阅读所得，开阔眼界；赏读过程中佐以音乐、图片，以"诗意课堂"促进学生进一步体味庄子的"诗意境界"，并引导学生将庄子的"诗意精神"内化为自身的生命底色，形成属于自己的"诗意人生"。

实施过程

第一课时

【教学目标】

初读与感悟，走进《庄子》，了解作者及主要内容，进行读书方法指导，了解篇目大意。

【教学方式】

课前布置阅读整本书《庄子》，利用课外时间，历时大概三周梳理出每篇文章的主要内容。阅读版本要求：陈鼓应《庄子今注今译》，商务印书馆 2007年版。提前布置完成每篇作品的内容概括，形成文字，由教师通过课件汇总。

【教学过程】

一、激情导入，走进奇幻世界

面对权贵时，他持竿不顾；面对生死时，他鼓盆而歌，他就是天仙才子——庄周。他的文章，想象奇幻，构思巧妙，瑰丽诡谲，意出尘外。鲁迅先生说：

"其文则汪洋辟阖，仪态万方，晚周诸子之作，莫能先也。"今天，就让我们一起打开这部《庄子》，共同走进庄子的奇幻世界。

二、方法指导，了解读书之道

在我们讨论如何读《庄子》之前，我们先介绍一下国学名著的读书方法。

出示课件1

读书方法：

1.苏轼："八面受敌"法，即多读几遍，每遍设置一个阅读目标，如释义、形象、手法、构思等。

2.陈善："入书出书"法（"见得亲切，此是入书法；用得透脱，此是出书法"），即用现实生活验证书中观点。

3.胡适在朱熹的"眼到、口到、心到"读书法上增添了一个"手到"。所谓"手到"，即标点分段、查参考书、做札记。札记分为四种，即抄录备忘、提要、记录心得以及参考诸书，融会贯通之，做有系统之文章。

三、走进文本，初识篇目大意

1.我们先了解一下《庄子》的相关知识。检查下学生课前阅读情况。

出示课件2

（1）下面哪一项评价是关于庄子的？（　　）

A.万古高风一子休，南华妙道几时修。谁能造入公墙里，如上江边望月楼。

B.自天子王侯，中国言六艺者，折中于夫子，可谓至圣矣！

C.其志洁，故其称物芳；其行廉，故死而不容。自疏濯淖污泥之中，蝉蜕于浊秽，以浮游尘埃之外，不获世之滋垢，皭然泥而不滓者也。

D.喜刑名法术之学，而其归本于黄老。为人口吃，不能道说，而善著书。与李斯俱事荀卿，斯自以为不如。

（2）以下哪一项不是《庄子》中的篇目？（　　）

A.《应帝王》　　　B.《刻意》　　　C.《离娄》　　　D.《说剑》

（3）下面哪一项不是《庄子》中的寓言故事？（　　）

A.庖丁解牛　　B.井底之蛙　　C.东施效颦　　　D.三人成虎

（抢答接力，由每组前三排依次到大屏幕前用白板笔作答，先答完回到座位且三题全对者为胜。)

2.《庄子》一共33篇，后人将其分为内篇7篇、外篇15篇、杂篇11篇。按照座位顺序，每位同学依次分享每篇主要内容（交流展示成果）。

出示课件3

（1）《逍遥游》：通过"小大之辩"，表明至人、神人、圣人能够抵达无待之境而自在逍遥，也化解了世俗所在意的有用、无用之争。

（2）《齐物论》：在道之中，万物平等。

（3）《养生主》：以"庖丁解牛"为例，说明人在世间行走，要做到依乎"天理"（自然的条理）与因其"固然"（本来的结构），然后才可以游刃有余、安其天年。

（4）《人间世》：靠学习者修养自己，抵达虚而待物的"心斋"之境。具体表现是"知其不可奈何而安之若命"。在人间，不能不分辨有用与无用。

（5）《德充符》：人若保持本性与禀赋，顺其自然而保持和谐，就是"德充"其"符"。

（6）《大宗师》：大宗师就是"道"。悟道者为真人，是庄子笔下的完美典型。

（7）《应帝王》：应以"无心而为"做帝王，顺其自然而无容私焉，任何作为都不必怀有刻意的目的。

（8）《骈拇》：真正的善，是善待自己所得的一切，保存生命的本性，不为任何外在的目的而改变，进而可以"自适其适"。

（9）《马蹄》：善于驯马的伯乐会淘汰一半以上的劣马；儒家为了治理百姓而制作礼乐，其结果却使人们脱离了道与德，苦不堪言。

（10）《胠箧》："圣人不死，大盗不止。"圣人以仁义礼乐来治理天下，大盗学会了这套方法，然后也以仁义礼乐作为号召，不择手段取得天下。

（11）《在宥》：治理天下时，如果有所作为，那么不论为善为恶，结果都会带来灾难。不如依循自然规律，忘记自己，不要刻意有所作为。

（12）《天地》：从"道"的角度看来，万物一体，生死同质。因此，人与天地同乐，有如复归于混沌，无机巧也无机心。"上如标枝，民如野鹿"，一片自在祥和。

（13）《天道》：真正的圣人是以道为师，得享"天乐"的，不但享受自然之乐，也能蓄养天下万民，抵达"太平"的境界。

（14）《天运》：对"天籁"进行描写，使听者体验"惧、怠、惑"。惧使人难以安于现实，怠使人陷入心灵空虚，惑使人由愚可以悟道。

（15）《刻意》："刻意"做成某些事仍然是有所期待的境地，唯圣人可以做到恬淡无为，守住精神，"德全而形不亏"。

（16）《缮性》：本篇谈到改善本性，由此而达到"复其初"的状态。

（17）《秋水》：通过七个问题化解了竞争比较之心，也肯定了万物各有其价值，最后聚焦于分辨天与人。借几段寓言描述自己的境界，充分显示了自信与自得之乐。

（18）《至乐》：用"庄子妻死""见空骷髅"、鲁侯与海鸟之喻、列子的体悟，说明富贵、长寿、名声都要人付出代价，并且享受这些快乐的后遗症也很大。"无心而为"才是至乐。

（19）《达生》：通过"丈人承蜩""津人操舟""吕梁泳者""梓庆削木""醉者驾车""呆若木鸡"等寓言，说明无心而为、顺其自然、由忘而化、由化而游，以达到"形全精复，与天为一"的境界。

（20）《山木》：论述"材与不材"何者安全，并提出"虚己以遊世"，不受万物拖累，进而达到"人与天一也"的境界。

（21）《田子方》：通过各种高人，如东郭顺子、温伯雪子、臧丈人、伯昏无人、孙叔敖、真儒士、真画师等，论述"人外有人，天外有天"的观点。

（22）《知北游》："精神生于道"，通过涵养精神，感知"道无所不在"，欣赏"天地有大美"。为人处世上，能够"外化而内不化"，与道结伴而游。

（23）《庚桑楚》：论述古之人的至高智慧是明白"未始有物"。行走于世间，要依"不得已"而定。

（24）《徐无鬼》：人人皆可自修自省，亦可以逍遥无待，但要以真心与人相待，不必炫耀，不可偏执，不慕荣利，成为"真人"。

（25）《则阳》：不必追求外物，不必迎合众人，若是入世从政，则须设法"得其环中以随成"。

（26）《外物》："得鱼而忘荃，得意而忘言"，顺人而不失己，一切以悟道为先。

（27）《寓言》：本篇谈庄子的写作方法，概括为"寓言、重言、卮言"。

（28）《让王》：描写几个"怕当领袖怕当官"的人推让王位，体现了"全身保真"的思想。

（29）《盗跖》：对孔子所代表的儒家思想，提出了犀利的批判。认为善恶无报应，人生在世苦多乐少，人性本身大有问题。

（30）《说剑》：庄子扮为武士，分析了"天子剑、诸侯剑、庶人剑"，体现了庄子的辩才。

（31）《渔父》：渔父为孔子分析"八疵四患"，劝他不必过度忧心，以免庸人自扰。提出"真者，精诚之至也""圣人法天贵真"的观点。

（32）《列御寇》：要培养觉悟的智慧，化解自我的执着，向往"泛若不系之舟，虚而遨游者也"的境界。表明了庄子逍遥自得之生命情调。

（33）《天下》：总结古代思想，分七派而论，介绍儒家、墨家、老聃、庄子、惠子等。

四、课堂小结，开启重读之旅

今天这节课，我们一起梳理了《庄子》各篇的主要内容，了解了庄子的主要思想，那就是"无为""逍遥""顺其自然""天人合一"等。对于我们而言，这些思想也许有些抽象、晦涩。前人有言："书不尽言，言不尽意。然则圣人立象以尽意。"同学们在课下可以继续贯彻"八面受敌"阅读法，这次重读，要梳理出《庄子》中出现的各类形象。下次课，将通过"象"抵达"意"的核心。

第二课时

【教学目标】

细读寓言故事，通过赏析形象，探讨文本意蕴。

【教学方式】

课前布置《庄子》人物的形象分析（利用课外时间，历时大概一周）。以小组为单位分配任务，自制讲解课件，教师提前收集，课内自主展示。

【教学过程】

一、激情导入，介绍寓言之趣

《庄子·天下》说："以天下为沉浊，不可与庄语。以卮言为曼衍，以重言为真，以寓言为广。"这是庄子对自己的写作方式的观照与评价。所谓寓言，就是用比喻性的故事来讲出意味深长的道理，给人以启示的文学体裁，字数不多，但言简意赅。故事的主人公可以是人，也可以是拟人化的动植物或其他事物。在以前的学习中，我们或多或少地接触过它们，如"庄周梦蝶""鲲鹏展翅""庖丁解牛"。这节课，就让我们更加系统地赏读这些妙趣横生的寓言故事，认识这些诙诡怪谲的形象。

出示课件1

略。

二、选读寓言，感知形象之奇

上一次课布置了重读的任务，要求梳理《庄子》中的形象。老师把学生的作业进行了如下归类。学生可以从中挑选最感兴趣的形象，并对该形象进行解读。

出示课件2

动物形象：鲲鹏、蜩与学鸠、狙公赋茅、庄周梦蝶、鹓与鹓雏……

人物形象：

1. 先秦诸子形象：孔子、老子、惠子。

2. 寓言形象：残人、隐士、匠人。

3. 神话形象：帝王、神人。

分组展示：

第一组：出示课件3

鹓与鹓雏

惠子相梁，庄子往见之。或谓惠子曰："庄子来，欲代子相。"于是惠子恐，搜于国中三日三夜。庄子往见之，曰："南方有鸟，其名为鹓雏，子知之乎？夫鹓雏发于南海，而飞于北海，非梧桐不止，非练实不食，非醴泉不饮。于是鸱得腐鼠，鹓雏过之，仰而视之曰：'吓！'今子欲以子之梁国而吓我邪？"

启示：体现了"小知不及大知"的观点。处于不同境界的人，是无法沟通交流的。这典故曾在李商隐的《安定城楼》诗中引用过："不知腐鼠成滋味，猜意鹓雏竟未休。"用来表达诗人不屑于与世俗同流合污的高洁情怀。

第二组：出示课件4

孔子的形象：

1. 追求名声、沉迷世俗：《天地》篇中，一丈人抱瓮而出灌，对子贡说："博学以拟圣，於于以盖众，独弦哀歌以卖名声于天下。"

2. 虚心求道：《天地》篇中，请教老子"至人"之学；《知北游》篇中，请教老子"至道"之学。

3. 道家高人：《山木》篇中，听闻大公任的教诲，孔子与游学者断绝关系，遣散诸多弟子，逃入大泽，成为隐者。

评价：孔子是在《庄子》一书中出现最为频繁的人物，出场次数达51次之多，在总共33篇中占有21篇，内篇中10次，外篇中26次，杂篇中13次。但《庄子》中的孔子形象并不是孔子本身的形象，是庄子为了宣扬道家思想而重塑的形象。

第三组：出示课件5

老子的形象：

1. 道家宗师：《天运》中，孔子将老子比作"龙""合而成体，散而成章，乘乎云气而养乎阴阳"。

2. 教育孔子：《天地》中，老子教育孔子要"忘乎物，忘乎天""忘己"而入乎天。

评价：老子是道家的祖师爷，老子哲学与庄子哲学在认识论、古代物理学和形而上学的道论等方面是基本相同的。庄子因而将他抬至极高地位，表明一脉相承之意。

第四组：出示课件6

惠子的形象：

1. 追求有用之学，注重实用价值：《徐无鬼》中，庄子曾指责惠子是"一蚊一蛇之劳者也"。多次出言讽刺。

2. 学识渊博：《天下》篇中，庄子说"惠施多方，其书五车"。惠子死后，庄子曾叹"无与言之"。

评价：《庄子》中出现惠子的次数共13次，内篇中4次，外篇中3次，杂篇中6次。一方面，庄子以惠子为镜，以明自己的学说；另一方面，庄子又将惠子引为知己，正如伯牙与子期的关系。

第五组：出示课件7

残人形象：如支离疏、叔山无趾、王骀等。

支离疏："颐隐于齐，肩高于顶，会撮指天，五管在上，两髀为胁。"却恰好因身体畸形可以苟全性命于乱世。

叔山无趾：因"不知务"失脚趾，却保存了德行。批评孔子只追求虚名，而不求实德，表达他解脱枷锁"齐生死、齐物我"的高超自由境界。

王骀："立不教，坐不议"，却不为生死而烦恼，不为变化而恐惧。

启示：《庄子》中的残损之人，在庄子眼中，都是具有大智之人，体现了庄子的价值观，即只要能够得道、保全性命，外表如何可以忽略。这启示我们在现实生活中不可以貌取人。

第六组：出示课件8

隐士形象：

在《天地》中，门无鬼、赤张满稽批判武王东征，认为开启动乱，表达了庄子无心而为的理念。在《大宗师》中，子桑户、孟子反、子琴张"相忘以生，无所终穷"，他们顺应自然之变化，可以称得上是庄子的"代言人"。

启示：我们可以向庄子学习他所倡导的顺时而动，对于一些不属于自己的得失不过于强求。

第七组：出示课件9

匠人形象：

仲尼适楚，出于林中，见佝偻者承蜩，犹掇之也。仲尼曰："子巧乎，有道邪？"曰："我有道也。五六月累丸二而不坠，则失者锱铢；累三而不坠，则失者十一；累五而不坠，犹掇之也。吾处身也，若蹶株拘；吾执臂也，若槁木之枝。虽天地之大，万物之多，而唯蜩翼之知。吾不反不侧，不以万物易蜩之翼，何为而不得！"孔子顾谓弟子曰："用志不分，乃凝于神。其佝偻丈人之谓乎！"

启示：高度地专心致志，是成功的基础。我们在日常学习中，也要学习这种"用志不分"的状态，让自己专注于眼前的事情。

第八组：出示课件10

帝王形象：

《天地》中，庄子认为，虽然桀使百姓痛苦应该批判，但尧使百姓快乐也不值得推崇。因为两者都是"撄人心"，失去了他所推崇的自然而然的状态。

评价：庄子对古代帝王一视同仁，将是非、善恶视为一体，体现了他"齐万物"的思想。

第九组：出示课件11

神人形象：

《逍遥游》："藐姑射之山，有神人居焉。肌肤若冰雪，绰约若处子；不食五谷，吸风饮露；乘云气，御飞龙，而游乎四海之外；其神凝，使物不疵疠而年谷熟。"

《天地》："愿闻神人。"口："上神乘光，与形灭亡，此谓照旷。致命尽情，天地乐而万物销忘，万物复情，此之谓混冥。"

《大宗师》："古之真人，其寝不梦，其觉无忧，其食不甘，其息深深。真人之息以踵，众人之息以喉。屈服者，其嗌言若哇。其耆欲深者，其天机浅。"

评价："神人""真人"都是庄子理想境界中的人物，他们身上承载了庄子的理想，所以论及这类人物时，语言都十分优美，赞美之情溢于言表。

三、头脑风暴，发表不同见解

教师引导：从同学们的课件和讲解来看，大家的准备都很充足。但老师发现了一个问题：大家的评价、启示都是正向的。庄子塑造的形象及其蕴含的理念，你都赞同吗？有没有不同意见？

分组讨论：如何评价《庄子》中的形象及其理念？

反对意见列举如下：

1.“言意”之说与“论说”本身自相矛盾。木匠想将他高超的手艺传授给他儿子，只可意会不可言传。庄子认为在语言与意义之间有着深深的横沟，圣人之言只是圣人留下的糟粕，那么《庄子》33篇，不也是他的糟粕吗？

2.绝对的相对论。他在寓言中，常常陷于“残疾人之有大德，得大道，而体全之人往往没有”这样的思维局限。他在论述“道”时，总是将“有为”作为批驳的对象。大道固然是很重要的，但人为的东西，又怎么非得与大道对立呢？这种非此即彼的论点其实是不利于我们思维发散的。

3.理论与实践的偏离。如《应帝王》中“浑沌凿而七日死”的寓言，被法家拿去作为暴君统治术中的愚民政策而使用。“神人”“真人”虽好，但既然强调“无为”“凡人”却无法通过“修炼”而达到。庄子认为要“顺应天道”，但如果应用于现实社会，那么，我们应该对不合理的社会现象顺应吗？如此一来，岂不是要进入一种安之若命、逆来顺受的恶性循环之中？最后，即使帝王真能“虚己任物，游于无有”，对于社会来说，也是绝对不够的。帝王既然有下级，那么他要管理下级，使下级能按其旨意去办，哪是虚己任物能够做到的呢？

4.不可应用于现实社会。“有机械者必有机事，有机事者必有机心”，否定了人们为改善自己的生存境遇所做的努力，全盘肯定工具改进和科学，对社会发展不利。

结论：

1.可以将庄子之说为小说家的游戏之言。庄子写作时有一种自由娱己而并不存心想去有用于社会的游戏态度。这种时常流露的游戏性的写作态度，是一种真正无为的态度。因为他写完并不是要发表，不是要表现自己，不是要个官做，所以与“有为”无关。

2.可以将庄子之说作为个人的美好理想。“当是时也，山无蹊隧，泽无舟梁；

万物群生，连属其乡；禽兽成群，草木遂长。是故禽兽可系羁而游，鸟鹊之巢可攀援而窥。夫至德之世，同与禽兽居，族与万物并，恶乎知君子小人哉？同乎无知，其德不离；同乎无欲，是谓素朴。"类似一个桃花源的梦境。而《山木》中提出的以"去矜伐之心"为要，也可以作为个人修身的法则。

四、课堂小结，略窥鉴赏门径

通过同学们的交流讨论，老师发现，大家既能沉心阅读，进入庄子的世界，又能立足现实世界，不尽信古人言，勇敢发表自己的见解。今天这节课，我们已经在不知不觉中实践了陈善的"入书出书"法，大家在今后的阅读过程中，也要积极运用这一读书方法。下次课，我们要试着运用胡适先生的"手到"读书法，在精读中鉴赏庄子的语言之美，并将读书所得尽量转化为文字。

第三课时

【教学目标】

点评精彩语段，赏析妙趣横生的语言、变化神奇的写作手法，品味汪洋恣肆的文风。

【教学方式】

课前布置在《庄子》精彩部分做旁批（利用课外时间，历时大概一周），课内展示，小组合作交流。

【教学过程】

一、方法指津，学习鉴赏技巧

大家边读边思考，前人是从哪些方面批注的？

出示课件1

为善无近名，为恶无近刑。

成玄英《〈庄子〉疏》："为善也无不近乎名誉，为恶也无不邻乎刑戮。

是知俗智俗学，未足以救前知，适有疲役心灵，更增危殆。"

忘年忘义，振于无竟，故寓诸无竟。

林希逸说："振动鼓舞于无物之境。此'振'字便是逍遥之意。"释德清说："无竟者，乃绝疆界之境。即大道之实际，所言广莫之乡，旷垠之野，皆无竟之义。"

有始也者，有未始有始也者，有未始有夫未始有始也者。有有也者，有无也者，有未始有无也者，有未始有夫未始有无也者。

陈启天说："吾人思及天地之原始时，已撤销物我之对立。若追溯至天地之原始以前及其更前，则意境益无限，尚何有是非可言哉！"

明确：从训诂的角度，解释字义、词义，疏通句子。

我们再来研究其他学者对"为善无近名，为恶无近刑"的批注。

出示课件 2

为善无近名，为恶无近刑。

王叔岷先生："按此二句，以善、恶对言，上句犹易明，下句最难解，似有引人为恶之嫌。自郭象、司马彪《注》以来，或曲说强通；或妄加非议，恐皆未达庄子之旨。岷曾试作新解云：'所谓善、恶，乃就养生言之。"为善"，谓"善养生""为恶"，谓"不善养生""为善无近名"，谓"善养生无近于浮虚"。益生、长寿之类，所谓浮虚也。"为恶无近刑"，谓"不善养生无近于伤残"。劳形、亏精之类，所谓伤残也。如此解释，或较切实。篇名《养生主》，则善、恶二字自当就养生而言，如不就养生而言，则曲说、歧见滋多矣。'"（周策《庄子校诠》）

王叔岷先生的批注，比单纯的训诂释义更深入，有对前后文脉络连贯性的梳理，也有对单个文句是否符合整本著作主旨精神的探究。

那么，除了字、词、句的释义，文章脉络的梳理，我们还可以从哪些角度鉴赏呢？

小组讨论后总结：出示课件 3

结构：段与段之间的关系，段落与主旨的关系等。

手法：修辞手法、描写手法、抒情手法等。

风格：简约、繁丰、刚健、柔婉、平淡、绚烂、谨严、疏放。（陈望道《修

辞学发凡》）

二、牛刀小试，初登审美殿堂

以小组为单位，先出示精彩段落，再派代表进行鉴赏。

第一组：出示课件4

至人神矣！大泽焚而不能热，河汉冱而不能寒，疾雷破山而不能伤，飘风振海而不能惊。若然者，乘云气，骑日月，而游乎四海之外。死生无变于己，而况利害之端乎！

学生点评展示：

"冱"有两种释义：一是"冻"，二是"闭塞"。从后文的"不能寒"可推测出，应取第一种释义。这里用排比的修辞手法，以及充满想象力的语言，描写了"至人"的神奇特点，寄予了庄子的最高理想。

第二组：出示课件5

梦饮酒者，旦而哭泣；梦哭泣者，旦而田猎。方其梦也，不知其梦也。梦之中又占其梦焉，觉而后知其梦也。且有大觉而后知此其大梦也。

学生点评展示：

这里的"梦"，可以有两种解释：一为"做梦"，二为"理想"。庄子论述了"梦境"与"现实""理想"与"现实"的区别。后人对此二者的关系进行了反复描写，如《红楼梦》中对《好了歌》的注解："训有方，保不定日后作强梁。择膏粱，谁承望流落在烟花巷！因嫌纱帽小，致使锁枷扛，昨怜破袄寒，今嫌紫蟒长。"就很明确地体现了二者的关系。从中可以看出庄子思想对后世的滋养。

第三组：出示课件6

夫大道不称，大辩不言，大仁不仁，大廉不嗛，大勇不忮。道昭而不道，言辩而不及，仁常而不周，廉清而不信，勇忮而不成。

学生点评展示：

嗛：通"谦"，谦虚；忮：违逆，刚愎。廉洁的人不标榜自己的廉洁，真正的勇士并无违反叛逆、刚愎自用的思想性格。这几句话的意思是说，如果你真正拥有一种品德，是不需要时刻提醒别人你拥有它的，因为它早已成为你的一种习惯，习惯成自然。而时时标榜自己有美好德行的人，失之自然，不自然，说明并没有形成习惯。前后两句，采用一一对应的对比手法，体现了庄子"自然而然"的人生哲学。

第四组：出示课件7

夫大块噫气，其名为风，是唯无作，作则万窍怒呺，而独不闻之翏翏乎？山林之畏佳，大木百围之窍穴，似鼻，似口，似耳，似枅，似圈，似臼，似洼者，似污者。激者，謞者，叱者，吸者，叫者，譹者，宎者，咬者，前者唱于而随者唱喁。泠风则小和，飘风则大和，厉风济则众窍为虚。而独不见之调调之刁刁乎？

学生点评展示：

对照翻译，这段文字并不难理解。但这段文字体现了庄子对于语言运用的精练纯熟的程度。一切文字在他笔下似乎可以信手拈来，实在令人叹为观止。正如孔子说《诗经》可以帮助我们"多识于鸟兽草木之名"一样，《庄子》也可以帮助我们多认识好多生僻字。

三、课堂小结，激发善思之乐

《庄子》一书，以语言取胜，以故事醒人，各类形象的音容笑貌历历在目。而这些要素，共同构成了他汪洋恣肆的文风。即使我们在上节课已经能辨别出庄子的思想在某些方面有其无法自足之处，但却依然被这妙趣横生的寓言、变化神奇的写作手法、诙诡怪谲的形象而深深吸引。这也是《庄子》一书一直流传下来的原因。

第四课时

【教学目标】

了解庄子对后世文人的影响，初步形成"诗意栖居"之意识。

【教学方式】

讨论、探究、写作。

【教学过程】

一、寻访来者，体会传承魅力

学者鲍鹏山在他的学术随笔《庄子：在我们无路可走的时候》这篇文章中这样写道："是的，在一个文化屈从权势的传统中，庄子是一棵孤独的树，是一棵孤独地在深夜看守心灵月亮的树。当我们大都在黑夜里昧昧昏睡时，月亮为什么没有丢失？就是因为有了这样一两棵在清风夜唳的夜中独自看守月亮的树。"时光如流，"古人"已逝，但我相信，心灵的月亮依然不会孤独。因为，有那么多"来者"，因着曾经那月映千江的滋养，而愿意守护这千江一月。今天，就让我们一起走进历史的长河，去撷取那一朵朵饱蘸了月光的浪花。

请同学们梳理后世文人作品中与庄子有关的内容，交流讨论，每组派代表发言。

第一组：出示课件 1

庄子精神与汉魏文学：

西汉贾谊《鹏鸟赋》，袭用了庄了《逍遥游》的风格和思想旨趣。

东汉张衡《思玄赋》《归田赋》，描绘了山林生活的幽雅情韵，抒发了归隐田园的生活情调。

魏晋玄言诗、山水田园诗、游仙诗，魏晋玄学中的"言意之辩"等。陶渊明的《饮酒》诗直接有"此中有真意，欲辨已忘言"的句子。

第二组：出示课件 2

庄子寓言与李白：

李白在《宣州谢朓楼饯别校书叔云》有诗句："人生在世不称意，明朝散发弄扁舟。"其精神形态和风格手法都是对庄子浪漫主义艺术风格的继承和发展。

第三组：出示课件 3

庄子情结与宋代文人：

宋代豪放派诗人苏轼，少年时便十分喜好老庄，他诗词中有"便欲乘风，翻然归去，何用骑鹏翼""小舟从此逝，江海寄余生"一类的句子，都源于庄子旷放任性的精神品格。他在《送文与可出守陵州》中写道："清诗健笔何足数，逍遥齐物追庄周。"这也反映了追慕庄子逍遥游世的人生意境。

第四组：出示课件 4

庄子思想与《红楼梦》：

曹雪芹的一生，虽是贫穷潦倒、"举家食粥"的生活状态，却保持了人格自由独立及自我尊严。与庄子在濮水边"持竿不顾"的形象有异曲同工之妙。

《红楼梦》中共写了 32 个梦，其中最典型的是宝玉梦入太虚幻境的警幻情悟，预示其看破红尘、人生如梦，与"庄周梦蝶"的故事类似。

在中国古典小说中，《红楼梦》应是引用《庄子》中典故、成语、词句最多的一部作品。

评价：《庄子》在中国文学史上，是一种特别的存在，其浪漫瑰丽的艺术风格被后世不断借鉴。庄子愤世嫉俗的性格和潇洒飘逸的性情渗透到后世每一代文学家的心灵中……中国古代文人虽以儒家思想为主，但若去细细发掘，大多数文人"兼济之志"的背后，都有着"逍遥无为"的底色。也许，这正是中国文学如此旖旎璀璨的重要原因吧。

二、纵笔驰骋，畅享诗意人生

出示课件 5

经过这些天的阅读和分享，你一定有很多感悟。你如何看待庄子？如何看待自己？如何看待人与人的关系？如何看待人与自然的关系？如何看待这个世界？请从以上论题中任选其一，写一篇阅读笔记。

总结：徐复观在《中国艺术精神》中说："庄子所追求的道，是最高的艺术精神。"这就使得看似抽象而神秘的"道"，在庄子那里，变得可亲可怀、可感可至。它不再是一种灰色的冰冷的理论，而是一棵常读常新的常青树，只要你走近它，就能去到无为之乡、广漠之野，和庄子一起畅享诗意的栖居。

教学反思

传统经典是中华民族的文化明珠，但这明珠不应该只放在图书馆、博物馆或象牙塔中，成为专业学者凭吊的遗迹，它应该在当代社会中继续生长，成为当代人的精神底色。而《庄子》的整本书阅读则提供了一个很好的契机，既能引导高中生亲近经典，也能培养他们的批判精神。可以说，本次活动是经典文化与当代教育相结合的一次尝试。

《庄子》整本书阅读的难度在于，它不像小说那样有新奇的情节故事，也不像诗歌那样可吟可歌，更不像剧作那样具有表演性。此外，作为高中生最为畏惧的文言文，《庄子》在理解难度上远高于语录体的《论语》。因此，如何调动学生的阅读兴趣，是我遇到的第一个难题。所幸，《庄子》有其成为艺术经典的自足性特征：其中的"寓言十九"让它具有了类小说的故事性；汪洋恣肆的风格又让它具有了诗性；各类人物的对话，颇具戏剧的表演性……从这些方面来看，《庄子》已足具趣味性。至于文本的疏通，我指定了统一的版本。《〈庄子〉今注今译》是一本既适合深入研究又适合快速通读的读本，以适应不同层次学生的需求。我不强求所有学生弄清每个字的具体意思，对于语文基础薄弱的学生，我甚至建议他们以翻译带动原文阅读。

在有限的阅读时间内，我更关注的是学生读书方法的灵活运用、学生在《庄子》中体会到的诗性情怀、学生在阅读经典和联系现实过程中产生的批判精神、学生对经典作品由敬而远之到亲而怀之的转变。所以，在教学过程中，我设计了"读书方法指导""主要内容梳理""寓言形象赏析""启示与批判"等环节，来尝试完成上述教学目的。在教学过程中，学生对于各种读书方法能够做到灵活运用，也充分展现了其批判精神，能够一分为二地看待《庄子》中的思想。但是，这节课的不足也是显而易见的，由于赏析过程中预留时间不足，除了发言的学生代表外，大多数学生对于文本内容的把握依然停留在翻译层面。同时，对于《庄子》思想的现代启示，更多的学生思考的是其实用性而非审美性。这启示我在今后的教学中，应当力争挖掘文学作品的美学内涵，培养学生发现美、鉴赏美、创造美的能力。

聚散离合不是戏　啼笑悲欢说人生

——《围城》整本书教学方案

广州市第七十一中学　王丽丽

教学总体目标

1. 语言目标

引导学生阅读《围城》，走进《围城》，学习作品风趣幽默的语言。

2. 思维目标

学生运用评点法来鉴赏《围城》，精读精彩片段，品析《围城》之美，提高学生阅读能力及审美情趣。

3. 审美目标

阅读小说，评价人物形象的多面性与复杂性，体悟人性之真。

4. 文化目标

培养学生阅读《围城》及其他经典著作的兴趣，并能使之提出具有创造性的自我见解。

技术运用与核心问题

《围城》包含着深厚的思想意蕴，因此，课上教学只能有所侧重，有所选择。学生的学习应该是课内学习和课外自学相结合。课内学习应重在引导学生自己去阅读、去思考和探究。以学生点评为主体，以教师点评为辅助。授之以渔，提高学生审美评鉴能力。另外，适度融入信息技术，设计适合学生自身特点的活动任务。师生平等对话，精读精彩片段，提高阅读兴趣，带动整体阅读，感悟《围城》形象之美、人性之美，从而达到学生语文核心素养的提高。

利用智慧交互平板，设计问题抢答环节、交流展示环节，落实检查课前预习环节、课上交流环节。通过自主、合作、探究的方式，把学生兴趣调动起来，使学生在研读中相互讨论切磋，乐于交流展示自己的读书成果，悦于将阅读进行到底。

实施过程

第一课时

【教学目标】

初读与感悟。走进《围城》，了解作者及主要内容，进行读书方法的指导，探究语言特点。

【教学方式】

课前布置阅读整本书《围城》（利用课外时间，历时大概三周，梳理出每章故事情节），阅读版本要求为人民文学出版社 2007 年版。课内通过智慧课堂平板进行阅读检测及活动指导，小组合作探究。

【教学过程】

一、激情导入，感知《围城》艺术之高

《围城》是在我国家喻户晓、在世界享有盛誉的文学名著。它以平淡而又曲折的情节安排、栩栩如生的人物塑造、韵味无穷的语言魅力、深刻丰富的人性刻画成就了它在中国现代小说史上难以企及的高度。今天，我们就来一起感知这部伟大的作品，亲近这部旷世奇书！

二、方法指导，探寻长篇小说阅读之道

在我们讨论如何读《围城》之前，同学们先交流一下读书的方法。学生合

作交流。出示课件1

读书方法：略读和精读相结合；阅读前言、后记和目录，了解作者和背景；做笔记，写摘要，做批注，列提纲，制卡片，等等。

当然，并不是阅读每部作品都要用到上面所有的方法，具体到《围城》，我们该如何做呢？

三、走近作者，感受风云时代的脉搏

我们先了解一下钱钟书和《围城》，检查学生课前阅读情况。智慧交互平板展示题目，学生作答。

1. 钱钟书与（　　）并称为"南饶北钱"？

A. 饶宗颐　　　B. 饶敬承　　　C. 饶震元　　　D. 饶天民

2. 以下哪部是钱钟书的作品？（　　）

A.《我们仨》　　B.《管锥编》　　　C.《说木叶》　　　D.《六研斋笔记》

3. 下面哪位不是《围城》中的人物？（　　）

A. 陆子潇　　　B. 方鸿渐　　　C. 李梅亭　　　D. 李沐白

展示答案，并用智慧交互平板统计学生作答情况。

答案：1 .A　　　2.B　　　3.D

小说一共九章，大体可以依据方鸿渐的生活轨迹划分为四个单元，即"家乡上海""去往三闾大学的路上""三闾大学"以及"返回上海"。一个小组一个单元内容，通过交流合作最终整理出小说每个单元的主要内容。（交流展示成果）

四、形象譬喻，感悟名著的语言之趣

我们在阅读钱钟书先生的《围城》时，被文中大量的比喻所吸引。《围城》中的比喻句有400个左右，内容千变万化，形式不拘一格，幽默传神，生动有趣。请搜集比喻句，讨论并探究这些比喻句有着怎样的钱氏特色？

搜集整理部分展示如下：

围城中的比喻句（部分）

第一章

1.夜仿佛纸浸了油，变成半透明体；它给太阳拥抱住了，分不出身来，也许是给太阳陶醉了，所以夕照晚霞隐褪后的夜色也带着酡红。

2.法国人的思想是有名的清楚，他们的文章也明白干净，但是他们的做事，无不混乱、肮脏、喧哗，但看这船上的乱糟糟。

第二章

1他们俩虽然十分亲密，方鸿渐自信对她的情谊到此而止，好比两条平行的直线，无论彼此距离怎么近，拉得怎么长，终合不拢来成为一体。

2.她的平淡，更使鸿渐疑惧，觉得这是爱情超热烈的安稳，仿佛飓风后的海洋波平浪静，而底下随时潜伏着汹涌翻腾的力量。

3.张小姐是十八岁的高大女孩子，着色鲜明，穿衣紧俏，身材将来准会跟她老太爷那洋行的资本一样雄厚。

第三章

1.这春气鼓动得人心像婴孩出齿时的牙龈肉，受到一种生机透芽的痛痒。

2.可是心里忘不了他，好比牙齿钳去了，齿腔空着作痛，更好比花盆里种的小树，要连根拔它，这花盆就得递碎。

3.（曹元朗）一见苏小姐，十五年来的人生观像大地震时的日本房屋。

第四章

1.那最难措辞的一段话还闷在心里，像喉咙里咳不出来的黏痰，搅得奇痒难搔。

2.周家一天也不能住了，只有回到父亲母亲那儿挤几天再说，像在外面挨了打的狗夹着尾巴窜回家。

3.这种精神上的顾影自怜使他写自传、写日记，好比女人穿中西各色春夏秋冬的服装，做出支颐扭颈、行立坐卧种种姿态，照成一张张送人留念的照相。

第五章

1. 本来苍白的脸色现在红得像生牛肉，两眼里新织满红丝，肚子肥凸得像青蛙在鼓气，法国人在国际上的绰号是"虾蟆"，真正名副其实，可惊的是添了一团凶横的兽相。

2. 李先生脸上少了那副黑眼镜，两只大白眼睛像剥掉壳的煮熟鸡蛋。

3. 李先生本来像冬蛰的冷血动物，给顾先生当众恭维得春气入身，蠕蠕欲活。

第六章

1. 一千年后，这些书准像敦煌石室的卷子那样名贵。

2. 一件是讲书。这好像衣料的尺寸不够而硬要做成称身的衣服。

第七章

1. 那位大帅留的菱角胡子，就像仁丹广告上移植过来的，好不威武。

2. 以后的谈话，只像用人工呼吸来救淹死的人，挽回不来生气。

第八章

略。

第九章

1. 方豚翁看完信，叫得像母鸡下了蛋，一分钟内全家知道这消息。

2. 鸿渐知道铅笔到他手里，准处死刑断头，不肯给他。

3. 这吵架没变严重，因为不能到孙家去吵，不能回方家去吵，不宜在路上吵，所以唇枪舌剑无用武之地。无家可归有时不失为桩幸事。

分小组讨论钱钟书的比喻的特点，讨论后归纳小结：

1. 独抒性灵，形象巧妙

每一个比喻都显得非常生动形象，新颖而令人印象深刻，这种带着点顽皮气质的比喻中，文学大师的那一种朴素而深刻的文学气质也暗暗显露了出来。如："方豚翁看完信，叫得像母鸡下了蛋，一分钟内全家知道这消息。""李先生脸上少了那副黑眼镜，两只大白眼睛像剥掉壳的煮熟鸡蛋。"把方翁的叫唤比作母鸡下完蛋的叫声，把眼睛比作剥了壳的鸡蛋，让人忍俊不禁，新鲜别致。

2.多种多样的比喻手法

《围城》中的比喻手法多种多样，有明喻、暗喻、借喻、曲喻、博喻等。各种手法运用得得心应手、活灵活现。比如："那位大帅留的菱角胡子，就像仁丹广告上移植过来的，好不威武。"运用的是明喻。把大帅装模作样的丑态揭露无疑。又比如："鸿渐知道铅笔到他手里，准处死刑断头，不肯给他。"这复杂的家庭关系无比真实，让人回味。这些大量的比喻无疑构成了《围城》的一大特色。

3.幽默的比喻内含讽刺

讽刺是以蔑视与嘲弄的态度表现生活，揭破人性的丑态和恶行的，是最尖锐的社会批评，笑中带刺，是鞭挞与指责的升华。事实上，小说令人吃惊的讽刺与幽默的效果正是通过如落英缤纷般的妙喻表达出来的。如：当赵辛楣初遇方鸿渐时："赵辛楣和鸿渐拉拉手，傲兀地把他从头到脚看一下，好像鸿渐是页一览而尽的大字幼稚园读本。"这个比喻中，本体和喻体不能分开，因此才产生了让人吃惊不已的修辞效果，从而把赵辛楣既轻蔑又嫉妒的复杂感情淋漓尽致地表达了出来。这种多样的黑色幽默，令人对那个腐朽的年代啼笑皆非。

四、课堂小结，激发阅读名著之趣

今天，我们初步感受了这部著作的魅力。随着阅读的深入，你会发现这部作品会越读越有趣。每一个字都值得咀嚼和回味，每一个人物都是独特的存在，每一个场景都是赏心悦目的风景。总之，《围城》处处都有风景，就看你有没有一双发现美的眼睛。

第二课时

【教学目标】

细读与分享。分析人物形象，探讨文本意蕴。

【教学方式】

课前布置《围城》人物的形象分析（利用课外时间，历时大概一周），课内展示，小组合作交流。

【教学过程】

一、分析形象，感悟复杂的人物性格

导入：《围城》是中国现代杰出的讽刺小说，是一个流浪汉的喜剧旅程。在书中，钱钟书塑造了形形色色的人物形象，他以深刻的现实主义笔触成功塑造了一群现代新儒的典型，其中方鸿渐的形象是最丰满的一个。下面我们就来分析下方鸿渐的形象特点。先学一学分析人物的一般主要方法。

出示课件1

分析人物的方法：

1. 通过情节的发展来分析人物形象。

2. 通过具体的人物描写方法分析人物特点。

3. 通过侧面描写分析人物形象。

4. 要抓住关键的抒情议论句去体会人物形象。

（学生齐读）

问题导入：阅读以下几个片段。这是小说最后部分方鸿渐与孙柔嘉爆发激烈冲突的一幕，讨论作者是如何塑造出人物形象的。

出示课件2

开后门经过跟房东合用的厨房，李妈不在，火炉上炖的罐头喋喋自语个不了。他走到半楼，小客室门罅开，有陆太太高声说话。他冲心的怒，不愿进去，脚仿佛钉住。只听她正说："鸿渐这个人，本领没有，脾气倒很大，我也知道，不用李妈讲。柔嘉，男人像小孩子一样，不能 spoil 的，你太依顺他——"他血升上脸，恨不能大喝一声，直扑进去，忽听李妈脚步声，向楼下来，怕给她看见，不好意思，悄悄又溜出门。火冒得忘了寒风砭肌，不知道这讨厌的女人什么时候滚蛋，索性不回去吃晚饭了，反正失了业准备讨饭，这几个小钱不用省它。走了几条马路，气愤稍平。

鸿渐像落水的人，捉到绳子的一头，全力挂住，道："哦！原来她来了！怪不得！人家把我的饭吃掉了，我自己倒没得吃。承她情来看我，我没请她来呀！我不上她的门，她为什么上我的门？姑母要留住吃饭，丈夫是应该挨饿的。好，称了你的心罢，我就饿一天，不要李妈去买东西。"

鸿渐惊骇她会这样毒手，看她扶桌僵立，泪渍的脸像死灰，两眼全红，鼻孔翕开，嘴咽唾沫，又可怜又可怕，同时听下面脚步声上楼，不计较了，只说："你狠，啊！你闹得你家里人知道不够，还要闹得邻舍全知道，这时候房东家已经听见了。你新学会泼辣不要面子，我还想做人，倒要面子的。我走了，你老师来了再学点新的本领，你真是个好学生，学会了就用！你替我警告她，我饶她这一次。以后她再来教坏你，我会上门找她去，别以为我怕她。李妈，姑太太来，别专说我的错，你亲眼瞧见的是谁打谁。"走近门大声说："我出去了，"慢慢地转门钮，让门外偷听的人得讯走开然后出去。

六点钟是五个钟头以前，那时候鸿渐在回家的路上走，蓄心要待柔嘉好，劝她别再为昨天的事弄得夫妇不欢；那时候，柔嘉在家里等鸿渐回来吃晚饭，希望他会跟姑母和好，到她厂里做事。这个时间落伍的计时机无意中包含对人生的讽刺和感伤，深于一切语言、一切啼笑。

分小组讨论，按照以上方法继续分析方鸿渐的人物形象，并说明分析的角度。

交流结果展示：

1.消极被动，逃避退却的处世态度。（情节发展、人物描写方法等）

2.软弱无能、优柔寡断的本性。（具体的描写方法，如心理描写、语言神

态描写、侧面描写等）

3.盲目懵懂、虚无主义的人生态度。（情节发展、关键抒情语句体现，语言描写、心理描写等）

4.不知人、不自知，缺乏自省意识。（侧面描写烘托，情节发展，具体的细节描写等）

总之，通过方鸿渐，通过《围城》，通过钱钟书，我们可以深深地反省我们自己，反省我们今天的生活。我们是不是也在以虚幻的，以一种欺骗人的，或者被别人骗的方式，存在于一种尴尬的文化境界里边。我们是不是成了社会上一个多余的、无力的、无援的、无助的、孤苦的存在，我们是不是一个充满了幻想而实际上永远是在痛苦和绝望中挣扎的可怜的人物。它给我们带来的联想很丰富，给我们带来的启示也非常大。

参照我们对方鸿渐的形象分析，试着选择其他人物进行分析，给人物插上形象特点的标签，并分析。

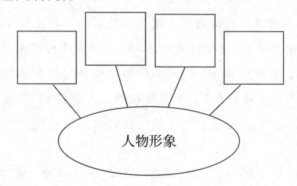

二、探讨意蕴，体会作品主题的丰富性

人物形象的复杂性也带来了作品主题的丰富性，试探讨文本多重意蕴。可以从这几个层面进行探讨：社会批判层面；文化批判层面；对现代人命运的哲理思考。

分小组讨论，然后在全班进行交流。

讨论内容：

1.社会批判层面

钱钟书的序言说他写现代中国的某一部分社会，某一类人物，也就是要在作品中展现世态人情。从这个角度看，《围城》所写的是旧社会的一个小小的旋涡，曲折深刻地反映了那个社会的一个角落，是行将崩溃的社会生动的写照，是对那个腐朽社会的抗议。

2. 文化批判层面

钱钟书的批判对象大都是新式的知识分子。他写知识分子的困境、弱点，通过这些知识分子的"新"，通过对人物的文化心态剖析，来看他们身上最旧的、最可怜的东西。

第一号人物就是方鸿渐。看到方鸿渐，很多人会不自觉地想起一个人物——阿Q。方鸿渐是个不好也不坏的人。他善良，可也骗人，但是好像是有限度的；他老实，不切实际，聪明而没有勇气，没有什么用处，是一个眼高手低的人。在生活面前他最大的特点就是怯懦，碰到事拿不定主意，喜欢乱说，所以不断地失去机会。他对苏文纨的态度也这样：不喜欢苏文纨，那就明说好了，但是他非常怯懦，明明自己不愿做的事还迫于情势做下去，结果自己落到那个套里边了。方鸿渐在爱情方面所表现出来的这种性格，这种处世的原则，就出于一种文化。

3. 哲理思考层面

主人公方鸿渐的基本经历是不断渴求冲出"围城"，而每一次走出"围城"又等于是落入另一座人生的"围城"。这个笼罩全书的象征性结构所要道出的，正是现代人对自己生命处境的哲理思考。

小结：恩格斯曾经说过："人物的性格不仅表现在他做什么，而且表现在他怎样做。"很多小说人物的命运往往沦陷在时代的洪波里，随浪浮沉，而《围城》所写的人物和事件与当时的社会环境十分隔膜，与时代结合并不紧密，我们不可能像别的小说那样通过社会背景和时代背景的分析去考察小说的主题。

第三课时

【教学目标】

点评与赏析，点评精彩细节，欣赏幽默讽刺的语言。

【教学方式】

课前布置在《围城》精彩部分做旁批（利用课外时间，历时大概一周），课内展示，小组合作交流。

【教学过程】

一、授之以渔，学习评点的技巧

读书有很多种方法，古人就有不动笔墨不读书的习惯，边读、边想、边记、边批注。明清以来，对四大名著的评点可谓流派众多，异彩纷呈。毛宗岗评点的《三国演义》、金圣叹评点的《水浒传》、李卓吾评点的《西游记》、脂砚斋评点的《红楼梦》最为人们所认可。这些评点本中的很多批注切中肯綮，见解深刻，具有很高的学术价值。那么，什么是评点法呢？

出示课件 1

评点法是一种研究性的学习方法。对作品的写作技巧和思想内容进行画龙点睛式的评论、指点。例如，评论立意选材、布局谋篇的优劣，指点遣词造句、技法风格的长短。

也就是说，在阅读的同时，我们可以随时将自己的理解、感悟记录下来。评点法是一种比较有效的阅读方法。会评点是自学能力增强的一种标志。评，要求语言准确清晰；点，要求恰当醒目。将自己的所思所想精炼地表达出来，就是你的评点。请欣赏钱钟书先生对这一内容的评点。

出示课件 2

方鸿渐在去三闾大学的路上，碰到了一个中学生模样的女孩子，脸上的粉刷得像涂在墙上的石灰，扑扑地往下掉。【"即使假，也假得天真"——这大

概就是方鸿渐的人生哲学。（钱钟书评点）】

再请欣赏知名旅美作家夏志清对《围城》里最著名的一段话的评点。

出示课件3

围在城里的人想逃出来，城外的人想冲进去，对婚姻也罢，职业也罢，人生的愿望大都如此。【深切道出了人生在世的无奈和痛苦，所谓："人生识字忧患始。"（夏志清评点）】

二、抓住细节，评点人物形象之美

果戈理说过："外形是理解人物的一把钥匙。"出色的细节刻画，高超的比喻运用，能使人物跃然纸上，让我们看到他们的动作，听到他们的声音，嗅到他们的气息，感受到他们的情感起伏。

《围城》里有一段精彩的对话：出示课件4

"人家更要说闲话了。"孙小姐依然低了头低了声音。

鸿渐不安，假装坦然道："随他们去说，只要你不在乎，我是不怕的。"

"不知道什么混蛋——我疑心就是陆子潇——写匿名信给爸爸，造——造你跟我的谣言，爸爸写信来问……"

（学生评点，教师点拨）

评点展示：孙柔嘉把"柔和嘉"当成谋略的最好武器，方鸿渐终于自觉地走进了那个陷阱，直到作茧自缚，困在"围城"里进退两难。

三、学以致用，交流品评之得

作者通过大量的细节刻画来表现人物性格，并且善用比喻，特别是博喻。比喻十分新奇，显出语言的鬼斧神工及幽默风趣，但又十分贴切。

请同学们抓住细节，三人为一小组，对以下一段文字进行讨论交流。

出示课件5

方鸿渐受到两面夹攻，才知道留学文凭的重要。这一张文凭，仿佛有亚当、夏娃下身那片树叶的功用，可以遮羞包丑；小小一方纸能把一个人的空疏、寡陋、愚笨都遮掩起来。

（学生讨论交流后发言，教师适时评点）

评点小结：这个比喻让人忍俊不禁。拿文凭与遮羞树叶相提并论，极尽讽刺嘲弄之能事。

四、课堂小结，深度激发阅读之趣

今天，我们用评点法赏析了《围城》片段，再次感受了这部作品的魅力。大家课下再找一些好的语句，进行欣赏评点。

第四课时

【教学目标】

创新与推荐，探寻名著的现实意义，完成名著推荐，撰写专题文章。

【教学方式】

讨论探究，活动任务布置。

【教学过程】

一、走进《围城》，探寻名著的现实意义

钱钟书选《围城》做小说的题目，源于法国一句古语："爱情、婚姻之事好比一座被围困的城堡，已婚的人处于被围之城里，极力要冲出城去，而未婚的则如攻城的勇士，拼命想冲进城。"爱情、婚姻是这样，事业困境也是如此，"被围困的城堡"象征着人生无常之困境。"围城"的影响在今天似乎并未消失，而且有增无减，这是值得人们去思考的。当今社会变得多元化而复杂化，今天再看《围城》，是否仍有着现实意义呢？分小组讨论，整理发言，然后在全班交流。

学生答案摘要如下：

1.《围城》代表了人的心理的困境。一方面，我们的身体要求实现享受，于是导致欲望的膨胀，人的心理产生了张力；另一方面，我们在面对社会压力和别人的限制时，又渴望退回平静状态，产生畏缩的收缩力，欲望在不能实现中膨胀，达到人所忍受的临界点。于是，畏缩和欲望妥协成为人在其中摇摆不定的围城。

2.《围城》代表了人的社会关系的困境。在以人为中心、以人的影响力为半径的圆中，人的纷繁复杂的社会关系交织成密密麻麻的网络，这是人达成自我和社会价值统一的途径，也是无形中的枷锁和束缚。在这张网下，"时来天地皆同力，运去英雄不自由"。我们没有办法摆脱的正是这种看似无可抗拒的影响力，一旦经过不合理制度的积累和扭曲，虚伪的人性就会将人的自由、生命和理想压缩在围城之中，形成一种可怕又可悲的困境——理想与现实的剧烈摩擦与矛盾。

3.通过《围城》这部文学作品，我切实地感受到了人性的脆弱，也体会到了人如何在社会中生存。如果不能及时寻找到自己的定位，那将会像作者所描绘的围城中不断地进进出出。这不仅是一种盲目的冲撞，更是一种无用的行为。我们在阅读这部文学作品时，应该以当今社会发展的视野来进行阅读，也应该树立起打破围城的信心。

4.小说从开始的自由选择走，再经过每走一步便陷入"围城"，最后又回到出发点——上海孤岛。我们注意到这里的一张"环行地理图"是一座人类宿命的"大钟"和"围城"。从上海出发转了一圈又回归于上海，恰似那只摆着的老钟，终究没能跳出框着它的"围城"。所以，钱钟书的《围城》是一部探讨人类命运的深含哲学意蕴的现代寓言，它象征着人生如钟摆，虽然能自由地摆来摆去，却只能是一定框架内的"摆"，只能是在宿命的现实困境中"摆"，只能从一座围城跳入另一座围城，人生就是一座永远也走不出的围城。

二、名著推荐，撬动整本书的阅读

我们已经完成从泛读的阶段走向品评研读的阶段，随着研究的深入，我们心中应该充满了对作者以及作品的敬仰之情，应该有了渴望与他人分享的愿望，如果你要向你的朋友推荐这本书，你会怎样介绍呢？

推荐卡片示例：

推荐名著《围城》（推荐者：　　　　）
这本书最有意思的人物形象是（　　　　），他（她）是一个（　　　　）人。
这本书最吸引人的章节情节（章节内容）是：
独特的比喻句赏析推荐：1.
2.
3.
阅读这本书对你最大的启发是：

也可以自己设计卡片内容。

以小组为单位，用智慧交互平板展示小组成果，然后选出优秀者在全班进行评奖。

三、撰写文章，让心灵来一次浪漫之旅

参考以下题目，完成心灵与名著的平等对话，来一次写作之旅吧！

1. 反思阅读所得，进一步研读作品，撰写观点鲜明、论证充分、材料翔实、逻辑严谨的议论性文章，可以是对《围城》的评论，也可以是由阅读引发的思考。

2. 这段时间我们不断与《围城》中的人物邂逅，如方鸿渐、唐晓芙、苏文纨……他们在世俗社会中沉沦，也难逃名缰利锁的羁绊，在理念世界里深思，却又上下求索而不可得。一个个性格鲜明的文学人物粉墨登台，一幅幅丰富多彩的画卷在我们面前展开。

请以"我与_____在_____相遇"为题，写一篇记叙文。要求：自选一位在小说中出现过的人物，展开想象，叙述你和他（她）在某地相遇的故事，写出人物的风貌和你的情感。

3. 如果钱先生来我校开展关于《围城》的专题讲座，请根据你的阅读体悟，设计一张宣传海报，并撰写一段广告文案。

4.《围城》这部小说被学术界喻为"新《儒林外史》"，试对这两部作品进行比较阅读。

总结：同学们，这段时间我们一起怀着崇敬的心情拜读学习了钱钟书先生的《围城》，读完你会发现这本书好像和你一起成长了。的确，好的作品就如甘霖，可以滋养，也可以灌溉。让我们一起手捧名著，走进文学的圣殿。

教学反思

选择《围城》作为整本书阅读的首选，是因为我觉得它是一部很有趣的书籍，是一座永远开采不完的矿藏。特别是在语言方面，古今中外的小说名著不能再找出一部这样妙喻横生的作品来。在有限的时间里，要引导学生去阅读它，也一直让我绞尽脑汁，几经思索，最终确定了以下思路：

教什么内容。虽然《围城》是一部现代小说名著，讨论不完，研究不尽，但教学还是要紧扣文本，关注语言，关注人物，否则就会架空课堂，陷入浮躁。在正式上课前就布置学生一定要通读整本书，简要地讲解大致情节，引导学生接触它，为逐步亲近它做准备。考虑到学生的认知水平和接受能力，我选择通过梳理文章情节感知内容、品鉴小说精彩片段来分析人物、设计推荐名著活动来培养学生文化创新能力等环节，循序渐进地展开学习内容。

如何教。整本书的阅读应着力于教给学生阅读的方法。教师要起到一个前引指路的作用，精心设计活动内容，教学生把阅读走向深入。整个学习过程分为四步走：初读与感悟，细读与分享，评点与欣赏，创新与推荐。逐层推进，并传授评点法，将喜欢的片段尽量揣摩到位。从抓住细节到善于比较，由点及线，将思维延神。

整个课堂使学生们进入了"真阅读"，充分调动了学生们的积极性，发挥了学生们的主体作用，培养了学生们的核心素养。在教学过程中，我发现，只要教师能激起学生的兴趣和开启他们的智慧，学生的创造力是无限的。

品苏轼人格魅力　铸逆境坚韧精神

——以学为中心的《苏东坡传》整本书阅读教学设计

广州市第七十一中学　罗印球　梁淑仪

推荐版本：《苏东坡传》，湖南人民出版社，2019 年第二次印刷。

作者：林语堂。

翻译：张振玉。

教学总体目标

1. 以学生为中心，引导学生采用批注的阅读方法，完成《苏东坡传》整本书阅读，拓展阅读视野，建构阅读经验。

2. 以《苏东坡传》为例，引导学生初步掌握人物传记的阅读方法和技法，增强学生口语交际能力和写作能力。

3. 运用略读、精读等方法，整合苏轼的主要经历，把握苏轼丰富的人格魅力，探讨其形成原因，并进一步尝试个性化的深度阅读。

4. 将苏轼生平与诗文创作相联系，重点研读黄州时期的代表诗文，挖掘苏轼在逆境中的坚韧精神及对今天的启示，促进学生精神成长，促进学生对中华优秀传统文化的深入学习思考。

技术运用与核心问题

1. 利用"智慧阅读平台"推动整本书阅读

通过"智慧阅读平台"与学生分享《百家讲坛》之人见人爱苏东坡，激起学生对《苏东坡传》的阅读兴趣；在通读指导过程中，利用央视人文历史纪录片《苏轼》六集视频，作为《苏东坡传》四卷内容的阅读导读的铺路石，一步一步地推进阅读，不断激发学生阅读动力，促进全书深度阅读。

在"专题深度阅读活动"中，围绕专题任务，学生可通过"智慧平台"阅读教师推送的相关文章，进行师生互动反馈，筛选、整合其他多元信息，与深度阅读文本得来的信息相互融合，围绕一个或者几个点进行个性化解读，进而探究，尽力形成自己的观点。

利用"智慧阅读平台"进行阅读调查、交流、测试，寻找阅读思考的关键点，引导学生深度阅读，利用大数据对学生阅读行为进行多元评价。

2. 基于以学为中心的学生深度阅读兴趣与能力研究

深度阅读活动的主体是学生，我们将从学生的立场出发，研究其年龄、个性、心理特征、性别差异，调查学生的需要动机等对中学生深层阅读能力影响的规律，制定相关的教学内容，选择合适的教学方法。利用读屏方式，让学生获得丰富的数据信息。通过"智慧平台"，学生反馈阅读问题给教师，以持续改进教师阅读指导策略。教师引导学生深度阅读，利用大数据对学生阅读行为进行多元评价。

3. 师生共读，"任务链"驱动

师生共读活动中，教师说出自己真实的阅读感受，真诚地和学生对话交流。在阅读引导过程中，教师要能融入学生，进行学情分析，带着学生在阅读中提出问题、探讨问题、分析解决问题，再提出问题。学生成为知识的发现者和建构者，学生的阅读能力在此过程中会得到提升，思维也会越来越开拓。

"任务链"是网易某款游戏的玩法，玩家每完成一个任务就有奖励，以吸引玩家不断地完成任务，挑战新任务。将这个策略借用到整本书深度阅读活动中，就是要求教师要在阅读活动开展前先把书读懂、读透，然后设计阅读活动计划，设计多个任务推动阅读，使学生在完成一个一个的阅读任务过程中，逐渐走向深入。在《苏东坡传》整本书阅读案例中，将设计 12 个任务来推动整本书的深度阅读。

实施过程

第一课时　激发兴趣　阅读全书

【教学目标】

1. 开展导读课，引发阅读期待。

2. 运用批注的阅读方法，整体第一次阅读《苏东坡传》，了解苏轼一生经历的重要时间节点、事件、思想变化，以及与之相对应的诗文作品，提出阅读中发现的问题。

3. 开展实地考察活动，拉近学生与苏轼的距离。

【教学过程】

一、教师介绍林语堂及推荐《苏东坡传》的理由

略。（投影）

二、将综艺节目转化为学习资源

播放《百家讲坛》唐宋八大家之苏轼（一）节选。

任务 1：

1. 思考并发言：视频引起你对《苏东坡传》怎样的感受？

2. 为年级即将开展的《苏东坡传》读书活动设计宣传海报，目的是吸引更多的同学参与读书活动。年级将选出最合适的作品进行张贴。

学生为《苏东坡传》读书活动设计的宣传海报

任务2：

第一次整本书阅读。边读边批注，完成每章的阅读过程记录案。教师定期收集学生的阅读疑问，利用阅读课讨论答疑。

《苏东坡传》阅读过程记录案

章名：	阅读日期：		时长：		页数：
主要内容					
对应诗词					
我的思考（如有疑问，要写出，并写出请教或讨论后结果）					

任务3：

实践活动：制作短视频或美篇——探寻苏东坡的广州足迹。利用地理优势，通过实地考察，让学生更真切地体会苏轼的人格魅力。

要求：

1.3~4人组成小组，通过互联网搜索和实地考察等方式，整理苏轼在广州留下的故事、诗文，及苏轼相关的景点图片，形成美篇或者短视频。

白云山的苏东坡像

- 宋朝元符三年（公元1100年）苏东坡被贬海南奉诏北归，途经广州，慕名到净慧寺内一游。净慧寺主持道琮久仰苏轼大名，抓住这个机会，向苏东坡求字，以作纪念。苏东坡见庭院中有六株榕树，苍翠茂盛，姿娑如盖，生机盎然，便写下"六榕"二字。字为楷书，厚重雍容，潇洒遒劲。落款为"眉山苏轼题并书"。既曰"题"，又曰"书"，东坡解释说：就算是给小寺做个匾吧。道琮大喜过望，谢过东坡，即令人拿去做匾，悬于小寺之上。自此，苏轼所书"六榕"手迹，成为该寺的一件重要文物。此后历代主持对东坡所书"六榕"两字推崇备至。到明朝成祖永乐九年（1141年），干脆改寺名为六榕寺，改千佛塔为六榕花塔，六榕寺因此而得名。

苏东坡的题字使六榕寺的知名度大增，不但六榕寺以题字而得名，到后来，连六榕寺所在的街道，也改名为六榕路了。可惜的是，寺内的六株榕树，竟不知什么时候什么原因消失了，现在六榕寺的榕树是后人根据这一典故补种的。

苏东坡与六榕寺

任务4:

阅读《苏东坡传》，观看央视人文历史纪录片《苏轼》。

第二课时　再读全书　整合内容

【教学目标】

1.学习并运用批注、略读、精读等阅读方法。

2.学习并运用思维导图梳理重要章节事件。

3.把握并品味苏轼丰富的人格魅力，并探讨形成原因。

【教学过程】

任务5:

带着每一卷的阅读思考题，进行第二次读书。

阅读思考题:

卷一:通过苏轼的成长过程，分析一个人成人、成才的重要因素。（画图）

例如:

社会:国家现实、眉山风土人情等。

家庭:读书氛围、家人影响等。

自身:性格等。

卷二:从卷二中归纳出苏轼所具有的特质，并简单举例。（文字或画图）

卷三和卷四:

1.整合苏轼的流放行经路线和具体遭遇，思考苏轼面对逆境是如何调整心态的? 形成了怎样的人生态度?

2.面对坎坷，苏轼是怎样实现自我生命存在的价值和意义的? 写一篇600字的文章。

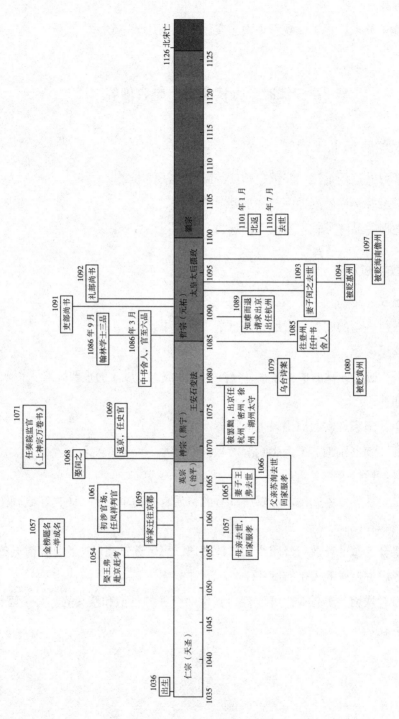

苏东坡人生轨迹图

任务 6：

1. 拓展阅读：资料由教师印发。

2. 观看视频：名人大讲坛《致敬苏轼的十个关键词》。

要求：阅读和观看视频时，要做批注、写提纲或做摘录。

任务 7：

1. 以小组为单位，选择两个组内认为最能表现苏轼魅力的关键词。

2. 依据《苏东坡传》文本，通过浏览、略读、精读等阅读方法，梳理出与关键词相对应的事例、诗词、句子，并尝试探讨形成的原因。

3. 关键词可选用教师的词语范例，也可自己归纳概括，各小组长互相协调，尽量不重复。

4. 关键词范例：仁者爱人　刚正不阿　狂放不羁　坚韧不拔　洒脱自由豁达乐观　笑对人生　接地气　食烟火……

5. 教师统一整合，并将各小组作品制作成 PPT。各小组代表在汇报课中汇报讲解。

第三课时　重点研读　收获启示

【教学目标】

1. 阅读《卜算子·黄州定慧院寓居作》《念奴娇·赤壁怀古》《定风波·莫听穿林打叶声》《前赤壁赋》《后赤壁赋》《记承天寺夜游》等六篇苏轼在黄州时期创作的作品，理解大意。

2. 认真体会苏轼在逆境中的坚韧精神，促进学生的精神成长。

3. 增进对中华优秀传统文化的深入学习和思考。

4. 训练写作能力。

【教学过程】

任务 8：

积累出自苏轼诗词中的成语。

任务 9：
研读苏轼在黄州时期的作品。

卜算子·黄州定慧院寓居作

缺月挂疏桐，漏断人初静。时见幽人独往来，缥缈孤鸿影。

惊起却回头，有恨无人省。拣尽寒枝不肯栖，寂寞沙洲冷。

念奴娇·赤壁怀古

大江东去，浪淘尽，千古风流人物。故垒西边，人道是：三国周郎赤壁。乱石穿空，惊涛拍岸，卷起千堆雪。江山如画，一时多少豪杰。

遥想公瑾当年，小乔初嫁了，雄姿英发。羽扇纶巾，谈笑间，樯橹灰飞烟灭。故国神游，多情应笑我，早生华发。人生如梦，一樽还酹江月。

定风波·莫听穿林打叶声

三月七日，沙湖道中遇雨。雨具先去，同行皆狼狈，余独不觉，已而遂晴，故作此词。

莫听穿林打叶声，何妨吟啸且徐行。竹杖芒鞋轻胜马，谁怕？一蓑烟雨任平生。

料峭春风吹酒醒，微冷，山头斜照却相迎。回首向来萧瑟处，归去，也无风雨也无晴。

前赤壁赋

壬戌之秋，七月既望，苏子与客泛舟游于赤壁之下。清风徐来，水波不兴。举酒属客，诵明月之诗，歌窈窕之章。少焉，月出于东山之上，徘徊于斗牛之间。白露横江，水光接天。纵一苇之所如，凌万顷之茫然。浩浩乎如冯虚御风，而不知其所止；飘飘乎如遗世独立，羽化而登仙。

于是饮酒乐甚，扣舷而歌之。歌曰："桂棹兮兰桨，击空明兮溯流光。渺渺兮予怀，望美人兮天一方。"客有吹洞箫者，倚歌而和之。其声呜呜然，如怨如慕，如泣如诉，余音袅袅，不绝如缕。舞幽壑之潜蛟，泣孤舟之嫠妇。

苏子愀然，正襟危坐，而问客曰："何为其然也？"客曰："'月明星稀，乌鹊南飞。'此非曹孟德之诗乎？西望夏口，东望武昌，山川相缪，郁乎苍苍，此非孟德之困于周郎者乎？方其破荆州，下江陵，顺流而东也，舳舻千里，旌旗蔽空，酾酒临江，横槊赋诗，固一世之雄也，而今安在哉？况吾与子渔樵于江渚之上，侣鱼虾而友麋鹿，驾一叶之扁舟，举匏樽以相属。寄蜉蝣于天地，渺沧海之一粟。哀吾生之须臾，羡长江之无穷。挟飞仙以遨游，抱明月而长终。知不可乎骤得，托遗响于悲风。"

苏子曰："客亦知夫水与月乎？逝者如斯，而未尝往也；盈虚者如彼，而卒莫消长也。盖将自其变者而观之，则天地曾不能以一瞬；自其不变者而观之，则物与我皆无尽也，而又何羡乎！且夫天地之间，物各有主，苟非吾之所有，虽一毫而莫取。惟江上之清风，与山间之明月，耳得之而为声，目遇之而成色，取之无禁，用之不竭，是造物者之无尽藏也，而吾与子之所共适。"

客喜而笑，洗盏更酌。肴核既尽，杯盘狼藉。相与枕藉乎舟中，不知东方之既白。

后赤壁赋

是岁十月之望，步自雪堂，将归于临皋。二客从予，过黄泥之坂。霜露既降，木叶尽脱。人影在地，仰见明月，顾而乐之，行歌相答。已而叹曰："有客无酒，有酒无肴，月白风清，如此良夜何？"客曰："今者薄暮，举网得鱼，巨口细鳞，状似松江之鲈。顾安所得酒乎？"归而谋诸妇。妇曰："我有斗酒，藏之久矣，以待子不时之须。"

于是携酒与鱼，复游于赤壁之下。江流有声，断岸千尺，山高月小，水落石出。曾日月之几何，而江山不可复识矣。予乃摄衣而上，履巉岩，披蒙茸，踞虎豹，登虬龙，攀栖鹘之危巢，俯冯夷之幽宫。盖二客不能从焉。划然长啸，草木震动，山鸣谷应，风起水涌。予亦悄然而悲，肃然而恐，凛乎其不可留也。反而登舟，放乎中流，听其所止而休焉。

时夜将半，四顾寂寥。适有孤鹤，横江东来。翅如车轮，玄裳缟衣，戛然长鸣，掠予舟而西也。须臾客去，予亦就睡。梦一道士，羽衣蹁跹，过临皋之下，揖予而言曰："赤壁之游乐乎？"问其姓名，俛而不答。"呜呼！噫嘻！我知之矣。畴昔之夜，飞鸣而过我者，非子也耶？"道士顾笑，予亦惊寤。开户视之，不见其处。

记承天寺夜游

元丰六年十月十二日夜，解衣欲睡，月色入户，欣然起行。念无与为乐者，遂至承天寺，寻张怀民。怀民亦未寝，相与步于中庭。

庭下如积水空明，水中藻荇交横，盖竹柏影也。何夜无月？何处无竹柏？但少闲人如吾两人者耳。

读写任务：

1.阅读相关作品。以上作品都是苏轼被贬黄州时所作，联系《苏东坡传》14~17章内容，判断它们创作的先后顺序，并说明理由。

2.叶嘉莹说："认识苏东坡，不要只看他浅显的豪放词，要看他天风海涛之曲与幽咽怨断之音糅合在一起的作品，这才是他真正最高的成就。"以《念奴娇·赤壁怀古》为例，进行赏析。

3.《前赤壁赋》和《后赤壁赋》，你更喜欢哪一篇，说说原因。

4.如果你有朋友遇到突变挫折，一蹶不振，你如何借用《定风波·莫听穿林打叶声》的内容与哲理来安慰他？

5.《记承天寺夜游》中的"闲"到底是什么意思？有人解释为"有名无实，清闲的"，有人解释为"闲情雅致"，还有人解释为被贬"闲人"的自慰自解，你的解释呢？结合苏轼的人格特征谈谈你的看法。

任务 10：

1.拓展阅读：资料由教师印发。要求：阅读或观看视频时，要做批注、写提纲或做摘录。

2.以"逆境中的'淡定哥'给我们的启示"为题，写一篇 1000 字文章。

提示：

A.苏轼当时面对着哪些逆境？

B.他是如何调整心态的？形成了怎样的人生态度？具体在作品中如何表现的？

C.他在逆境中的表现，于我们有怎样的启发？

第四课时　个性阅读　专题写作

【教学目标】

1.阅读梳理，深入理解苏轼形象，把握苏轼丰富的人格魅力以及形成原因，探讨苏轼的人生价值、社会价值。

2.学习写作学术小论文。

3.借助"苏东坡主题餐厅"设计活动，促进学生在个性阅读的基础上合作探究，生成语文运用能力。

【教学过程】

任务11：

某公司拟开设一家"苏东坡主题餐厅"，要求同学们完成以下设计：

A.根据《苏东坡传》，选择若干幅与苏轼相关的诗词或字画挂于餐厅的墙上，以营造特有的文化氛围，并详细说明选择的理由，形成小短文。内容包括：创作背景，作品主要内容，表现情感，名家评论，体现苏轼的哪些精神特质，预期选用的效果等。

B.深入阅读《苏东坡传》，筛选整合，联系实际，拟一份有苏东坡特色的主菜单，并选择其中一份菜肴，分别从色、香、味、形等方面向食客重点推荐。

C.细读《苏东坡传》，从中选择一个菜肴，详细说明制作步骤，为培训"苏东坡主题餐厅"新任厨师拟写菜肴制作说明。采用说明文体。

任务12：

1.以《苏东坡传》为基础，结合课时二的思维导图，选择一个感兴趣的专题，进行学术小论文写作，1000字左右。

2.成果汇报，心得交流。

A.活动过程中优秀作品制成展板在全校展示。

B.说一说课堂上师生交流活动的感想，归纳整理阅读整本书的方法，归纳阅读人物传记的经验。

教学反思

我将从"活动背景""教学尴尬""选书和教学设计""阅读策略采用""实践感受"五个方面来谈《苏东坡传》整本书阅读活动设计和阅读活动过程中的思考和感受。

一、为何要开展整本书的阅读活动

2014 年，在《关于全面深化课程改革落实立德树人根本任务的意见》中，教育部首次提出"核心素养体系"的概念。2016 年 9 月，《中国学生发展核心素养》研究成果正式发布。"学生发展核心素养"，主要是指学生应具备的，能够适应终身发展和社会发展需要的必备品格和关键能力。《普通高中语文课程标准》（2017 版）明确提出了"整本书阅读与研讨"的学习任务群，指出："此任务群旨在引导学生通过阅读整本书，拓展阅读视野，建构读整本书的经验，形成适合自己的读书方法，提升阅读鉴赏能力，养成良好的阅读习惯。"

语文教材总主编温儒敏日前表示："高考的命题方式正在进行很大改革，而且在悄悄地改。"语文卷面将增加到一万字，阅读题量将悄悄增加 5%~8%，阅读面也正悄悄扩大。笔者导师曾研究发文指出，近几年的高考语文全国卷阅读题对深度阅读的考察全面且深入。不仅是语文试卷加大对考生阅读能力的考察，高考的其他科目，也是对语文阅读能力的持续考察。阅读已经成为众多学科最重要的基础。

一句话概括：作为一线语文教师，就要适应时代的发展要求。在学习新课标之后，我们很认同课标理念，很认同为核心素养提升而阅读，也很认同整本书阅读时对学生学业水平提升的促进作用，但具体到教学实施中又感到困难重重，不知所措。

二、学生的阅读情况

学生阅读了不少课外书，但阅读能力得不到相应的提升，达不到高层级学段的阅读能力要求，因而形成课外阅读浪费时间的错误结论。笔者认为，这种情况普遍存在，归因于阅读的内容，或是书虽读了，但阅读质量不高，并未进入深度阅读的层面，阅读能力仍然处于基础阅读层级。

之前的教学情况是每学期初在阅读课上，教师向学生提供必读书目，呼吁学生多读经典名著，但之后少有在书籍阅读上进行扎实的指导。学生在阅读过程中，教师缺乏对学生进行整本书有效阅读策略的指导和阅读进度的推进，阅读结果如何，也无反馈体现。学生的整本书阅读基本处于放任状态。

为什么会有上述情况？是因为与单篇文章相比整本书深度阅读的指导难度很大，在目标的制定、阅读方法指导、如何开展等方面仍处于摸索阶段。教学者缺少整体的规划思考和具体的教学设计，缺乏好的操作办法，这些也阻碍了学生对整本书的深入阅读。

感谢市教研活动为我们提供了多次的整本书阅读课堂展示和多种整本书教学设计、教学策略信息，这些宝贵的经验给了我们信心和动力。我们也开始在年级中尝试"整本书阅读与研讨"的实践活动。

三、首先遇到的问题是选哪本书

9月份的教研信息上给出了高一的阅读书单。我们把书单中的第五类其他名著中所列出的《苏东坡传》《毛泽东》《谈美书简》《瓦尔登湖》《时间简史》等五本名著，使用了"白云课堂互动精灵平台"让学生投票。可能是因为学生的小学、初中、高中的课本中都有选入了苏轼的作品，所以他们还是比较偏爱于苏轼，最后确定了《苏东坡传》这一本。

书选定后，摆在我们面前的困难环节就是我们准备通过此次阅读，达到什么教育目标，在整本书中我们要开发哪些教学内容，如何组织才能实现学生阅读能力的提升，如何进行测评等一系列的问题。经过不断思考，我们从人物传记的特点出发，确定了三大教学目标。一是《苏东坡传》作为优秀的人物传记，我们可以以它为载体，引导学生初步掌握人物传记的阅读方法和技巧；二是阅读人物传记的意义，可以让读者了解传主的生平、人格与作者对传主的理解，既能丰富学生阅历，也能提升学生内在的气质精神；三是《苏东坡传》里面引用了大量的史实和诗文，阅读苏轼人生经历的过程中，结合课本相关篇目，恰好可以为我们提供文史相印证的好例子。

四、阅读策略的选用

如何才能做到"以语文核心素养为纲，以学生为中心，以学生实践为主线"呢？北京程现亮老师的"筹建苏东坡纪念馆"任务，让我眼前一亮。我所教班级的学生竟然全不知我们广州白云山里濂泉蒲谷、著名古刹六榕寺与苏东坡的故事，这让我"非常恼火"。关于苏轼的人文纪录片或《百家讲坛》也没观看过，看到书本之后嫌书太厚，开始就不想读的也大有人在。最后我们设计了通过纪录片、阅读表格、海报设计、探寻苏轼的广州足迹等多种方式，激发学生阅读兴趣，促进全书阅读。"内容整合"和"专题写作"是"探寻魅力苏轼及形成原因"的浅层到深层环节；"重点研读"主要是品鉴课本所选的相关篇目，深挖表层豁达、乐观，但背后深层的坚韧精神；借助"苏东坡主题餐厅"设计活动，促进学生在个性阅读的基础上合作探究，生成语文运用能力。而"成果展示"更是提高学生整本书阅读自我效能感的重要一环。

活动过程中，我们也向学生推荐阅读了很多相关的文章，以作为深入认识苏轼的补充。活动还在进行中，希望在活动结束时，我们能在这个实践中收获更多的"整本书阅读与研讨"的经验与反思。

五、在实际教学中，我们发现存在比较多的问题

本级高一学生入学分数大部分在 509~580 之间。据调查了解，在此之前，本级学生很少进行经典书籍的整本书阅读，学生缺乏相关的阅读体验。《苏东坡传》是经时间沉淀出来的传记类经典作品，中间穿插了许多苏轼的经典诗文作品，对于缺乏生活阅历和古诗文阅读积淀的普通高中生而言，有着很大的阅读难度。真正品味文本意蕴，绝非易事。阅读过程中，学生对整本书的阅读时间不足，兴趣不浓，多求快餐式的浅阅读，阅读质量普遍不高。我们也读得很慢，半个学期下来，才完成一本《苏东坡传》，阅读过程中产生的阅读成果，也远远低于预期效果，所以在成果呈现中，也只能是"矮子里面挑高个"。虽

然很失落，但也从反面告诉我们，在日后的教学中，更要坚持开展整本书阅读活动，借以拓展阅读视野，建构读整本书的经验，形成适合自己的读书方法，提升阅读鉴赏能力，养成良好的阅读习惯。

面对整本书的资源，开发哪些教学资源；教学设计怎样巧妙地与书本资源相结合；怎样设置充满语文味的活动，使学生在参与活动中能享受读书的愉悦，又能汲取营养；阅读后怎样进行反馈测评等，这些都是在实践中要一步步攻克的难题。

最后是在此次阅读活动中，我和学生同读一本书，一起阅读补充资料，一起聊书中有趣的故事，聊苏轼，聊学生十分感兴趣的苏轼美食，课外一起和学生搜集苏轼与佛印的趣闻、瑜伽与炼丹（我没料到他们对这个感兴趣）……我发现，我正在和学生一起收获，一起进步！

在美与丑的看台　品爱与泪的交织

——《巴黎圣母院》整本书教学方案

湖北省沙市第七中学　夏佳

教学总体目标

1. 语言目标

引导学生阅读《巴黎圣母院》，走近雨果，学习浪漫瑰丽的语言。

2. 思维目标

分析个性化人物形象，体会小说塑造人物的高超手法。在理解美丑的基础上感悟"人性"这一永恒的话题。

3. 审美目标

重点探究群众、弗罗洛和爱斯梅拉达对卡西莫多的不同态度，理解人性美与丑共生的复杂特征，提高学生阅读能力及审美情趣。

4. 文化目标

领会雨果的"美丑对照"原则，树立正确的审美观和价值观，鼓励学生要发表自己独到的见解和进行个性化的阅读。

技术运用与核心问题

本教学设计基于《普通高中语文课程标准》（2017 年版）的理念，进行整本书的阅读探究，倡导"自主、合作、探究"的学习方式，课内与课外相结合原则，开展语文学习活动。利用智慧交互平板的信息技术手段，更便捷地掌握学生课下阅读效果以及落实情况。具体实施过程以学生利用课内外时间自主阅读、撰写笔记、交流讨论为主，不以教师的讲解代替或限制学生的阅读与思考。教师的主要任务是提出专题学习目标，组织学习活动，引导学生深入思考、讨论与交流。教师以自己的阅读经验，平等地参与交流讨论，解答学生的疑惑。

实施过程

第一课时

【教学目标】

走进《巴黎圣母院》，了解作者及主要内容，使学生产生阅读的兴趣。

【教学方式】

课前布置学生查找作者生平、基本情节、时代背景的资料，以及巴黎圣母院的相关信息；课上进行阅读兴趣引导，组织阅读活动，引导小组合作探究。

【教学过程】

一、激情导入

在180多年前的一天，雨果在巴黎圣母院北钟楼的一个暗角里，发现墙上刻着一个希腊单词"ANAΓKH"（命运）。（展示课件1剧照）这些难以描摹的符号，震撼了他的心灵，也激发了他的灵感，于是他创作出了《巴黎圣母院》这部与这座教堂一样不朽的著作。从此，巴黎圣母院就与卡西莫多和爱斯梅拉达的故事一起驻留在人们的脑海中，成为人们欲罢不能的向往。

二、初步感知

展示课件2巴黎圣母院景观图，并做同步简介。

1.第一张是巴黎圣母院的俯瞰图，它像一颗明珠镶嵌在巴黎的西岱岛上。

2.美丽的塞纳河从它身旁静静地流过。

3. 这是它的正门，庄严肃穆。

4. 以宗教为题材的精美浮雕，让人惊叹不已。

5. 玫瑰花窗赏心悦目。

6. 这是信徒们祷告的地方。

看到这些如梦似幻的图片，我们不禁思考，围绕这座教堂发生的故事是否也像这教堂一样神圣而纯美呢？

三、读书交流

以下导读内容为课前要求学生重点查找的内容，课上以小组为单位用智慧交互平板向全班同学进行图文介绍。每项内容请一至两位学生到讲台来进行交流，小组其他同学补充。这个过程要注意突出学生的主体地位，不但要求学生解决问题，还要求他们讲出解决问题的基本过程及引用资料的出处。教授学生研究课题的方法，教师及时肯定与补充。

交流问题一：作者及其生活背景。

维克多·雨果（1802—1885），法国浪漫主义文学运动的领袖，是法国文学史上最有才华的作家之一。

雨果天资颖慧，未成年时就开始写诗。15 岁时写的《读书乐》受到法兰西学士院的褒奖；20 岁发表第一本诗集《颂歌和杂诗》。19 世纪 20 年代前期，雨果在写诗的同时，还开始了小说的创作。他这个时期写的中篇小说有《冰岛魔王》《布格·雅尔加》等。同时，他还进行了戏剧的创作。1827 年写在剧本《克伦威尔》的序言是积极浪漫主义文学运动的宣言。1831 年发表了他的代表作《巴黎圣母院》。1841 年他被选入法兰西学士院，1845 年被封为法兰西贵族世卿，与七月王朝妥协。1851 年，拿破仑发动政变，雨果受到迫害，流亡国外，19 年后才回到祖国。在流亡期间，他写了《小拿破仑》和诗集《惩罚集》，与窃国者拿破仑三世展开斗争。1861—1869 年完成了他的又一代表作品——长篇小说《悲惨世界》，小说反映了整个 19 世纪前半期的法国社会政治生活。1870 年，雨果回到祖国。1874 年完成长篇小说《九三年》。1885 年去世，引起全国人民深切哀悼。

雨果是法国最伟大的诗人和小说家之一。他的诗不但数量丰富，而且主题多样，形式完美，表现手法细致多彩。他的小说精彩动人，雄浑有力，以五光十色、气势雄伟的画面见长，为浪漫主义小说开辟了广阔的天地。雨果的创作对后世的作家产生了很大的影响。

交流问题二：故事情节。

事件发生在15世纪的巴黎。巴黎圣母院大教堂副主教克洛德·弗罗洛看到美丽的吉卜赛女郎爱斯梅拉达之后，他那被禁欲主义所压抑的情感蠢动起来，他的追逐变成了迫害。巴黎圣母院大教堂的敲钟人卡西莫多也爱慕爱斯梅拉达。卡西莫多相貌奇丑，但他的爱却是高尚的，具有人道和自我牺牲的特点，和弗罗洛的罪恶情欲完全不同。道貌岸然的弗罗洛，在他的罪恶企图不能达到时，便卑鄙地采用嫁祸于人的办法，把爱斯梅拉达送上绞架。与此同时，对弗罗洛十分忠实的卡西莫多，却被他主人的残暴和无耻所激怒，把弗罗洛从教堂的高塔上推了下来。

交流问题三：小说的思想内容。

小说揭示了美与丑的真谛。作者通过这部作品向我们阐述了这样一个道理：人不必为了自己先天的不足而自暴自弃，更不要过分追求外表美，最珍贵的莫过于拥有一颗善待他人、无私奉献的心。雨果说过："丑就在美的旁边，畸形近于优美，粗俗藏在崇高背后，善恶并存，黑暗与光明相共。"爱斯梅拉达拥有迷人的外貌、动人的歌喉，更有一颗纯真善良的心灵，她为了救落魄诗人而愿意舍身嫁给她。弗比斯，年轻、英俊、漂亮，是皇家卫队队长，感觉上是个正人君子，但其实不然。克洛德表面上道貌岸然，而内心却自私阴险。而卡西莫多虽然天生丑陋，内心却十分善良，这与神父和卫队长形成了强烈而又鲜明的反差。什么是美？什么是丑？丑陋的外表下，藏着一颗火热纯真的心灵；英俊美丽的面容下，也可能是深埋了龌龊可耻、阴暗扭曲的灵魂。表面上的美与丑，这是人们每天都在讨论的话题，而内在美与外在美，心灵美与现实美，带给我们的却是深深的思索。

四、作业布置

1.在基本了解小说情节下，阅读《巴黎圣母院》整本书，历时约四周时间。

2.跨越阅读障碍，提出阅读建议。小说篇幅较长，难以继续，可以绕过障碍，先看故事。阅读后，请用一句话来概括小说《巴黎圣母院》的一个方面。

例如：这是个关于＿＿＿＿＿＿的故事，这里有＿＿＿＿＿＿＿＿＿＿。

参考：爱情、亲情、人格分裂（神性与人性的争斗）、荒谬的司法、暴力与反暴力（封建与反封建，穷客人们之间的互相救助）……

第二课时

【教学目标】

在对人物形象有所了解的基础上理解小说美丑对照的写作手法，体会小说的艺术特色。

【教学方式】

通过智慧交互平板出题检测学生课下的阅读情况，组织阅读活动，引导学生讨论探究。

【教学过程】

一、激趣导入

吉卜赛女郎（爱斯美拉达）、钟楼怪人（卡西莫多）是世界文艺长廊中的经典形象，一个无与伦比的美，一个世所罕见的丑。人们了解他们的途径更多是通过电视、电影、音乐剧，或是动画片。《巴黎圣母院》是各种艺术形式改编的"永恒的主题"。今天让我们一起走进《巴黎圣母院》，回到最原汁原味的小说本身。

二、阅读检测

教师用智慧交互平板展示题目，学生在交互平板上进行答题。

1. 下列各项中，关于《巴黎圣母院》的表述，不正确的一项是（　　）。

A. 爱斯梅拉达带着她心爱的小山羊离开了狂欢的节日广场，而好奇的甘果瓦一直跟随着她。当来到广场的一条小巷时，爱斯梅拉达被克洛德和卡西莫多抢走。爱斯梅拉达奋力反抗，刚巧皇家卫队经过此地，侍卫长弗比斯救下了她。克洛德逃走，而卡西莫多被擒获。

B.爱斯梅拉达被诬陷刺杀弗比斯，被巴黎圣母院的副主教克洛德判处绞刑。在刽子手行刑时，卡西莫多挺身相救，勇劫法场，把爱斯梅拉达救到巴黎圣母院，用心照顾、保护她。从此，卡西莫多成了爱斯梅拉达的忠实朋友。

C.在愚人节的狂欢中，巴黎市法院大厅进行"愚人王"的选举，谁长得最丑、谁笑得最怪、最难看谁就有望当选。最后巴黎圣母院的敲钟人卡西莫多因外貌奇丑而当选。人们给他戴上王冠，披上袍子，还给了他一支口哨，让他坐在高高的轿子上沿街游行。

D.犯了强抢民女罪的卡西莫多，在被草草审理后，带到广场上被当众鞭答。跪在烈日下代人受过的钟楼怪人口渴难熬，他向士兵和围观的人群高喊要水，回答他的却是一片戏弄和辱骂。这时，美丽的爱斯梅拉达拨开众人，把水送到卡西莫多的嘴边。心中充满感激之情的卡西莫多饱含热泪，不住地说："美……美……美。"

2.下列建筑中，属于伊斯兰教的是（　　）。

A.清真寺　　　B.布达拉宫　　　C.日本神社　　　D.巴黎圣母院

3.下列各项中，对《巴黎圣母院》故事情节叙述有误的一项是（　　）。

A.弗罗洛在钟楼上看波希米亚姑娘跳舞，当他看到爱斯梅拉达身旁穿着奇装异服的男人时，他的脸色愈加阴沉，满腹疑问地来到广场上。此时，爱斯梅拉达不见了，只剩下正在收集小银币的甘果瓦，弗罗洛把他带进了巴黎圣母院。从甘果瓦口中，弗罗洛获知了爱斯梅拉达和甘果瓦摔罐成亲，但两人只是名义上的夫妻的事。

B.一天早晨，爱斯梅拉达偶然间看到了广场上的弗比斯，她痛苦地呼叫着弗比斯的名字。卡西莫多想让爱斯梅拉达开心，得到她的同意后就去找弗比斯，并把爱斯梅拉达对他的爱意转达给他。弗比斯却无动于衷。为了不使爱斯梅拉达伤心，卡西莫多谎称没等到弗比斯。爱斯梅拉达生气地让卡西莫多滚开。

C.爱斯梅拉达被判处绞刑，关进了地牢。有一天晚上，弗罗洛秘密地来到地牢，向爱斯梅拉达承认是他刺伤了弗比斯，并毫不掩饰地向她表达了他的爱意，并想把她救走。教士告诉她弗比斯已死了，爱斯梅拉达听后，以超凡的力量把他推倒在楼梯的石阶上。

D. 从街谈巷议中弗罗洛得知，爱斯梅拉达奇迹般地被人救走了。当他得到这一消息后，便把烦闷发泄到工作中去，他不断地参加教士会议和日常圣事。每当他见到丑陋的卡西莫多跟爱斯梅拉达待在一起，就越发地心烦意乱。

教师用智慧交互平板统计学生作答情况，检查学生课下阅读情况，同时展示正确答案。（答案略）

三、讨论交流

在第一课时交流了四个问题的基础上，再次要求学生以小组为单位，在对人物形象了解的基础上集体讨论小说美丑对照的写作手法，体会小说的艺术特色。讨论问题不流于形式，教授学生如何围绕一个问题做深入探讨的方法，鼓励学生大胆怀疑与敢于提出不同看法。

1. 讨论前的指导点拨。了解小说的美丑对照写作手法主要应结合两个方面展开：一是分析主要人物的性格特征，看看他们身上存在哪些个性差异；二是理解对照手法的写作特性，以及体现了小说什么风格特色。

2. 学生集体讨论，教师指导，鼓励学生多找对照点。

3. 讨论结果展示，学生交流，教师归纳总结。

作者根据"丑就在美的旁边，畸形靠近优美，粗俗藏在崇高的背后，善与恶并存"的美学对照手法塑造了异乎寻常的人物形象，给人们展现出一幅光明与黑暗殊死抗争的画面。

在人物的对照方面：同一人物的外形和内心进行对照。卡西莫多，外形奇丑，而内心十分美好、善良；弗比斯，外表堂堂，内心却极为肮脏、丑恶。

人物与人物之间对照：卡西莫多和爱斯梅拉达的纯洁善良，同弗罗洛、弗比斯的自私、残忍、卑鄙进行对照；爱斯梅拉达对爱情的坚贞，同弗比斯的轻薄、无情进行对照等。通过这些鲜明的对照手法，更加突出地表现出作品的人物性格、主题，更好地表达出作者的思想倾向。

其他方面的对照：保护弱小者的美和善的奇迹王朝与残酷践踏人民的丑和恶化身的封建王朝对照；主持公道、一视同仁、公正廉明的奇迹王朝法庭与不顾事实、让无辜的人坐在被告席上、而罪犯却坐在法官席上，并且用酷刑造成千古冤案的封建王朝法庭的对照。这种对照的写作手法体现了雨果小说浓厚的浪漫主义色彩。

四、作业布置

雨果的美丑对照写作手法在小说中还体现在哪些地方？试着找一找。

第三课时

【教学目标】

精读第六卷"一滴眼泪回报一滴泪水"章节，感知复杂的人性，学习浪漫的艺术手法。

【教学方式】

组织阅读活动，深入探究学习，师生平等对话。

【教学过程】

一、顺势导入

下面让我们一起走进《巴黎圣母院》第六卷"一滴眼泪回报一滴泪水"这一节，去感受雨果笔下令人荡气回肠的故事，感受真实而复杂的人性。为了让大家更好地理解故事情节，老师给大家播放一段视频。

（播放视频，创设氛围）

二、感知人性

看完视频后，请大家在小说中找到对应的这一节内容，细读文本，同桌间可以互相讨论，然后迅速用笔找出：面对受刑的卡西莫多，群众、弗罗洛、爱斯梅拉达分别是什么反应？他们说了些什么？做了些什么？他们和卡西莫多的关系是什么？从中可以看出这些人物形象的特点是怎样的？共同阅读《巴黎圣母院》第六卷"一滴眼泪回报一滴水"章节。

讨论环节展示：

1. 关于群众

师：老师相信大家都已经看完了这一节的内容，我们先看第一种人物：群众。（展示课件剧照：群众）

师：群众在这一节中频频出现，大家讨论下，有哪些段落生动地描写出了群众的言行？

生1：有15、16、19段。

生2：还有26~39段。

师：这两个同学找出的段落，基本上都是描写群众的言行的。这一节开头部分，我们看到第一段中群众早早地就等候在刑场，甚至军警驱赶人群，群众也都不离开等，都是描写群众的。下面我们就以大家刚才找的段落为例，一起来齐读第15、16、19和第26这四段，读的时候注意体会群众都有什么反应？他们给大家留下了怎样的印象？

师：看到这里，我们会不由地思考群众和卡西莫多的关系是怎样的，有冤仇吗？他们中谁笑得格外厉害？

生3：我认为群众和卡西莫多的关系是无冤无仇的，面对受刑的卡西莫多，笑得格外厉害的是第15段中的儿童和妇女。

生4：儿童和妇女一直都在看热闹，看到卡西莫多受刑，她们都感到很高兴。

师：这个同学说到了，群众感到很高兴，而卡西莫多却正在承受笞刑，血肉横飞。群众的这种行为也就是我们常说的，把自己的快乐建立在别人的痛苦之上。关于群众的言行还有没有同学要补充的？

生5：就像第26段说的那样，群众是处在无知状态里的，是道德和智力的幼稚阶段，是没有怜悯心的。

师：这个同学找到了雨果先生的评价，说到了这些群众是无知愚昧的，是缺乏道德的，是没有同情心的。

生6：在第19段中，群众"看见成千条血水在那驼子的黝黑的肩膀上流淌，皮鞭在空中挥动时就把一些血珠溅到观众的身上"却无动于衷，反而还大笑不止，我觉得他们都很冷血麻木，残忍庸俗。

师：说得太好了！不仅找出了原文中群众的反应，还有自己的分析和归纳，大家来点掌声，鼓励鼓励这位同学！

艺术是没有国界的，看客形象被很多中外作家描写过，下面我们以大家才学过的鲁迅先生的小说《祝福》为例，一起回忆下文章里类似的看客形象，如：

祥林嫂的阿毛不幸被狼吃了，她到处向人倾诉自己的痛苦，这些人有什么反应？

"有些老女人没有在街头听到她的话，便特意寻来，要听她这一段悲惨的故事。直到她说到呜咽，她们也就一齐流下那停在眼角上的眼泪，叹息一番，满足地去了，一面还纷纷的评论着。"

看着悲伤的祥林嫂，那些老妇人都流下了眼泪，大家思考下她们是真的关心祥林嫂吗？为什么？

生7：我觉得不是真的关心，她们特意寻来，只是为了要看热闹，他们听祥林嫂说完还不算，还要一直说到祥林嫂呜咽，才肯满足地离开。还有，老妇人的那滴泪水也都是停在眼角的，就像是演戏一样留下来，肯定是装出来的。

师：这些人的形象都有共通的地方，那他们反映出的人性是美还是丑？

生：（齐答）丑陋的。

师：同学们，刚才老师和大家一起讨论了群众的人性特征，下面我们讨论弗罗洛和爱斯梅拉达的人物形象。请大家按照刚才的方法，以小组为单位，小组成员间互相讨论，第1、2、3小组同学分析弗罗洛的人物形象，第4、5、6小组同学分析爱斯梅拉达的人物形象。

学生讨论分析后，选出小组代表展示讨论成果。

2. 关于弗罗洛

第1小组：弗罗洛是卡西莫多的养父，二人是养父和养子的关系。在第44段中作者说道："那神父却低下眼睛，用两只踢马刺踢着骡子急忙转身走开了，好像在逃避一声耻辱的呼唤似的，他很不愿意在那种场合被一个不幸的人认出来，并且向他致敬呢。"

第2小组：在这一节中，他为了维护自己的形象，在刑场上对养子卡西莫多不闻不问，转身走开，可以看出他是一个冷漠无情的人。他喜欢爱斯梅拉达，想占有她，有了邪恶的念头，要绑架爱斯梅拉达，自己却不出面，而让自己的养子卡西莫多背上恶名，我觉得他太狡诈、太阴险了。

第3小组：他的身份是巴黎圣母院的副主教，一向宣扬博爱和平，却做出指使别人绑架爱斯梅拉达的丑事，我认为他说一套做一套，很恶心，很虚伪！

师：大家分析得很有道理。在大家刚才对他口诛笔伐的时候，老师又多了一层思考，跟大家想得有点不一样。的确，他的人性有丑陋的一面，但是之前的他却虔诚修道，布施穷人，帮助弱者，包括卡西莫多这个弃婴也是被他收留的，并且还教他读书写字，这些又确实是善的表现。你如何看待这一现象呢？

生8：我觉得他之前的这些行为是做给别人看的，是假的。

师：弗罗洛谈不上一辈子做好事，但起码他在见到爱斯梅拉达以前，几十年如一日地做善事，大家能对他以前的善行冠以一个"假"字吗？

生9：我觉得只要是人肯定是不完美的，肯定有缺点，弗罗洛可能就是天使与魔鬼的混合体吧！

师：这位同学说得太棒了！这就是人性复杂的一面，这充分体现出人性美丑共生的特点，也反映出他的人性特征由善到恶的转变。

3. 关于爱斯梅拉达

（展示课件爱斯梅拉达剧照）

师：刚才这3个小组的同学向我们展示了弗罗洛的探讨成果，说得很精彩！那么这位吉卜赛女郎美丽的外貌下有着一颗怎样的内心呢？请第4、5、6小组派代表分享关于爱斯梅拉达的探讨结果。

第4小组：前一天晚上，爱斯梅拉达被卡西莫多劫持过，按常理讲，卡西莫多伤害过她，应该是她的仇人，但她却给仇人喂水喝。"她一言不发地走近那扭着身子枉自躲避她的犯人，从腰带上解下一个水壶，温柔地举到那可怜人枯焦干裂的唇边。"和卡西莫多无冤无仇的群众对卡西莫多百般凌辱，而她却给仇人喂水喝！表现出她是一个善良大度的近似完美的人。

第5小组：如此善良、近乎完美的形象，通过给卡西莫多喂水表现出来。她感动了大家，也感动了群众。在她身上，我们看到了人性的闪光！只是她的存在让人无法相信这个世界还有如此完美的人。

第 6 小组：群众从开始时的侮辱嘲讽，到现在齐声高呼"妙极了"，多么温暖的呼喊！卡西莫多从不会流泪，但此时，他生平中第一次流下了眼泪，多么真诚的行为！这种转变就是这滴水的价值所体现的地方，大家都被爱斯梅拉达的善行感动了。

师：他们就这么容易被感动吗？难道就没有别的原因了吗？大家能否从人性的复杂方面去思考下？

生 10：从刚才对弗罗洛的分析中我们可以看到人性中是有善有恶的，只是有时候善的种子被掩盖了。

生 11：是爱斯梅拉达的这滴水让他们善的种子发芽了！

师：你们回答得太精彩了，所以雨果先生给这一节命名为"一滴眼泪回报一滴泪水"。

4. 关于卡西莫多

坚强的卡西莫多面对铁鞭无情的抽打，面对群众残忍的羞辱，面对炎炎烈日，承受着身心极度折磨的他没有流泪，而当爱斯梅拉达将水喂到他唇边时，他却流下了眼泪。讨论探究卡西莫多的泪水有着怎样的含义？

讨论结果展示：

这滴眼泪是感激、感动的泪水。他曾像野兽一样屈辱地生活着，备受歧视，毫无尊严，平时可能连个说话的人都没有，而今天却有一个美女给他水喝，他应该是开心到流泪；被自己伤害的爱斯梅拉达，以德报怨地给自己水喝，他应该觉得很后悔昨天去劫持爱斯梅拉达，应该充满了悔恨，是一种自责的泪水。这滴泪水就是卡西莫多的觉醒之泪，爱斯梅拉达喂给他的这滴水让卡西莫多从此由兽变成人，善良的人性开始复苏！

三、提炼升华

师：同学们，刚才我们对这一节的故事情节、人物形象和人性特征通过大家的讨论分析有了一定的了解。雨果笔下的爱斯梅拉达像洁白无瑕的美玉一样，是一个由内而外都堪称完美的女人，这种人在现实生活中有没有呢？

生：（齐答）没有！

师：群众由开始的麻木嘲笑到后来鼓起掌来，齐声高呼："妙极了。"短短的时间内简直是 180 度的大转弯，在现实生活中这种可能性有没有呢？

生：（齐答）没有！

师：生活中有长得丑的人，但像卡西莫多这样丑到极点的相貌：几何形的脸，四面体的鼻子，马蹄形的嘴，参差不齐的牙齿，独眼，耳聋，驼背，难听而忠厚的声音……似乎上帝将所有的不幸都降临在了他的身上，简直就是把一个人打碎后胡乱拼接起来的。这样的人有没有呢？（速答）

生：（齐答）没有！

师：那这在文学创作中是一种什么手法呢？

生：（齐答）夸张！

师：对！夸张就是浪漫主义作品最常见的一种创作手法。雨果，这位浪漫主义大师果然名不虚传，在作品中用爱斯梅拉达这样一位人性纯美的化身通过一滴水的光辉巧妙地折射出五彩斑斓的人性世界！同学们，这就是名著的魅力！经久不衰，耐人回味！

四、作业布置

课下分小组准备以下几个分享内容：

1. 简述《巴黎圣母院》中一个令你震撼的场面。

2. 简述《巴黎圣母院》中一个令你难忘的情景。

3. 简述一段表现克洛德阴险毒辣的情节。

4. 简述一段关于爱斯梅拉达的情节。

5. 简述一段表现卡西莫多（敲钟人）善良举止的情节。

小结：复杂的人性，浪漫的手法。一滴水让我们看到了善良的人性被激发，看到了先善后恶的蜕变，看到了洁白无瑕的纯美人性的化身，更看到了丑陋外表下人性的复苏！（边说边展示课件）一滴水让我们看到了雨果先生浪漫情怀下那颗悲天悯人之心，看到了高尚纯美的人道主义精神！让我们一起大声读出来吧！（展示课件）

　　丑就在美的旁边，畸形靠近着优美，丑怪藏在崇高的背后，恶与善并存，黑暗与光明相共。

——雨果

师："命运"的轮盘已经开始转动，卡西莫多为报滴水之恩，又会发生怎样的故事呢？用仁慈、博爱拯救了卡西莫多的吉卜赛女郎爱斯梅拉达又会与卡西莫多发生怎样的纠葛？等待他们的命运将会是什么？同学们可以继续读这本不朽的名著——《巴黎圣母院》。

板书设计：

美与丑的看台，爱与泪的交织

爱斯梅拉达
↑
群众→卡西莫多←弗罗洛
↑
浪漫的手法　复杂的人性

第四课时

【教学目标】

交流小说的思想内容，完成延伸阅读与写作。

【教学方式】

组织阅读活动，分享与展示，小组合作探究。

【教学过程】

一、激趣导入

小小的刑台，既是作者笔下的人物善与恶的舞台，又是读者眼中人性美与丑的展台。前几节课我们了解了情节，学习了浪漫主义的创作手法，讨论了人性的复杂。其实《巴黎圣母院》这本名著留给我们去发掘的线索还有很多很多，下面我们来讨论一下小说的思想内容。

二、展示分享

分小组展示课下准备的思想内容：

1. 简述《巴黎圣母院》中一个令你震撼的场面

分享展示：克洛德站在巴黎圣母院的顶楼上，看到爱斯梅拉达被吊上绞架，发出了得意的狂笑。卡西莫多终于认清了克洛德的狰狞面目，猛扑过去，把他从顶楼上推下来，摔死了，自己则来到刑场上，抱着爱斯梅拉达的尸体遁入了墓地。几年后，人们发现了他们拥抱在一起的遗骸。

2. 简述《巴黎圣母院》中一个令你难忘的情景

分享展示：愚人节后的第二天，受克洛德的指使，意图绑架爱斯梅拉达未成功而被巡逻队抓住的卡西莫多被绑在广场上示众，在烈日下口渴难忍，遭受围观者的嘲笑和辱骂，只有爱斯梅拉达不计前嫌，把水送到他的嘴里，这个看起来愚钝无比的人感动得流下了眼泪。

3. 简述一段表现克洛德阴险毒辣的情节

分享展示：克洛德暗中跟踪弗西比，当他看到弗西比同爱斯梅拉达亲热地幽会时，不禁妒火中烧，趁机刺伤了弗西比，并嫁祸于爱斯梅拉达。他在法庭上编造了所谓巫术的谎言，并对爱斯梅拉达进行严刑逼供。爱斯梅拉达屈打成招，被判处绞刑。

4. 简述关于爱斯梅拉达的一个故事

分享展示：青年诗人甘果瓦不经意闯入了乞丐王国，按照"奇迹法庭"规定，除非乞丐王国中有人认他为丈夫，否则将被处死。正当甘果瓦即将被乞丐们处以绞刑的时候，爱斯梅拉达为了解救他，答应与他结为夫妻，并摔罐为证，婚期四年。

5. 简述一段表现卡西莫多善良的情节

分享展示：卡西莫多从衣袋里掏出一只金属小口哨对爱斯梅拉达说："拿去吧。你需要我的时候，你想叫我来的时候，你不太害怕看见我的时候，就把这只口哨吹响吧。口哨的声音我是听得见的。"他把口哨放在地上便走开了。

三、讨论探究

在之前课上我们已经明确了小说的主题，即揭示了人性的复杂，感受到美与丑的真谛。所谓"诗无达诂""言有尽而意无穷"，随着阅读的深入，我们还有怎样的解读呢？学生讨论交流。

内容如下：

1. 爱与被爱，真爱与欺骗

风流卑劣的弗比斯，他只爱恋爱斯梅拉达的美色，却丝毫也不爱惜爱斯梅拉达的生命。爱斯梅拉达是以谋杀弗比斯的罪名被判处死刑的，可是弗比斯在接受治疗中从医院逃出来后，为了不使自己的丑行暴露，竟然不去指证真正的凶手，以解救爱斯梅拉达的生命。可是爱斯梅拉达偏偏钟情于他，甚至以为这就是他所追求的爱情，实际上却是被他无情地欺骗了。克洛德神父神魂颠倒的倾慕最后却变成了罪恶的陷害。他的爱情是极端自私的，他的爱情观就是："如果我不能拥有，我就要让她毁灭！"他先指使卡西莫多在深夜里去抢爱斯梅拉达，失败后，又刺杀情敌弗比斯，并嫁祸于爱斯美拉达。当爱斯梅拉达被卡西莫多带到巴黎圣母院内合法避难的时候，他再利用权势和阴谋让爱斯梅拉达失去了巴黎圣母院对她的庇护，并用死亡做威胁，逼迫爱斯梅拉达接受他的所谓的爱情。所谓的爱最终也全部演化成了仇恨与嫉妒。然而只有敲钟怪人的爱是珍贵的。他更爱着爱斯梅拉达内心的美。面对爱斯梅拉达的美丽，他是那样自卑、痛苦，他渴望接近爱斯梅拉达，但是又怕自己的丑陋令爱斯梅拉达难受和害怕。他对爱斯梅拉达并没有什么奢望，他只要知道她在身边就行了。见爱斯梅拉达是他生命中的喜，他不再是那样一个凄苦的灵魂。即使最后无法挽救爱斯梅拉达的生命，他也愿意放弃自己的生命去另一个世界永远地守护她，保护她。卡西莫多无私而又纯洁的爱深深地震撼了我，也在我心底留下了对他的无比敬佩之情。

2. 引起人们对中世纪末期法国人们生存状态的思考

15世纪末期的法国，正处于中世纪没落的时代。英国的沃伦·霍莱斯特在《欧洲中世纪简史》中写到："繁华让位于萧条，乐观归于毁灭，十三世纪融合物质世界与精神世界的憧憬宣告消失，社会行为趋向极端——起义暴乱、鞭挞自赎、犬儒主义及巫师魔法，等等。"加之英法百年战争和可怕的黑死病，人们陷入精神颓废的危机中。

这一时期西欧处于新旧交替时期。封建贵族走向没落，教会和教士的权威受到挑战和质疑。同时随着手工业的发展，新兴资产阶级不断壮大。传统的宗教禁欲主义和来世观念受到人文主义的冲击。处于两股新旧力量的交汇点，人们无疑面临严峻的思想与道德抉择。

3. 揭示下层平民的丑陋

下层平民是当时法国人数最多、地位低下的阶层，这个阶层鱼龙混杂，是最具生命力和反抗意识的阶层。下层平民有穷诗人甘果瓦、敲钟人卡西莫多、乞丐王克洛班、街头卖艺的舞女爱斯梅拉达等一系列形形色色的人物。他们或出身卑贱，或贫困潦倒，或相貌丑陋，不被贵族和教士尊重，生活在社会的最底层。

下层平民在书中分为群体形象和个体形象。群体形象最集中地表现在狂欢节。这天全城钟声齐鸣，万人攒动，等待看圣迹剧。可是圣迹剧到十二点都没有开始，于是人群便抱怨、咒骂不停。"他们骂佛兰德人，骂府尹，骂波旁红衣主教，骂司法官，骂奥地利的玛格丽特公主，骂执法的警员，有骂天气冷的，有骂天气热的，还骂巴黎主教。"小市民的无聊和粗俗暴露无遗。平时有宗教和法律约束压抑着他们，他们需要宣泄，需要释放内心的压力与苦痛。于是，被束缚和压抑的人性在无约束的空间和时间里尽情释放，平时的端庄与矜持化作抱怨与喧嚣。可以说，狂欢节就是一面镜子，照射出人失去规则约束后的人性丑陋。

四、延伸阅读

布置课下延伸阅读任务。

1. 比较中外浪漫主义小说写法上的不同特点。学生各抒己见，言之成理即可，鼓励学生提出不同看法。

2. 观看《巴黎圣母院》的电影，对比一下电影改编与小说之间的不同，思考一下电影改编的优缺点。

五、进行小结

好的作品一定是代代相传，每一个国家都翻译出版，受到欢迎、赞美，都被人们当作心爱的东西传阅收藏。真正的永久不衰的艺术珍品，指的就是如《巴黎圣母院》这样的名著。让我们一起走进它，沉浸在经典的滋养里，让我们生活得更通透、智慧！

教学反思

《普通高中语文课程标准》（2017 年版）中提出的"整本书阅读与研讨"任务群，旨在引导学生通过阅读整本书，拓展阅读视野，建构阅读整本书的经验，形成适合自己的读书方法，提升阅读鉴赏能力，养成良好的阅读习惯。我考虑到学生对这本书知之甚少，想要在有限的课堂时间内使学生全面了解作者创作小说的背景、意图，进而感知作品主旨等是不太现实的。既然是整本书阅读，就一定需要课内与课外相结合。课内组织课堂活动引导学生探究学习，从而推动课下的自觉阅读。与其教师泛泛而谈，不如给学生一些思考的方向。通过对一些章节的精读，和学生一起讨论作品的闪光点，更能激发学生阅读的兴趣。所以，为突出重点，提高效率，我的授课环节中重点选取了《巴黎圣母院》第六卷"一滴眼泪换一滴水"这一节，引导学生进行人物形象分析和人性美丑的探讨。整个课程贯穿了初读的感知，浪漫的对照，形象的品析，以及自由的探究，由浅入深、循序渐进展开阅读活动。以自主、合作、探究性学习为主要学习方式，凸显学生学习语文的根本途径。追求语言、知识、技能和思想情感、文化修养等多方面、多层次目标发展的综合效应。

少年听雨歌楼上　壮年听雨客舟中

——《大卫·科波菲尔》整本书阅读教学设计

湖北省沙市第七中学　项凯

教学总体目标

1. 语言目标

引导学生阅读《大卫·科波菲尔》，反复品读主人公第一视角娓娓道来的真实体验，体会狄更斯质朴而又客观的创作风格。

2. 思维目标

引导学生梳理情节、感悟人物，提高学生的文学作品阅读能力。

3. 审美目标

引导学生体悟狄更斯追求人类世界真善美的人文情怀。

4. 文化目标

引导学生感悟主人公大卫·科波菲尔的个人奋斗历程，激励自己为美好未来立志打拼。

技术运用与核心问题

1. 每位学生准备一本译林出版社的《大卫·科波菲尔》，所有同学手中能有统一版本的书籍。

2. 利用学科优势，每周的语文晚自习留出四十分钟阅读本小说的时间。

3. 与家长做好沟通，最终形成师生共读、生生共读、家校共读的合力氛围。

4. 以学期为周期，分前中后三个阶段持续推进整本书的阅读和研讨。

5. 三个阶段基本划分：前期教师引导，中期生生研讨，后期邀请家长配合进行学生成果交流展示。

实施过程

确定版本：《大卫·科波菲尔》，宋兆霖译，译林出版社出版。

确定分组：六人一组，确定小组长，全员参加。

制定阅读计划，确定阅读基本进度。

教师依托高中语文人教版必修教材的"名著导读"，对本小说进行阅读指导。

第一课时

【教学目标】

1. 了解作家查尔斯·狄更斯的相关知识。

2. 概括讲述小说《大卫·科波菲尔》的主要情节。

3. 研讨小说《大卫·科波菲尔》中的重要人物形象、主题等知识。

【教学过程】

一、前期准备阶段

1. 了解作者查尔斯·狄更斯

查尔斯·狄更斯是 19 世纪英国享有世界声誉的小说家，《大卫·科波菲尔》是他的半自传体小说，他的代表作还有《匹克威克外传》《艰难时世》《双城记》《远大前程》《老古玩店》《董贝父子》等。

2. 概括《大卫·科波菲尔》的主要情节

遗腹子大卫与母亲相依为命，女仆佩葛蒂十分爱护他。继父默德斯东凶残、贪婪，来做管家的姐姐更为冷酷。大卫受继父毒打，被锁在楼上，母亲不敢救他，只有佩葛蒂半夜时悄悄来安慰他。母亲被继父折磨死后，大卫被继父送去做童工，磨难中他找到了唯一的亲人姨婆，姨婆将他培养成了一名作家。佩葛蒂的哥哥是位善良的渔民，收养了两名孤儿：外甥女艾米莉和侄儿海姆。大卫长大后带同学、富家少爷斯蒂福兹去佩葛蒂先生家玩，斯蒂福兹却趁机诱骗即将与海姆结婚的艾米莉私奔了。佩葛蒂先生在大卫的带领下找到斯蒂福兹的家，但斯蒂福兹的母亲断然拒绝了这桩门不当户不对的婚姻。佩葛蒂找回了被抛弃的艾米莉，带她移民到澳大利亚，她终生未嫁，成为一个热心助人、受人尊敬的人。渔民海姆有一天下海去抢救一艘在暴风雨中将要沉没的船只，风浪中他认出了正在挣扎的斯蒂福兹，为了救他，两人都被大海淹没了。大卫的第一次婚姻是盲目的，他娶了娇小姐多拉，多拉病逝后，他最终娶到了理想的伴侣阿格妮丝。

3. 分析小说《大卫·科波菲尔》中的重要人物形象和主题

（1）大卫·科波菲尔：善良，诚挚，聪明，勤奋好学，有自强不息的勇气、百折不回的毅力和积极进取的精神，在逆境中满怀信心，在顺境中加倍努力，终于获得了事业上的成功和家庭的幸福。

（2）"密考伯主义"：密考伯"债多不愁，乐天知命"的性格成为文学中的典型，被称作"密考伯主义"。

（3）姨婆脾气古怪，疾恶如仇，她说出了做人的箴言："永不卑贱，永不虚伪，永不残忍。"

（4）小说的主题：民主思想，善恶必报。

（5）全书始终采用了第一人称的叙事方式。

二、中期研讨阶段

教师布置阅读任务，以两周为单位小组内统计阅读进度，组长督促组员。

1. 各小组绘制一份独具特色的阅读海报

学生自己制作的海报展示：

（1906班　李佩涵制作）

2.各小组合作完成一份狄更斯的生平资料

优秀示例：

（1906班　金宇奇）

狄更斯的经历

查尔斯·狄更斯，全名查尔斯·约翰·赫法姆·狄更斯（1812—1870），英国作家，日耳曼人。主要作品有《大卫·科波菲尔》《匹克威克外传》《雾都孤儿》《老古玩店》《艰难时世》《我们共同的朋友》《双城记》等。

1812年2月7日，查尔斯·狄更斯诞生于朴次茅斯。父亲约翰·狄更斯是英国海军军需处职员，母亲名叫伊丽莎白·巴罗。查尔斯在家中八个孩子中排行第二，姐姐范妮·狄更斯比他大两岁。1813年12月，全家迁往绍思西。

1821年，查尔斯·狄更斯入威廉·贾尔斯办的学校读书，创作了悲剧《印度君主米斯纳尔》。

1824年2月20日，约翰·狄更斯因负债被捕，关在马夏尔西债务人监狱。数周后其妻伊丽莎白及幼年子女们也迁入其中。此前，查尔斯·狄更斯已于2月9日入华伦黑鞋油作坊当童工，因此没有随家人住进监狱，独自在朋友家借宿。5月28日，约翰·狄更斯获释，全家在索默斯镇约翰逊街栖身。随后查尔斯·狄更斯离开作坊。

1825年，查尔斯·狄更斯进威灵顿豪斯学校读书。1826年，约翰·狄更斯被不列颠通讯社派往议会当采访员。全家因欠缴房租而遭驱逐。查尔斯·狄更斯被迫辍学，先后在艾里斯和布莱克默律师事务所和查尔斯·莫洛伊律师事务所当学徒。

1829年，查尔斯·狄更斯学会速记，入伦敦民事律师法院，担任审案速记员。1830年5月，他爱上银行家之女玛丽亚·比德奈尔。

1831年，查尔斯·狄更斯担任由其舅父J.M.巴罗编辑的《议会镜报》记者。1832年，查尔斯·狄更斯担任《真阳报》派驻议会的记者。他的采访工作颇有成绩，同时，他的戏剧天赋也被科文特加登剧院发现，剧院有意录用他，并已通知他去试演，但一场病阻止了他当演员的前途。

1833年，查尔斯·狄更斯和父母弟妹一同住在班丁克街，他常在家里举行业余戏剧演出。他向玛丽亚·比德奈尔求婚，被拒绝。创作第一个短篇故事《明斯先生和他的表弟》（后收入《博兹特写集》）投寄《每月杂志》，立即被采用，受到极大的鼓舞。

1834年，查尔斯·狄更斯担任《记事晨报》记者。8月，他结识了《记事晚报》编辑乔治·霍加斯的女儿凯瑟琳·霍加斯。他的短篇故事、特写和随笔署上"博兹"的笔名，接连在《每月杂志》《贝尔周刊》和《记事晨报》上发表。他在弗尼佛尔旅馆租房开始独立生活。

1835年，查尔斯·狄更斯与凯瑟琳·霍加斯订婚。他的故事、特写和随笔继续在《每月杂志》《记事晚报》和《贝尔氏伦敦生活》上发表。

1836年2月8日，《博兹特写集》第一辑出版。3月31日，第一部长篇小说《匹克威克外传》由查普曼与霍尔出版社开始逐月分段出版。

1851年1月起，《儿童英国史》开始在《家常话》周刊连载。在洛金额姆堡举行业余戏剧演出。4月14日，女儿朵拉天亡。

个人生活

狄更斯18岁那一年在家庭间的小剧团认识了玛丽亚·比德奈尔。玛丽亚是一个小银行家的女儿，比家境较差的狄更斯要好很多。她的父母坚决不同意他们之间的往来，加之玛丽亚并不是一个对待生活严肃的女子，自以为双方互相钟情的狄更斯鼓足勇气向玛丽亚倾诉了爱慕，之后遭遇到了冷淡拒绝。这次经历在狄更斯的心灵上刻下了深刻的烙印，以至于他轻视现实中的女子而爱好幻想理想中的女性。

狄更斯的夫人是凯瑟琳·霍加斯。在《匹克威克外传》陆续发表期间，狄更斯与凯瑟琳相爱，并于 1836 年 4 月 2 日结婚。这桩婚姻虽然抚平了他在初恋时所受到的伤害，但却并没有为狄更斯带来幸福。一方面源于他们夫妻在思想、性格、志趣上的迥然不同；另一方面与狄更斯憧憬着理想中的女性，认为现实中寻找不到如此可爱、忠实的女子有关。

狄更斯与凯瑟琳的婚姻一开始就陷入了痛苦的境地，但他与凯瑟琳的妹妹却处得异常得好。在他与凯瑟琳结婚以后，16 岁的玛丽（凯瑟琳有两个妹妹，玛丽排行老三）经常来家中做客，这让他有了足够与玛丽相处的机会。有人说，狄更斯所爱的原是玛丽，这虽然没有确凿证据，但玛丽在狄更斯的心目中确实是理想女性的化身。小说《老古玩店》中的耐尔就是以玛丽为原型塑造的。

1837 年 5 月，玛丽骤然病故，这使狄更斯十分悲痛。长达几个星期的时间，狄更斯都无法振作起精神来工作。数年以后回忆当时的情景，他写道："她逝世后，有好几个月——我记得是大半年——我每夜都带着一种恬静的快乐梦见她，那是这样愉快，以致我没有一夜睡觉时不盼望她以这种形象或那种形象回来。"

在狄更斯逝世的那一年，他对玛丽的思念更为强烈。他说："她老是这么深刻地留在我的思想里……以至对她的回忆变成我生存的一个重要部分，如我心脏的跳动跟我的生存不能分离一样。"

1858 年，狄更斯与凯瑟琳正式分居。

1870 年 6 月 9 日，狄更斯卒于罗切斯特附近的盖茨山庄。

3. 各小组合作完成一份大卫·科波菲尔的个人经历

优秀学生作业示例：

（1906 班　赵儒鸿）

大卫·科波菲尔的经历

《大卫·科波菲尔》的主角大卫与母亲、佩葛蒂相依为命。

母亲改嫁前把大卫送去了雅茅斯，在那里大卫认识了佩葛蒂先生、艾米莉、汉姆。他们的家是一座巨大的船。艾米莉和汉姆是佩葛蒂先生收养的两个孤儿，大卫和他们一起过着快乐轻松的生活，并与艾米莉成为朋友，两人有了深厚的友谊。

母亲改嫁后大卫回到新家，并被继父虐待。之后继父把他送到一所寄宿学校，在那里认识了斯蒂福兹，二人建立了深厚的友谊。

大卫的母亲亡故后，大卫被继父强迫当了童工。大卫因受不了继父的折磨，就投奔贝西姨婆。贝西姨婆是个刀子嘴豆腐心的女人。姨婆抚养他，让他学习法律，他也在学习中渐渐成长，最终走上了正确的人生道路，后来成为一名优秀的作家。在她的支持下，大卫也有了重新深造的机会。

大卫在姨婆的律师威克菲尔家里，与他的女儿安妮斯结交成了朋友。但大卫对威克菲尔雇用的一个叫希普的秘书的做法十分看不惯。

大卫在这之后重遇了儿时的伙伴斯蒂福兹，并和他一起去了雅茅斯，然而艾米莉被斯蒂福兹的甜言蜜语给骗了，最后和他私奔。

大卫去伦敦学习法律并在威克菲尔律师事务所任见习生，但威克菲尔被其秘书希普的阴谋诡计欺骗，使他和大卫的姨婆陷入困境，大卫在帮助他的过程中与朵拉恋爱。

大卫的姨婆被希普的诡计害得破产以后，大卫迅速成熟，发奋学习。大卫事业小有进步后，与朵拉结了婚，还偶遇了当年他当童工的房东。这时候房东被希普纠缠，大卫帮助了他，并找法院揭露了希普的一切罪行，使得希普被判无期徒刑。

佩葛蒂在寻找艾米莉几年后，终于找到了她，然而这时艾米莉已经被斯蒂福兹抛弃了。佩葛蒂和汉姆找到她后决定重新来过，他们准备前往澳大利亚。在前往澳大利亚的船上，海上突然下起暴雨，一艘来自西班牙的客轮在雅茅斯因事故沉没，来自该客轮的一个旅客因为海浪被卷入海中。汉姆下海救他，却被海水卷走，不幸身亡。人们打捞他的尸体的时候，来自西班牙船上的那名旅客的尸体也离奇出现，原来是斯蒂福兹。艾米莉思念汉姆又心怀愧疚，去澳大利亚以后在工作中寻求安慰，之后艾米莉孤独终老。

大卫在妻子朵拉死后，决定远行、写作，并开始思考自己的人生，直面自己对艾格妮斯的爱情。最终，他与姨婆和佩葛蒂生活在一起了。

4. 每人完成一份 800~1000 字的读后感

优秀学生作业示例：

（1906 班　王志郡）

《大卫·科波菲尔》是 19 世纪英国批判现实主义大师狄更斯的一部代表作。在这部具有强烈的自传色彩的小说里，狄更斯借用"小大卫自身的经历和经验"，从不少方面回顾和总结了自己的生活道路，反映了他的人生哲学和道德理想。

小说中一系列悲剧的形成都是因为贪恋金钱导致的。摩德斯通先生骗娶大卫的母亲是觊觎她的财产；艾米莉的私奔也是经受不起金钱的诱惑；威克菲尔一家的痛苦，汉姆的绝望，无一不是金钱造成的恶果；而卑鄙小人尤利亚·希普也是在金钱诱惑下一步步堕落的，最后落得个终身监禁的下场。这些暴露了金钱的罪恶，也是狄更斯对当时社会那种腐败现象的不满和憎恶。但值得欣慰的是密考伯先生对于金钱的态度是那么的不在乎。他虽然负债累累，却以乐观的心态面对世间的种种磨难。这是狄更斯对当时社会的美好向往。

《大卫·科波菲尔》的魅力在于它有一种现实的生活气息和抒情的叙事风格。这部作品吸引人的是那些有血有肉的人物形象，具体生动的世态人情，以及不同人物的性格特征。如大卫的姨婆贝西小姐，不论是她的言谈举止、服饰装束、习惯好恶，还是一举手一投足，尽管不无夸张之处，但都生动地描绘出一个生性怪僻、心地慈善的老妇人形象。对迪克先生的描写，更加突出了贝西小姐的聪慧和贝西小姐对大卫的宠爱。至于对女仆佩葛蒂的刻画，那更是惟妙惟肖了。

读了《大卫·科波菲尔》后，我认识到"善有善报，恶有恶报"的道德观。在这本书中，我最欣赏的人物是科波菲尔先生，他一生艰苦：他一出生就失去了父亲，他的母亲改嫁给摩德斯通先生后，他受到了来自继父的折磨。他离家出走，逃到了他的姨婆家中，在那里受到了对他一生来说最为重要的教育，使他受益终生。他的童年朋友密考伯夫妇用自身的经验教会他对待金钱的态度和对待生活的态度。他那种善良友好、诚实和大度的品质是值得我们所有人学习的。

5. 组内交流个人最喜欢的本小说中的人物，说出自己的理由

优秀学生作业示例：

示例一：

（1906班　汪尧田）

是以人道，是以光

《大卫·科波菲尔》，这本被文坛泰斗列夫·托尔斯泰誉为"所有英国小说中最好的一部"，正是英国著名作家查尔斯·狄更斯的传世经典。

而本书的主人公大卫·科波菲尔，是作者内心想法与其思想的映照，大卫的人道主义思想光辉与他那难能可贵的美好品质打动了我，是我在本书中最喜爱的角色。

大卫·科波菲尔，原出生于一个富裕家庭，但不幸的是他的父亲在他出生前就已经离世，作为遗腹子的他与母亲和保姆佩葛蒂相依为命，在雅茅斯认识了许多朋友。但这样的生活在母亲改嫁后被打破，他不得不前往学院就学，在那里认识了斯蒂福兹等人。后来历经一系列变故，最终得到大团圆的美好结局。

大卫虽然出生时不幸丧父，后来母亲改嫁又遭继父虐待，但他从未自暴自弃，而是坚韧地成长着。正如马克·吐温所说："那些无法打败你的，都将让你变得更加强大。"在这样的磨砺后，他拥有了善良正直、坚韧勇敢、勤奋上进的可贵精神。而这种百炼成钢的历程，这种耀然于纸上的人性的光，应该会让每一个读过这本书的人动容。

示例二：

（1905班　裴云娇）

贝西姨婆

在《大卫·科波菲尔》中，狄更斯将贝西姨婆打造成了一位个性鲜明的女性角色。

大卫对贝西姨婆的初印象来自大卫母亲的口中："她像一个塑像表情冷漠地走到门前，这种轮廓和这种表情是其他人所没有的。她的行为不太像其他的一般的基督徒，她不是去拉门铃，而是走到那个窗户前向里看，把鼻尖紧紧地贴在玻璃上。在母亲生产的时候她一直用棉花堵着耳朵。当得知要抚养的不是女孩时，大失所望，立马拂袖而去。"由此可知，贝西姨婆着实是一位个性古怪的女人。就这么一位令人捉摸不透的女人，对大卫的一生产生了重要影响。

贝西姨婆厌恶驴子，驴子从门前草地经过是最令她气愤的事。贝西姨婆也讨厌男孩，但在大卫成为孤儿前去投奔她时，她无条件地接纳了他，并从那时成了他的监护人和庇护者，给予大卫保护和亲情。她怜悯迪克先生，因而收留他，鼓励他写呈文。贝西姨婆是许多孩子的监护人，她教育他们，让他们学会保护自己。贝西姨婆对朵拉非常疼惜喜爱，毫不嫌弃她，还给她起了可爱的名字。贝西姨婆的丈夫抛弃了她，另寻新欢，变成了一个一无所有的浪荡人，但只要他向贝西姨婆要钱，她就会给，虽然受他的威胁，却也显出贝西姨婆重感情、有情义的特点。

贝西姨婆是一个很有头脑、很能干的女人，她了解并参与了许多商业活动，在破产时她隐瞒了两千英镑的财产——这是为了锻炼大卫，让他学会适应困境，战胜困难，能够承担生活的重任。那段时间大卫得到了很好的锻炼，靠自己的努力，证实了自己的能力，没有辜负贝西姨婆的一番苦心。

贝西姨婆在教育大卫时要求他："在任何时候都不可卑鄙，都不要虚伪，都不要残酷。要戒除这三种罪恶，特洛，这样我将始终对你怀有希望。"这句话在以后成了大卫立身处世的座右铭。正是在贝西姨婆的教育下，大卫的人格不断完善，成长为一名健康的男性，并成了著名作家。

贝西姨婆特立独行，敢说敢干，不顾世俗的眼光，略带男性气质，偏重理性，却也博爱、善良、仁慈、心软、重感情，相冲的属性在她身上撞出了奇妙的火花。她是大卫一生中继保姆佩葛蒂后第二位伟大的"圣母"，她的慷慨大方、仁慈善良、宽容大度无不鞭策着大卫走向成功之路。

示例三：

（1905班　王楚）

关于密考伯先生

我想他是一名真正的绅士，富有浪漫色彩的英国人。我认为他身上所折射出的好品格与黑暗社会格格不入。现实总是要击穿镜子的。

密考伯先生是位绅士，有文才，而且其文才常流露于哼唱的歌曲和写的书信中。他对未来盲目乐观，总想靠运气过上好日子，却从来没有认真的规划。明明生活窘迫，还和妻子生了好几个孩子。他也是幸运的，在多次搬家远走、身陷牢狱时，他的妻子都是他坚强的支撑者，让他始终对幻想的未来抱有希望；还遇到了大卫和大卫的同学，困难时能获得他们的安慰和帮助。

他普通，有着浪漫情怀却不愿活在当下，面对物质难题却又无可奈何。丈夫、父亲，这些角色他都没有做好，长时间内让家庭受经济的困难。现实无法回避，如果一味地回避，现实总会在某些时刻变成阻碍。

他优秀，拥有优雅的追求和纯良的品质。他待人彬彬有礼，虽然有时满是浮藻之词，华而不实，就态度而言是让人敬重的。他有原则和做人的底线，当发觉乌利亚的虚伪和欺诈时，他难以忍受内心的羞愧和折磨，决心揭发他，让自己的良心获得救赎。

不同的评判标准有不同的密考伯，不同的密考伯眼里有不同的哈姆雷特。世俗抑或高尚，总不能改变人的本质。

密考伯该是位善良的绅士。

三、后期成果展示阶段

1. 各小组成员在 QQ 空间里展示自己的读后感，全员参与并商讨推选出本组最佳读后感。

2. 在家时与家长研讨一下阅读内容，每个人做下记载。

亲子阅读图片展示：

3. 邀请家长代表（3~5 人）来参加一次优秀读后感展示，并在现场展示各小组制作的阅读海报。

4. 成果展示会中邀请家长评出"阅读之星"。

5. 展演一幕本小说改编的话剧。

6. 教师主持、学生投票评选出最佳阅读小组。

7. 教师做出阶段性总结。

教学反思

对于狄更斯的《大卫·科波菲尔》这本半自传体小说的阅读，我最初的构想是以阅读活动为载体和契机，能够在有限的语文学习时间中挤出些许碎片化的时间让学生真正静下心来阅读完一整本名著，而不是在假期那种心血来潮式的、半途而废式的阅读。而且能够让学生在老师的导读下、在同学间的相互研讨中较为仔细和深入地阅读一整本外国名著。所以我尽可能地去设计一些阅读任务和研讨活动，甚至希望能联动起家校，让家长和孩子也能共读一本书，从而实现师生共读一本书、生生共读一本书，乃至亲子共读一本书。特别是在后期成果展示阶段能够吸引家长的参与，可以促进家长与孩子之间的互动，让家校之间联系变得更为和谐紧密。

本次教学的不足之处在于各项活动还不够充分，但这些确实是学业压力造成的，开展活动的时间有限，在此寄希望于下一本书或者下一轮整本书阅读活动的重启，平衡好课业与活动之间的协调，在有限的时间里充分发挥出无限的潜力。

识器晓声

聚焦学科素养　关注能力提升

——基于《苏东坡传》的整本书连续性阅读策略谈

广州市第七十一中学　王丽丽

罗印球、梁淑仪两位老师合著的《苏东坡传》的整本书阅读教学设计，是我们对整本书教学探讨的又一次实践创新成果。我将借此机会，从以下几个方面谈谈我对整本书阅读教学的一点粗浅认识。

一、创设情境，聚焦学科素养求创新

学科素养反映核心价值，是以情境为载体对必备知识和关键能力的综合运用。如今高考要求两大变化：一是聚焦语文学科素养，扩大素材选取范围，加大阅读难度以及阅读量；二是突出试题命制的情景化设计，落实综合性、创新性要求，引导学生勇于探索、大胆创新。罗老师、梁老师的设计最突出的特色就是将阅读与人生体验相结合，创设真实的情景任务，让学生把握苏东坡的历史背景，在特定的情境中以特定的身份、特定的文体展开想象和思考，从而完成阅读任务。这些任务要求通过与真实生活高度接近的写作情景，对学生的语言文字表达能力提出了更高的要求，也清晰凸显了语文的工具性与人文性的特征。2019年高考语文命题就是聚焦语文学科素养，紧密衔接高中课程标准，扩展素材选取范围，突出试题命制的情境化设计，落实综合性、创新性考查要求，引导学生勇于探索，大胆创新。所以我们在教案设计中要做到活动任务与人生体验相结合，创设真实的任务情境。

二、逻辑内显，注重课堂活动设计的操作性和选择性

三至四个学段或课时，充分尊重了学生阅读认知的规律，教学过程清晰。罗老师、梁老师的教学步骤是：激发兴趣，阅读全书；再读全书，整合内容；重点研读，收获启示；个性阅读，专题写作。符合学生阅读由浅到深的认知规

律。我的整本书《围城》教案设计步骤为四课时，包括：初读与感悟，细读与分享，点评与赏析，创新与推荐。另外推荐深圳市宝安区新安中学语文特级教师吴泓老师的《论语》整本书阅读教研课——读写一体思路。第一学段专题学习前期准备（概述浏览阶段）；第二学段孔子及其弟子——年表制作及《论语》解读（重中之重的一个阶段）；第三学段——挑战性阅读与思考；第四学段——定向、选题、写作（收口的阶段）。

三、适度融合，课堂上与课堂下的活动任务的布置与关照

课上的学习应该是为学生课下的阅读做好铺垫。课上的内容益精，课下的积累益广；课上的重点在导，课下的重点在思；课上的目的在突破难点，课下的目的在解决重点。只有课堂上与课堂下的活动内容相互参照，相互关照，学生的素养才有可能真正提高。我们应该寻找到适合学生研究的活动任务，使信息技术适度融合，让学生有兴趣参与其中，并有动力完成任务，获得知识及能力的增长。罗老师、梁老师创设的实践活动有：制作短视频或美篇——探寻苏东坡的广州足迹（利用地理优势，通过实地考察，让学生更真切地体会苏东坡的人格魅力）；情景任务布置：广州电视台准备策划"魅力苏轼"的专题片两集，用思维导图呈现文案内容设计等。这些活动将课堂延伸到课外，拓宽学生视野，增长见识，提高阅读质量。我的整本书《围城》阅读设计也有"名著推荐，撬动整本书的阅读""来一次写作之旅吧！完成心灵与名著的平等对话"等活动布置。我们还应注意课堂活动呈现方式的生动性和悦纳性。我们所面对的是学生，而不是研究专家，在文章选择、活动设计和陈述语体上，我们应尽量保持亲切的面孔和平等对话的态度。如：如果钱钟书先生来我校举办关于《围城》的专题讲座，请根据你的阅读体悟，设计一张宣传海报，并撰写一段广告文案等活动内容的布置，就是采用了学生喜闻乐见的活动方式，吸引学生参与进来。

另外需强调的是，学生的一切学习都要做到尊重原著，一切活动都应该围绕落实阅读展开。有位专家说："读《论语》，不必穿着汉服。"即真正的阅读是让阅读的过程发生，而不一定拘泥于形式。

因此，我们应该寻找到适合学生研究的活动任务，让学生有兴趣参与其中，并有动力完成任务，获得知识的增长及能力的提升。

让我们共勉！

破局整本书阅读　对接新课程标准

——谈 2019 年全国卷文学类文本阅读三大转变

广州彭加木纪念中学　潘红义

【摘要】2019 年全国高考 I 卷文学类文本考查已经悄然完成了从个例小说到类型小说、从短篇小说到整本书或长篇小说节选、从单篇阅读思维到群文阅读思维的三大转变，这些变化破局整本书阅读，对接新课程标准，值得一线备考教师注意。

【关键词】文学类文本　考查　变化

自从 2018 年全国卷小说阅读考查全面取代散文以后，短篇小说成了考查的主流方向，节选小说的考查题型异军突起，成为高考新宠。2018 年全国 III 卷考了刘慈欣的长篇小说《微纪元》的节选部分，2019 年全国 I 卷考了鲁迅的《故事新编》中《理水》节选第三节。节选小说的阅读从仅适用于少数省份的全国 III 卷走进适用面更广的全国 I 卷，从小范围的初步试水到全国大面积铺开，从中可以看出命题人落实《普通高中语文新课程标准》任务群学习和学业质量水平的决心，高考文学类作品的考查已经悄悄地完成了与新课程标准的对接。具体说来，文学类作品考查三个大方向的转变值得一线备考教师注意。

一、文本内容从个例小说到类型小说的转变

所谓个例小说，是指个别的、特殊的小说；类型小说，是指具有共同特征的小说。个例小说有很多的特殊性，类型小说有很多的共同性，当然这里所说的个例小说和类型小说是相对而言的。小说创作千人千面，风格迥异，越有个性越好；考查小说阅读则不同，类型小说有某些共性特征和规律，容易检测学生的概括能力。高考小说类考查从个例小说到类型小说的转变有利于落实新课程标准，有利于推进整本书阅读。2018 年全国卷中阿成的《赵一曼女士》、老舍的《有声电影》都可算作个例小说；2019 年全国 I 卷鲁迅的《理水》（节选）、2018 年全国 III 卷刘慈欣的《微纪元》（节选）则可算作类型小说。之所以这样分类，是因为《理水》明显属于"故事新编"一类的小说，而《微纪元》明显属于"科幻小说"一类。令人惊奇的是考查这两篇小说的最后一个主观题非常相似，问题都指向这一类型小说的基本特征，也就是共性特征。2019 年全国卷 I 第 9 题：《理水》是鲁迅小说集《故事新编》中的一篇，请从"故事"与"新编"的角度简析本文的基本特征。2018 年全国卷 III 第 6 题：结合本文，谈谈科幻小说中"科学"与"幻想"的关系。简单地说，这两个题目一个考查概括"故事新编"类小说的共性特征，一个考查概括"科幻小说"的共性特征，从出题者给出的答案中也可以得到印证。

小说类型众多。从题材内容上分，有神话、仙侠、侦探、科幻、历史、玄幻、军事等；从流派上分，有古典主义、现实主义、批判现实主义、浪漫主义、自然主义、表现主义、存在主义、意识流、魔幻现实主义等。每一类小说都有各自的共性特征，要想掌握某种类型小说的共性特征，仅仅读一篇或几篇此类小说是远远不够的。比如《故事新编》，要想答好 2019 年全国卷 I 第 9 题，必须对鲁迅小说《故事新编》中 8 篇小说有所涉猎或者读过类似的小说。考场上有些学生从未看过此类小说，再加上《理水》有一定的阅读难度，学生答非所问的太多。

2017 年教育部制定了《普通高中语文新课程标准》，新课标在"学业质量水平 4–3"里这样描述："能比较两个以上文学作品在主题、表现形式、作品风格上的异同……"水平四是高校招生录取的依据。类型小说共性特征的获得必须建立在大量比较阅读同类作品的基础上，高考考查类型小说虽然不能把其他同类小说在试卷上提供出来，但这种变化无疑会带动学生在课内课外阅读中对类型小说共性特征的比较和归纳。个例小说的鲜明特征可以从单篇小说中总结得出，比如，2018 年全国 II 卷第 6 题分析老舍《有声电影》取得语言幽默效果的多种手法，学生只要从文中逐一寻找例子并进行提炼概括即可。类型小说的共性特征靠考场上对着单篇文本冥思苦想是想不出来的，必须老老实实按照新课程标准的要求经常进行比较阅读，在同类小说阅读中积累丰富的阅读体验和理性思考。类型小说的考查必然以少带多，促进阅读量和思考量的增加，这正好符合新课程标准多读多想的要求。

二、文本形式从短篇小说到整本书或长篇小说节选的转变

单个的短篇小说阅读符合原有的教学观念和教学方法，出题人也容易挑选考查材料，但题目的设计相对封闭在文本本身，最多适当扩展，像前几年一样，阅读的最后一道大题是针对文中的某句话或者主题要求考生联系文本和实际谈谈自己的理解，因此短篇小说的考查范围有限，考查深度不够，学生往往可以归纳出固定的答题用语，在考场上屡试不爽。学生无须多阅读，就凭记住"小说标题的作用""小说情节安排的妙处""小说刻画人物形象的方法"等答题要点就可以在考场上冲锋陷阵且所向披靡。学生在一次次刷题中找到了对付文学类作品考查的捷径，新课标列出的课内外读物自然无人问津。而整本书或长篇小说节选的考查则更注重整体性和关联性，注重文本的前后关联，考查范围扩大，题目更加开放，更能全面检测学生的核心素养，学生仅凭投机取巧无法读懂文章。2019 年全国 I 卷《理水》（节选）的考查变化无疑让花大量时间在整本书阅读上的师生吃了一颗定心丸。

根据学生反映，2019 年全国 I 卷文学类阅读题是整个试卷中最难的。就笔者调查，有的学生反映文字看不懂，不知所云；有的反映不知前后情节，看得一头雾水等等。比如，学生有好多疑问：大员们为什么把水乡风景讲得那么美，物产那么丰富？饮料又是指什么？为什么把学者们接上高原来？等等。还有学生不知道大禹治水相关的传说，不知道大禹治水方法和他父亲鲧完全不同，对鲁迅《理水》创作的时间和背景一无所知，对"中国脊梁"大禹的歌颂和对考察大员、学者们的讽刺就更无法理解。试卷第 8 小题问：请谈谈本文是如何具体塑造这样的"中国的脊梁"的？大禹是埋头苦干的人，文中基本没正面写大禹治水的辛苦，仅有少数几个地方通过形象描写来侧面表现，所以学生回答该题时觉得无从下手。

学生的这些疑问和困惑，归根结底是由于传统文化的缺乏和整本书阅读不足造成的。新课程标准"整本书阅读与研讨"指出："引导学生通过阅读整本书，拓展阅读视野，建构阅读整本书的经验……促进学生对中华优秀传统文化、

革命文化、社会主义先进文化的深入学习和思考。"鲁迅选入初高中课文的小说还有仅存的那几篇，新课标推荐小说读物也只列出了《呐喊》和《彷徨》，但全面了解鲁迅的小说创作不能撇下《故事新编》，所以一线教师在进行鲁迅小说整本书阅读时还是把鲁迅的三部小说集放在一起作为一个整体来完成的。2018 年考查的《微纪元》虽然是长篇小说的节选，但节选部分的情节相对集中，人物单一，节选部分学生完全可以读懂。而 2019 年考查的《理水》节选的第三节，如果没有传统文化的沉淀，没有对《故事新编》这种类型文本的阅读体验，没有对前后文的关照，没有对特定历史背景的了解，学生读起来的确很困难。从《微纪元》（节选）到《理水》（节选）阅读难度的变化中可以看出命题者推进整本书阅读的决心。

三、阅读思维从单篇阅读思维到群文阅读思维的转变

小说阅读的考查受到篇幅和字数的限制，不可能像非连续文本和古代诗歌那样设计两个或两个以上的文本进行考查，因此有人总认为小说考查跳不出单篇阅读的窠臼，应该说 2019 年全国卷小说阅读的考查颠覆了这种看法。2019 年全国三套试卷小说阅读的考查都可以看到群文阅读的影子，试卷上出现的小说仅有一篇，与之有关联的多篇小说可能隐藏在试卷之外。对于全国Ⅰ卷中的《理水》（节选），如果脱离鲁迅小说集《故事新编》中其他 7 篇小说的群文阅读和归类总结，考生很难全面说出"故事新编"的基本特征。出题人在第 9 题也明确点出"《理水》是鲁迅小说集《故事新编》中的一篇"，试图引导考生站在《故事新编》全集的高度，简析文本的基本特征。全国Ⅲ卷《到梨花屯去》选自何士光的"梨花屯系列小说"，出题者选取了系列小说中的一篇，其群文考查的意图和从《故事新编》中选一篇如出一辙。20 世纪 70 年代末期到 80 年代初期，何士光曾以"梨花屯乡场"为背景创作出系列文学作品，反映改革开放之初贵州农村的变化。如果读者思维深度能建立在"梨花屯系列小说"群文阅读基础之上，那么对这一历史转折时期的自然风景和乡土人情就会有更深刻的体察。全国Ⅱ卷莫泊桑《小步舞》是一篇很平淡的小说，但看到作者莫泊桑，学生还是极易联想起他入选中学教材的《我的叔叔于勒》《项链》等名篇，他常用的以小见大、结尾留白等手法在《小步舞》中有明显的痕迹。以名

作家为议题进行群文阅读，归纳作家创作风格，是当前群文教学中常选用的途径之一。学生考场上遇到教材中学过的作家，有了群文阅读的底子，答题也就轻车熟路了。

新课标确定的语文课程内容，以"学习任务群"的形式呈现，设计了18个学习任务群。群文阅读克服了单篇阅读容量小、忽视学生阅读兴趣等弊端，具有重要价值。在群文阅读进入深化发展的时期，高考命题必然要做出回应。2019年的全国三套试卷的小说阅读表面上看是在考查单篇小说阅读，实际上从小说的选材、问题的设计到答案的组织都指向群文阅读，考生如果没有群文阅读的习惯和素养，还是以单篇阅读的思维来作答，肯定会挂一漏万，捉襟见肘。

总之，2019年全国卷Ⅰ以《理水》（节选）为代表的文学类文本的考查将是一个里程碑式的变化，在新课程标准如火如荼推进的大背景下，这种革命性的变化应时而生，影响深远。

（本文发表于《语文月刊》2019年第9期）

整本书阅读实际操作问题刍议

湖北省沙市中学　范晓婧

整本书阅读，是目前高中语文教学的一大重要趋势。实施整本书阅读教学，能够有效地激发并培育学生的阅读兴趣，发展并提升学生的语言能力、思维能力、审美能力、传承传统文化的能力，培养并发展学生良好的阅读习惯。同时，在电子设备广泛运用于中学生群体的社会背景下，倡导并执行整本书阅读教学，也能够在一定程度上让学生暂离碎片化阅读，从而有了连续潜沉、静心思考的可能，不可不谓"火热世界一清凉散也"。

理论需要实践来验证，才能真正做到"知行统一"。那么，在整本书阅读的实际操作过程中，必然会出现这样一个疑问：学生展现的成果，是通过真正"整本阅读"而来，还是查阅"书摘、书评、简介"所得？

由于整本书阅读的连续性特点，我们不可能给学生以课堂时间阅读，这就需要学生自己利用课下的时间进行阅读，而语文教师能做的，也仅仅是使其在课堂上展现阅读成果。在这个过程中，"黑匣子"就出现了——教师"离场"的课外阅读时间里，学生是真正利用两周左右的时间一字一句读完了指定书籍，还是在展示课的前夕匆忙下载一篇书评交差了事呢？

当然，笔者提出这一疑问，并不是说查阅书摘、书评等资料是绝对禁止的，相反，笔者在课堂教学中，也一再鼓励学生积极查阅相关网络资料。但这里必须有一个时间顺序——整本书阅读在前，搜索网络资源在后，不可本末倒置，更不可"以搜代读"。

要解决这一问题，让学生真正沉下心阅读整本书籍，可谓任重道远。在此，笔者拟提出如下几条建议。

一、充分调查了解学生情况，针对学生阅读背景提出具有针对性的阅读要求

不同的学生有不同的阅读背景：就群体论，理科生阅读量明显小于文科生，

对整本书阅读的兴趣也远不如文科生。就个体论，即使面对同一学科群体，个体的阅读积累、阅读习惯、阅读速度、理解能力、兴趣投入点、注意力持久度也千差万别。那么，这就要求语文教师能够根据不同学生的实际特点，分层设置阅读问题，以便在最大程度上让学生读有所得。

例如，就一部小说而言，对于阅读积累不够的学生，阅读要求可设置为：能够了解整部小说的主要故事情节；而对于喜爱阅读、基础扎实、习惯良好的学生，阅读要求则是：在充分了解小说情节、人物形象的基础上，关注小说情节设置的精妙性、主题解读的多样化，甚至不同评论家解读小说的优长与缺失。

如果阅读材料是古代文学经典，则更需要讲究阅读目标的设定。"疏通字词、理解文意"是基础目标，"分析形象、把握情感、梳理观点、获得美感"是进阶目标，"了解后人研究成果、提出个人观点并证明、结合现实思考并运用"是最高目标。在实际操作过程中，要根据学生的具体情况分层次提出阅读要求。

当然，笔者在此提出的解决方案，仍不免有"一刀切"之失，而真正行之有效的阅读要求的提出，则需要教师在充分、细致了解学生的基础上，尽可能多地设置问题，并给学生"跳一跳够到苹果"的发展空间。

二、巧妙设置问题及展现形式，力求细致化，帮助学生深入文本

为了最大限度地避免学生"以搜代读"的行为，教师在课堂问题的设置上也必须更加具有针对性。常规的"情节构思""人物形象""主题探究""论点梳理""艺术价值""学术价值"等问题，就需要以更细致的方式呈现。

以小说阅读为例，在分析人物形象时，可以暂时不采用"写读后感""语言表述"的形式，而是让学生在详细阅读文本的基础上，以绘画代表述，画出自己心目中的人物形象，再辅之以相关的语言文字说明。在展现作品时，教师可从旁引导，让其他同学就其作品提出疑问，不断丰富对该人物形象的认识。

除了"以画代写"，也可以利用"以演代写"的方式，让学生自学角色，演出情景剧，在表演的过程中展现人物性格，之后再让其他学生进行评价，教师进行适当点拨。这样一来，也能够在互相评价中，进一步了解"一千个读者就有一千个哈姆莱特"的深刻内涵。

以上两条，庶几可以尽量避免前文"以搜代读"的行为。当然，这只是笔者一孔之见。在真正的课堂实施过程中，需要集思广益，形成一套行之有效的操作方案。

三、适当引进论文查重系统，最大程度减少"一搜了事"的现象

由于语文学习的特殊性，不管课堂展现方式多么个性化、多样化，最终仍需要落实到"下笔成文"这一环节上来。"天下文章一大抄"的风气由来已久，完全杜绝也不现实。然而，本着对学生负责的原则，我们是不是也可以适当引进"查重系统"，并设置相应的原则，来最大限度地保护原创。在实际操作中，为了避免被查重系统判为雷同，教师有必要提示学生，在撰写读书笔记时，引用他人文献必须标明文献出处。这样，既可以培养学生实事求是的学习习惯，将"抄袭"的苗头扼杀在萌芽状态，又可以初步培养学生的写作能力、筛选信息的能力和研究问题的能力。

同时，通过区分"原创"和"引用"，也能够在一定程度上鼓励学生学会多样化使用网络资源，培养学生去伪存真、由表及里地甄别网络信息的能力。教师在引导学生查询资料时，可提醒学生关注如下问题：所引用的材料是否真实可信？对引用材料的赞成或反对意见有无旁证？若有旁证是否权威？若无旁证是何原因？这些问题的提出和解决过程，实际上已经是求学者形成个体独立思维体系的必要条件——若能往这个角度深入研究下去，则培养全面发展之个人、提升民族自信心与自豪感、促进中华文化之复兴，皆可自"整本书阅读"而始，真可谓利在当代，功在千秋了。

长路漫漫，更需上下求索。实际操作过程中，还会遇到各种问题。本文仅就一己之见稍作阐述，作为整本书阅读研究中的阶段性思考，以期求教于方家。

基于智慧平台　开设整本书阅读连读悟写课

——以《论语》为例

广州市第七十一中学　罗明兰

【摘要】从目前的整本书阅读教学状况来看，有些教师可能忽视连读悟写课，在课时有限的条件下，大多数教师认为将整本书阅读定位在提高阅读的鉴赏力就足矣，而提高学生的写作能力那简直是太难操作了。本文试图借助智慧校园平台，精心选择读写结合点，让文学经典引领作文，从而学生写出有个性、有思想、有深度的文章。

【关键词】智慧校园平台　连读悟写　整本书阅读

目前学术界有不少研究整本书阅读的论文，大多研究引导学生如何阅读，如上好一部名著的起始课，或细读课，或精读课，可基于校园智慧平台。如何上好整本书阅读连读悟写课？学术界还是一个新的领域。因此，本文尝试以《论语》为例，借助智慧校园平台这一现代技术，上好整本书阅读连读悟写课，牵手阅读和写作，让文学经典引领作文，增加作文的文化内涵，拓展写作思维的宽度，挖掘作文主题立意的深度，从而让学生走出写作文的困境，乐于写作。

一、借助智慧平台，开展整本书阅读连读悟写课的必要性

1. 核心概念的界定

（1）连读悟写课是交流阅读感悟，书写阅读体会，畅谈阅读收获，展示阅读成果。这一课型不仅要展示学生阅读的成果，还要在原有基础上有所提升，即通过阅读成果展示，实现学生阅读能力的高阶思维的发展。成果既包括阅读过程中的感悟发现，又包括阅读策略使用上的经验积累，以及阅读

后的感想。

（2）"智慧平台"是指技术合于教室及教学活动，为课堂教与学习活动的顺利开展，及为学习者提供一个技术环境、人、资源各主体相互协调的智能学习空间，让学生有一个个性化学习平台，注重学习者创新能力及创新精神的培养。

2. 有助于学生悟写联动

从目前的整本书阅读教学状况来看，有些教师可能忽视连读悟写课，在课时有限的条件下，大多数教师认为将整本书阅读定位在提高阅读的鉴赏力就足矣，而提高学生的写作能力那简直是太难操作了。从学生角度来说，如今，大多数学生没有耐心和兴趣去读完一部名著，即便是像《家》《活着》这样篇幅短小的书，就更不用说像《论语》这么生涩的著作。但如果利用智慧校园平台，可以提高学生对于阅读中认识和传承传统文化学习的兴趣。如在上《论语》连读悟写课时，为了让学生有深刻的表达，可以先让学生通过线上学习，搜集孔子有关事迹及所处的社会背景，结合创作背景分析每句语录的深层含义。因为学生对线上学习有一定的猎奇心理，所以在知识搜集方面，学生参与度比教师课堂传授更高。学生通过智慧平台进行大量的材料积累，在寻找整理材料中，感悟《论语》经典名句的含义，不仅为写作积累素材，而且为写作提升思想境界。

二、巧抓整本书阅读与写作的结合点

在我们作文教学中，我们教师常悲慨：学生写出来的作文空洞乏味，胡编乱造，写出的是虚假的作文；学生不注重大量阅读和背诵积累，胸无点墨，没有得心应手的材料可以入文；学生很难写出立意深刻、有思想的作品。作文要"大气"：有优美的文采，有丰富的素材，有高远的立意，有深刻的思想。

我们教师在日常教学中就要引导学生多读文学经典，向经典著作学习，并让文学经典引领作文。如果能在教学中把整本书阅读教学与学生的作文实际紧密联系起来，以教材中的文学经典为依托，精心选择读写结合点，给学生提供有效借鉴的对象和创造的依据，及时有效地进行模仿和创造性练笔，那对于提高学生的写作水平是很有作用的。叶圣陶先生说过："语文教材无

非是个例子，凭这个例子要使学生能够举一反三，练成阅读和写作的熟练技巧。"现行高中语文教材的课文是最好的范文，为读写结合提供了良好的物质材料。因而我们教学依托教材中的文学经典，充分利用学校校园智慧平台，让学生在读中悟，以读促写，巧抓读写结合点。

1. 我型我秀，锤炼学生的语言表达

当前，学生作文写作的致命点是语言苍白无力、假大空、乱喊口号、无病呻吟，脱离生活，要改变这种现象，使中学生作文充满活力，具有新鲜感，除了关注生活，还应该从经典著作中汲取养料。高中语文教材中很多课文，为学生的写作训练提供了练笔空间。因此，我们依托文本，又超越文本，找准训练点，将阅读、写作更为直接、更为密切地融合起来，使读和写既互为手段，又互为目的，从而促进学生读写能力的同步发展。

在整本书阅读连读悟写系列活动中，通过线上线下，我们可以开展"《论语》名言朗诵会""读书分享会""评书分享会"等"我型我秀"系列活动。

由于运用先进的网络技术，学生可以自由地在学校图书馆借阅图书，教师以不同主题的形式布置线下学习，如"我眼中的孔子""选《论语》中感触最深的一则句子，先翻译，再谈感悟或启示"等，每位同学根据自己搜集的资料，可以在平台里自由展开讨论，其他同学、家长、老师，可以进行相应跟帖、点评。同时，在课堂上，教师可以相应开展读书分享会，通过平板在线互动，让学生上台展示自己的读书感悟，从而提升学生积累作文素材的能力和语言表达能力。

2. 联系社会生活，训练学生的写作思维

在《论语》阅读上，大多数学生可能只停留在文意的理解上，如将《论语》中有关的名句与社会生活紧密联系起来理解，不仅丰富了学生对《论语》更深层次的理解，而且引导学生如何将阅读与写作联系起来，拓展学生的写作思维训练。

如利用网络平台搜集《论语》中有关"孝""信""学习"的名言，各选一则联系实际谈感想。可以分组对资料进行整理，利用平台，推选出优秀的作品在班级中进行展示。由于平板比较快捷简便，推送优秀作品极其精准，特别是对于平时不爱写作的学生，通过线上线下交流，学生的表达欲望有增强，当遇到同伴写的评论不合自己心意，往往会有学生找论据来证明自己的观点。在这种虚拟的平台交往中，比起教师布置他们一道作文命题写在作文纸上，要有趣多了，同时也方便教师点评，及时管控学生。通过这种生生、师生互评，学生跳出文本，反思当下。如孔子强调知识来源于学习，他说："我非生而知之者，好古，敏以求之者也。""多闻，择其善者而从之；多见而识之。"等等。反观当前社会，有多少人宁愿做苦工，每天沉迷于网络，也不愿意多学一点知识。

在连读悟写课上，也可以针对社会某个现象，选《论语》一则警示世人。学生用智慧平台在网上找到许多热点现象，再根据《论语》中相关的名句正向或反向来证明自己的观点。如现在很多年轻人，大学毕业找不到好工作，没房没车，处处碰壁，人生没有奋斗的希望，活着没有意义，怨天尤人。孔子却说："君子食无求饱，居无求安。""住陋巷……""人不堪其忧，回也不改其乐。"通过联系社会现实，不仅教会学生如何将经典阅读与写作相结合，训练学生的写作思维表达，还让学生明白不为外物所劳役、做精神世界的主人这一人生道理。易中天说过："我们读经典，是因为能从其中读人生，读智慧，读社会。"

3. 汲取经典精华，深刻学生作文的思想

思想深刻是高考阅卷者给作文评判高分的一个重要依据。所谓深刻，就是要求文章富于哲理，有独创的观点、能给人以启发。而学生的作文大都思想缺席，立意浅，这是因为学生读书太少，常言道："读书的厚度就是作文的深度。而思想的深度决定作文的高度。"文学经典对人的影响是由内到外的一种感染熏陶，它可以从气质、涵养到精神、品格等各方面去感染。我们教师要引导学生从阅读经典作品中积累生活的道理，让思想变得深沉。

儒家圣贤舍生取义、积极入世、以仁孝治国的思想，就是启迪人们要拥有社会责任感和使命感。那我们学生写以"责任、担当、志向、诚信、友善、孝悌"等主题作文时就可以从儒家的思想理念中汲取精神养料，甚至在创作中引用几句经典名言："三军可夺帅也，匹夫不可夺志也。""弟子，入则孝，

出则悌，谨而信，泛爱众，而亲仁。行有余力，则以学文。""父在，观其志；父没，观其行；三年无改于父之道，可谓孝矣。"如果学生将这些写入自己的作文，用先贤圣哲们沉稳的思想、深邃的哲理来启迪他们的心智，那么，学生就有能力写出有个性、有思想、有深度的作文。当然，为了激发学生写作的激情，我们教学尝试用平板电脑，同学监督，每次作文要有引入经典著作中的语句来论证自己的观点。

一本好书，就是一段人生，甚至就是一段历史。整本书阅读可以增长我们的见识，丰富我们成长的阅历，延长我们的生命。精心打造连读悟写课，将文学经典作为中学生作文写作的根基，让文学经典精华深入中学生内心，内化为人生修养，形成一种精神文化气质，既到达修身的目的，又提升学生作文的文学修养。借助智慧平台，牵手阅读和写作，让文学经典引领学生的作文，但愿语文王国里的这两朵金花永远牵手相依。

参考文献：

[1] 叶圣陶. 大学一年级国文 [A]. 中央教育科学研究所. 叶圣陶语文教育论集 [C]. 北京：教育科学出版社，2014.

[2] 杨伯峻. 论语译注 [M]. 北京：中华书局，2017.

[3] 倪岗. 中学整本书阅读课程实施策略 [M]. 北京：商务印书馆，2018.

[4] 吴欣歆. 高中经典阅读教学现场 [M]. 北京：教育科学出版社，2018.

语文核心素养下的整本书阅读指导策略研究

——以《苏东坡传》为例

广州市培英中学　简月丽

【摘要】《普通高中语文课程标准》突出了"语文学科素养"和"学习任务群"的概念，在课程结构上要求高中生以语文核心素养为纲，以学生语文实践为主线，设计语文学习任务群。本文分析了研究内容的选择与界定，以指导阅读《苏东坡传》为例，对如何设计整本书阅读任务群与提升学生的核心素养做了初步的探讨，并强调教师在指导学生完成任务群的过程中要注意角色的转换。

【关键词】语文核心素养　整本书阅读　《苏东坡传》

一、研究背景及命题的提出

2017 年，新修订的《普通高中语文课程标准》突出了"语文学科素养"和"学习任务群"的概念，在课程结构上要求高中生以语文核心素养为纲，以学生语文实践为主线，设计语文学习任务群。而学科核心素养的提升依赖于学生阅读的速度、广度和深度，整本书的阅读是实现学生语文核心素养提升的有效途径。

高中生身体发育处于青春期后期，心理日渐成熟，自我意识逐步增强，独立思考和处理事物的能力不断提升，处于心理的"脱乳期"，他们一方面涉世未深，思想单纯；另一方面渴望触摸外面的世界，丰富自己的灵魂。在他们世界观、人生观塑造的重要阶段，老师为他们打开了一扇扇优秀经典文学的窗户，不仅有利于语文学习和作文提升，更有助于他们的精神发育和生命成长，从而全面提升核心素养。

二、研究内容的选择及界定

前文已述，阅读对高中生世界观、人生观的形成有着至关重要的作用，所以阅读内容的衡量标准应该是健康、美，充满正能量。叶圣陶先生说过："在阅读一事的本身，教师没给一点儿帮助，就等于没有指导。"在提倡海量阅读的前提下，教师选择其中较有价值书籍的进行深读指导，可以提高课堂教学实效，打通学生阅读的"任督"二脉，促进学生文化基础知识和基本技能、创新精神，以及探究能力的整体提高，促进学生全面、持续、和谐的发展。

学生在小学至初中阶段相对来说阅读时间是比较充裕的，到了高中阶段，课时紧、学业压力大，留给学生自由阅读的时间相对变少了，学生自然会更趋向功利化的阅读，这本无可厚非。如果教师可以从更宏大的视角审视教材，依托教材开展整本书阅读教学，不仅可以高效完成与教材相关的教学工作，更能帮助学生养成以联系的观点看问题的习惯，真正学以致用，切实提升语文核心素养。

苏东坡是当代中学生较为熟悉的名家，他的作品经常出现在小学、初中、高中阶段的语文课本中。《题西林壁》《饮湖上初晴后雨》《记承天寺夜游》《赤壁赋》《念奴娇·赤壁怀古》等名篇广为人知，但这些仅仅是苏轼人生很少的片段。苏东坡在中国历史上有着特殊地位：一是由于他高尚的人格气节，始终坚守着心中的理想；二是由于他诗文书画艺术上的卓绝之美。他的人品道德构成了他精神之美的脊梁，他的风格文章之美则构成了他精神之美的骨肉。苏东坡是一个多才多艺的人，他深厚、广博、诙谐，有高超的智力，有着天真烂漫的赤子之心。这些品质之荟萃于一身，是天地间的凤毛麟角，不多见。他是中国古代文人集大成之代表。这种人格魅力不知倾倒了历代多少文人骚客，其中不乏像国学大师林语堂这样的人物。林语堂先生的《苏东坡传》是中国现代文学史上长篇传记开标立范之作，一位始终将吾国吾民放在心中的国学大师，一位大江东去浪淘尽的豪情诗人。相似的心灵是灵魂上的共鸣，看东坡光风霁月，渡危抓机，从容应对，听林语东坡，显中国智慧。在高二完成《苏东坡传》的阅读，实现对小学、初中、高中阶段教材中出现的苏东坡作品的课内理解和课外拓展，能使学生更全面、深刻地了解苏东坡。在此基础上进一步探究人生的意义，培养正确的三观，养成独立思考、善于思辨的阅读品质，真正提升学生的核心素养。

林语堂在《苏东坡传》一书的结尾这样写道："我们一直在追随观察一个具有伟大思想、伟大心灵的伟人生活，这种思想与心灵，不过在这个人世间上偶然成形，昙花一现而已。苏东坡已死，他的名字只是一个记忆，但是他留给我们的，是他那心灵的喜悦，是他那思想的快乐，这才是万古不朽的。"若我们的国家多一些像苏东坡这样的人，真是国家的幸事、民族的希望！这样的一本好书，值得列入高中生整本书阅读的书单里。

三、整本书阅读任务群的策略实施

1. 阅读方法的指导

《苏东坡传》属于人物传记，依据人物传记的特点，应在开头上导读课，指导学生应该用科学的阅读方法进行阅读，如：串联的方法、前后联系的方法、随时批注的方法、与其他名人比较的方法、与同伴交流的方法等。

2. 阅读活动的设计

整本书阅读考察学生的综合能力，就人物传记来讲，教师可以考虑随着阅读的推进，发展学生的理解概括能力、语言表达能力，并指导他们习得阅读的方法，最后在情感、态度、价值观上有一个质的变化。具体设计可参考如下：

初读阶段，主动积累、梳理，建构语言。为引导学生分配阅读任务，把握主要的阅读方法，初步了解整本书章节的内容，对整本书的脉络有较清楚的认识。按照章节把任务细化，划分阅读范围，大致按每周五章节的内容分配阅读时间。"读书看序文是一种好习惯""目录表示本书的眉目，也具有提要的性质。所以也要养成学生先看目录的习惯。"利用目录进行检索，找到自己想看的内容。利用目录也可以整合自己想看的内容，如想了解苏东坡的仕途经历，可以通过目录跳跃性地看，从而把相关的内容整合在一起，理清事件发生的脉络。教师指导学生先通过序文和目录了解本书的主要内容，把握苏东坡一生中重要的时间节点及重要事项，再阅读内文梳理他的人生轨迹并分析人物形象。具体可以采用箭头流程图、信息表格、人物形象思维导图等环节落实，每位同学制作人物卡片以用作班级课堂交流。做了初步的交流分析后，学生可以以某一点为线索，如：东坡官职的变动、东坡的社会关系等，标画出苏东坡的人生轨迹图，加深对人物形象理解。这种梳理与探究的方法，教师只是在开头适当加以提示。真正的阅读方法是学生在阅读过程中通过动手、动脑习得的。学生通过主动的积累、梳理和整合，逐步掌握《苏东坡传》的文字特点及其运用规律，形成个体的语言经验，提升在具体的语言情境中正确有效地运用文字进行交流沟通的能力。

推进阶段，以阶段性汇报串联阅读过程为主线，在表达与交流中丰富自己对现实生活和文学形象的感受与理解，丰富自己的经验与语言表达。阅读活动开展一周后，可以依据学生阅读情况适时开展阅读交流课。学生通过初步阅读，已对苏东坡的人物形象有了基本的了解，通过绘制思维导图、人物形象卡等，让人物形象丰满立体。教师引导学生小组合作，朗诵苏东坡的相关诗词，交流阅读方法，并分享对苏东坡人物形象的理解。师生展示笔下、眼里的苏东坡，进行分享交流。还可以收看余秋雨的《苏东坡突围》、央视《百家讲坛》苏东坡系列。阅读交流活动可以让学生的眼界不局限于自身，增加对苏东坡的理解。

精读阶段，通过梳理和整合，将自己获得的语言活动经验逐渐转化为富有个性的具体的语文学习方法和策略，并能在语言实践中自觉地运用。联系语文课本出现的苏东坡的诗词，结合《苏东坡传》里出现的其他作品，分类别整理苏东坡的作品。如第一，散文类：《前赤壁赋》《后赤壁赋》《石钟山记》《喜雨亭记》《凌虚亭记》《放鹤亭记》《超然台记》等；第二，词作类：《江城子·十年生死两茫茫》《望江南·春未老》《水调歌头·明月几时有》《念奴娇·赤壁怀古》等；第三，诗歌类：《惠崇春江晚景》《饮湖上初晴后雨》等；第四，书法类：《中山松醪赋》《洞庭春色赋》《人来得书帖》等。通过整理苏东坡的作品，感受苏东坡高绝的才华、旷逸的气度、高洁的人格和前无古人的建树，一方面，加深了对语文课本教材的深刻理解，另一方面拓展了对苏东坡作品的认识，更重要的是能激励自己奋发有为，努力成长，不成为一个平庸之人。

深读阶段，在特定的交际情境和历史文化情境中理解、分析和评价人物。深刻理解苏东坡的人物形象，挖掘人物闪光的精神价值，并探讨这些精神价值的现实意义。在整本书阅读中，我们不必面面俱到，教师可以指导学生选取苏东坡身上一到两点最值得敬佩的精神进行深入挖掘。像苏东坡这样词、文、诗、书、画、品石、文论以及参禅、政务等诸多领域都成就斐然的人，很多方面都值得我们学习。和苏东坡的才华比起来，其深受儒家思想影响、心系百姓的入世之心和饱经患难之后超然物外的出世之心更是值得我们学习的。林语堂曾说："苏东坡虽然饱经忧患拂逆，他的人性更趋温厚和厚道，并没变成尖酸刻薄。"纵观苏东坡的一生，在才华毕露的背后，几度升贬的辛酸只有他自己品尝。即使如此，我们依然能从他的诗篇、文章以及生活见闻发现，他的人生态度是乐观、积极的。这样的精神是具有深刻的现实意义的。苏东坡曾有诗云："问余平生功业，黄州惠州儋州。"所以教师在指导学生开展整本书阅读时，应有所侧重，绘制苏东坡官职变动的人生轨迹，并从中领悟出苏东坡在任从政的奋发有为和在面对困境时的淡定从容。

质疑探究阶段，用批判性思维分析、反思整本书阅读活动。通过比较阅读其他有关苏东坡的研究作品，开展比较阅读。现代著名教授周振甫先生说："读书有一种方法，就是把几家讨论同一问题的话会合起来，看看哪一家说得对，对在什么地方，加以辨别"，这样"印象深刻些，可以开拓我们的思路"。教师可以推荐，如李一冰的《苏东坡传》、王水照的《苏轼论稿》、刘乃昌的《苏轼文学论集》、余秋雨的《苏东坡突围》、央视《百家讲坛》苏东坡系列等。学生通过阅读比较，理解了为何林语堂笔下的苏东坡是这样的形象，为何与其他人笔下的苏东坡形象不一样，进而思考真实的苏东坡究竟该是怎样的，从而养成独立思考、善于思辨的阅读品质。

整体汇报阶段，实现思维发展与提升，审美鉴赏与创造，文化传承与理解。经过前期的初步阅读与精深阅读，学生对苏东坡已经有了比较全面的认识，此时教师可以组织学生举办读书报告会和写读书报告，展开交流汇报。让学生先在互助学习小组发言交流，再由小组推荐到全班交流汇报。学生可以选择一个自己喜欢的故事，也可以找出一句体会深刻的评述，或找出一处最感动自己的细节片段，用简短的语言说说自己读出了一个怎样的苏东坡；以"我看苏东坡的_____"为题写作文，写读书报告，学生可以从不同角度展开评述，如苏东坡的爱情、苏东坡的亲情、苏东坡的治水、苏东坡的被贬、苏东坡的美食、苏东坡的诗作、苏东坡的绘画等。整体汇报是对学生学习任务群完成的检验，是对语文核心素养的综合考察。

四、过程策略反思

整本书阅读系列课开展以来，我和学生都获得了精神上的成长，这才是真正的语文教学。在我们的成长历程中，有时候对我们产生深刻影响的往往就是心中偶像的成长历程。美国诗人惠特曼曾经说过："有一个孩子每天向前走去，他看见最初的东西，他就变成那东西，那东西就变成了他的一部分。如果早开的是紫丁香，那么它就会变成这个孩子的一部分；如果是杂乱的野草，那么它同样会成为这个孩子的一部分。"希望孩子们能通过《苏东坡传》打开人物传记的阅读窗口，主动去阅读更多的人物传记，了解他们的生平事迹，并从他们身上汲取正能量，内化成自己的核心素养。

作为高中语文教师，在指导整本书阅读任务群的实施过程中要注意转换身份，一方面要有任务意识，善于将学习内容变成学习任务；二要增强联系意识，用任务群的整体目标统摄不同的学习内容和学习活动；三是提高统筹能力，恰当处理不同任务群之间的关系，使其互相渗透、互相支撑，共同指向学生语文核心素养的培养。只有阅读经典、开展整本书阅读才能促使我们更好地思考感悟，从而更好成长。

参考文献：

[1] 普通高中语文课程标准 [S]. 北京：人民出版社，2018.

[2] 林语堂. 苏东坡传 [M]. 湖南：湖南文艺出版社，2019.

以经典名著阅读促进农村中学教育的立德树人建设

广州市白云区神山中学　陆伟雯

【摘要】习总书记在同北京大学师生座谈时强调："要把立德树人的成效作为检验学校一切工作的根本标准，真正做到以文化人、以德育人，不断提高学生思想水平、政治觉悟、道德品质、文化素养，做到明大德、守公德、严私德。"[1]中学是人生身心发展的关键时期，在这阶段立德树人建设尤为重要。语文学科在立德树人建设中发挥着重要的作用，我们语文教师可以借助经典名著的主题、依托经典名著的情节、聚焦经典名著的细节，促进农村中学树德立人建设。

【关键词】经典名著阅读　农村中学　立德树人

中学期间学生的品德心理状况影响其人生，决定个人的成长速度和发展高度。如果农村中学树德立人建设只依靠教科书和学生个人的局限性认知，肯定是达不到良好的效果的。同时，由于小农意识中的功利主义，农村初中教育陷入"重视智育，不重视德育"的严峻形势中。要让农村中学生走得更高更远，我们要把立德树人文化建设作为教育教学工作的重点。语文学科在立德树人建设中起到重要的作用，我们可以利用经典名著阅读促进农村中学立德树人建设。阅读经典名著，是与高人对话，可以开阔农村中学生的视野，丰富他们的见识，陶冶他们的性情，培养他们的品德情操。在引导学生开展经典名著阅读时，我们可以促进农村中学教育立德树人建设。

一、借经典名著主题，引导农村中学生正确树立自己的理想

在现在农村中学立德树人的建设中，大多数农村初中生缺乏对自我认识，缺乏对前途的思考，缺乏对人生的规划。大多数农村初中生都抱有一种得过且过的心态，他们连自己的短期目标、长期目标都没有，更不必说理想了。他们

心中的仅有目标都只是来自老师或者家长的规定，并不是经过真正的自我认识后确立人生理想。立德树人建设是农村初中当前德育的重任。新课程标准中，各科目、各教师具有立德树人的责任，将学生培养成一个德智体美劳全面发展的社会主义人才。语文教师在推广经典名著阅读中，可以借助经典名著的主题，引导农村中学生树立自己的理想。那怎样将经典名著阅读与理想前途的教育紧密地联系起来呢？

在开展《钢铁是怎样炼成的》阅读课时，教师要引导学生利用思维导图概括保尔·柯察金确定崇高理想的过程。在《钢铁是怎样炼成的》中保尔·柯察金说的一句话对学生的撼动是非常大的，即"我的整个生命和全部精力，都已经奉献给了世界上最壮丽的事业——为人类解放而斗争。"[2] 这样一句富有激情的座右铭激励着保尔，让他的一生并没有碌碌无为，从普通人成长为无产阶级革命战士，并为无产阶级革命奋斗了终身。其鞠躬尽瘁，死而后已的精神深深地震撼着每一个读者，这样的崇高理想已经超越了物质上的享受，是对国家、对社会，以至于对全人类都是极有意义的事情。《钢铁是怎样炼成的》告诉我们树立理想时，要思考是否对家乡的发展、对社会的进步、对国家的发展具有现实的意义，这样我们的人生才可以避免因碌碌无为而悔恨。

学生在阅读概括过程中，教师要引导学生对自己的理想产生憧憬，并开始思考人生的理想目标。在读完第一阶段的整本书后，教师开展"扬起理想的风帆——《钢铁是怎样炼成的》"为主题的阅读分享课，课后布置学生结合自己的理想写《钢铁是怎样炼成的》读后感。通过经典名著的熏陶，保尔找到了自己人生的真正方向，没有碌碌无为地度过自己的一生，学生由此更深刻地进行自我认知，正确树立自己的人生理想，为家乡的发展做出自己的贡献。

二、依托经典名著情节，激发农村中学生的爱乡爱国的情怀

在父母和乡村社会不良风气的影响下，农村中学生学习的目的是为了追求物质的享受，或是为了离开农村向城市发展，或是只求在农村经济开发中获利，或是在父母的庇佑下过着吊儿郎当的日子。作为乡村未来的他们基本没有热爱自己家乡的思想，更不必说思考自己能够为家乡建设做出哪些贡献。然而列宁

曾指出："爱国主义就是千百年来巩固起来对自己祖国的一种深厚的感情。"也就是说爱国之心人皆有之，如何激发农村青少年"爱乡爱国"的情怀是农村中学立德树人建设的重要任务。语文教学要协助完成这个任务，不能只靠教师的主观说教和灌输，而要通过经典名著阅读的有机渗透，依托经典名著的情节，不断触动、强化、内化，激发农村初中生爱乡、爱国的情怀。通过立德树人建设，农村中学生建立起改变家乡面貌的信心和决心，要有责任、有担当、有能力把自己家乡建设得繁荣富强。

在开展《藤野先生》的阅读课时，教师引导学生快速阅读文章，以爱国为主题梳理《藤野先生》里"我"的生活情节。教师引导学生从零散情节中找出统一表现爱国主题的情节：中国留学生的生活场景、匿名信事件、看电影事件、弃医从文。鲁迅只身到仙台学医是因为看到中国人饱受疾病的折磨，希望自己成为医生，治好国人身体上的疾病，这是出于内心对祖国的热爱。在东京留学生活的情节中，作者看到了中国留学生"悠闲自得"的生活状态，被他们的举动刺痛着，内心的爱国情感回荡着。匿名信事件使鲁迅深感作为弱国子民的悲哀，受到的不平等对待激发了他内心强烈的民族自尊心。看电影事件更深地刺激了鲁迅，看着中国人看中国人砍头的"热闹"场景，作者彻底被震撼了，他深深地认识到中国人已经病入膏肓，这种病不在肉体上而是在精神上。国人缺乏爱国、缺乏自尊、缺乏自强，国家才会落后挨打。因此，作者为了解救自己的国家，决意改变志向，弃医从文。

在课堂上，教师要学生先归纳情节，依托情节体会鲁迅对祖国浓烈的爱，并思考他弃医从文的原因。教师引导学生思考自己同样作为中国人，以后能够为家乡面貌的改变做点什么，怎样成为一个有责任、有担当、有使命感的爱乡、爱国青年。最后，教师开展"热爱家乡，规划未来"为主题的分享会，让学生畅谈自己的理想职业生涯规划。

三、聚焦经典名著细节，培养农村中学生积极的人生态度

当前农村经济飞速发展，物质条件有了质的飞跃，大部分农村的家长文化水平虽有提升，但是仍对孩子心理健康方面关注不多。我们发现大部分农村中学生面对挫折、面对困难的能力并没有提升，心理素质比较差，遇到挫

折容易一蹶不振。而经典名著阅读则可以作为一种辅助性的手段。它并不直接教导学生如何做才能解决他们目前所遭遇的情绪问题，而是在接触适合的经典名著细节后，对其内容产生认同、净化、领悟，以至于对学生目前所遭遇的困难有新的认知与体会，进而解决自身遭遇的问题。语文教师在名著阅读中适当的引导，把学生的目光聚焦到经典名著的细节上，可以让他们感受到生命的各种不同姿态，以开阔视野，可以让他们在困境时懂得换一个角度来看待自身的处境，从而进行自我开导，要让农村中学生以积极阳光的人生态度面对困难和挫折。

在开展《西游记》阅读时，在分析孙悟空这一人物形象时，教师可以引导学生探讨"积极的悟空"。通过阅读悟空的细节，学生可以体会悟空应对挫折时的积极心态。最终孙悟空从石猴成长到战斗胜佛完成了人生质的飞跃，靠的就是积极的心态来应对挫折。教师指导学生把握细节，分析人物形象，按照主题来制作任务手抄报。孙悟空经历挫折，吃了一番苦，开始自我反省，积极面对自己，改正自己的错误，让自己的人生重新启程。在后来取经路上每次面对困难，孙悟空都能积极面对，迎难而上，最终取得真经。学生分析孙悟空这一人物形象，自然联想到现在同样不完美的自己，自己的挫折对比起孙悟空的挫折，显得那么微小，悟空都能净化自己，勇敢面对挫折，重新启程。学生在阅读细节时，也能够得到净化。当纠结的内心得到了净化，他们也懂得了换一种思路去解决当前的困境。

利用恰当的时机，教师开展"面对挫折，阳光成长"的演讲活动，深化学生聚焦孙悟空更多迎难而上的细节，形成积极的人生态度。在名著阅读中，还有许多积极面对困难的名场面，这时候教师再引导学生进行拓展，让学生再度深化体会，最后真正将积极的人生态度内化成为自己的一部分，起到立德树人的成效。

综上所述，语文教师在农村中学推广实施经典名著阅读时，可以借助经典名著的主题、依托经典名著的情节、聚焦经典名著的细节等方面进行思考，促进立德树人建设。利用经典名著阅读活动，让立德树人落到实处，深化到农村中学生的思想里，为建设美丽乡村、建设社会主义打造一支德才兼备的后备军。

聚焦核心素养任务群　沾濡笔墨经典岁月香

——《论语》整本书阅读的课程精读初探

广州市培英中学　刘柳燕

【摘要】《普通高中语文课程标准》（2017年版）提出了语文学科的四大核心素养，并在课程结构中明确提出"整本书阅读与研讨"的任务群学习贯穿必修、选择性必修和选修三个阶段。整本书阅读对培养高中生的语文学科核心素养有着非常重要的作用。那如何开展深入、有效、有序、有质的整本书阅读去提升学生的传统文化素养呢？本教学论文尝试以《论语》整本书阅读的精读研讨课程设计为例，初步探讨实施整本书阅读与提升语文学科核心素养的途径。

【关键词】高中语文课程标准　语文核心素养　整本书阅读　《论语》

教育部制定的《普通高中语文课程标准》（2017年版），提出了语文学科核心素养是"语言建构与运用、思维发展与提升、审美鉴赏与创造、文化传承与理解"。新课标围绕这四个核心素养，给必修课和选修课设计了对应的学习任务，其中有一个任务便是"整本书阅读研讨"。"整本书阅读与研讨"的任务群学习贯穿了必修、选择性必修和选修三个阶段，旨在"引导学生通过阅读整本书，拓展阅读视野，建构阅读整本书的经验，形成适合自己的读书方法，提升阅读鉴赏能力，养成良好的阅读习惯，促进学生对中华优秀传统文化、革命文化、社会主义先进文化的深入学习和思考，形成正确的世界观、人生观和价值观"。由此可见，整本书阅读对培养高中生的语文学科核心素养有着非常重要的作用。那如何开展深入、有效、有序、有质的整本书阅读去提升学生的传统文化素养呢？本文以《论语》整本书阅读的精读研讨课程设计为例，对此做了初步探讨。

一、新课标对学生的整本书阅读能力提出了更高的要求

1941 年，叶圣陶在《论中学国文课程标准的修订》中明确提出"把整本书作主体，把单篇短章作辅佐"的主张。但是，长期以来的语文教学多是以单篇文本的精读、精讲来展开教学过程，教师着重围绕单篇文本的创作背景、段落大意、层次结构、表现手法、名言警句、问题知识这些方面来进行教学设计。其明确的教学内容、固化的教学流程、千篇一律的教与学的方式、确定性的学习结果，造成了语文教学的现实困境。教学内容碎片化，死记硬背的知识性的积累遮蔽了学生思维质的突破；教学方式同质化，千篇一律的精讲、分析文本模式造成了师生的倦怠心态；思维培养浅表化，浅层问题延宕了探究深度。基于语文单篇教学的反思，如何引导学生成为真正的读者，深切感受作为人类文明标志的那些鸿篇巨制经典名著的思想、情感，以及对自然、社会和人生的独特认识与体验，就成为当前语文教学不可忽视的难题。教育部新修订的《高中语文课程标准》因势利导，把整本书阅读正式列为课程内容，且贯穿高中三年。教师能否引领学生在一段时间里阅读和研讨一部整本书，是语文课程改革的重要任务。在《普通高中语文课程标准》（2017 年版）中，我们可以看到关于整本书阅读与研讨的学习目标与内容："在阅读过程中，探索阅读整本书的门径，形成和积累自己阅读整本书的经验。重视学习前人的阅读经验，根据不同的阅读目的，综合运用精读、略读与浏览的方法阅读整本书，读懂文本，把握文本丰富的内涵和精髓。"

为什么要阅读《论语》呢？《论语》是中华优秀传统文化中的经典，孔子思想的智慧主要体现在《论语》中。梁启超曾说："《论语》为两千年来国人思想的总源泉。"鲍鹏山在《不与经典结缘，很难成为高雅的人》中说："如果一个人或一个民族想成为高雅的人或者文明的民族，不与经典结缘，是不可想象的……一部《论语》，只有 500 多则，不到 16000 字，却包含三个体系：知识体系、价值体系、文化体系。"而在高中生的实际阅读体验中，多数学生不喜欢阅读《论语》，认为《论语》内容零碎杂乱，不成体系，并且比较多道德说教。大部分学生心目中的孔子形象概念化，对《论语》的价值认识模糊。所以，在高中语文课堂上开展《论语》整本书阅读的课程，引导高中生走进《论

语》，感受古圣先贤的人生境界，体会他们的思想品格，能够为学生未来的人生道路打开一扇接收传统文化熏染、提高思想境界的智慧之门。

二、《论语》整本书阅读教学中的课例设计实践研究

《论语》是文言经典，阅读时首先要扫清文字阅读上的障碍。而关于《论语》词义解读的名家著作，可谓汗牛充栋。我给学生推荐了两本辅助阅读的书目：杨伯峻先生的《〈论语〉译注》和钱穆先生的《〈论语〉新解》。前书注重文字的疏释，语言流畅，表述清晰准确，是普通读者了解《论语》的入门参考书；后书注重体悟的读解，博采众家观点，加以阐发，力求通俗简要，明其本义。在《论语》整本书阅读的篇章选择方面，如果按照原书顺序，一字一句、一章一节、一篇一篇，细读《论语》，先前人的旧注，梳理文义，再考证疑难之处，把全书仔细过一遍，这种"考据式的阅读方式"对于高中学生而言，无论是时间、精力，还是效率、质量上，都有点过于拔高。所以，我在展开《论语》整本书阅读的过程中，就把这个对《论语》整本书文本字句的通读要求放低一些，只做基本的理解就可以了。如何把书从"厚"读"薄"？如何引导学生探寻《论语》的文化内涵？我依据《论语》本身的特点及学生的需求，采取"传记式阅读"的策略重构教学内容：打乱《论语》原书的顺序，以人物为线索，将孔子言行汇辑在一起，孔门弟子的言行辑录在一起，其他人物的言行另外编辑在一起。在这种"传记式阅读"的过程中，我推荐学生的辅助阅读书目是司马迁《史记》中的《孔子世家》和《仲尼弟子列传》，这些历史文献，非常珍贵，是第一手参考资料。这种用"梳理与探究"的方法，打乱了《论语》的篇目顺序，使得《论语》变得有趣，使得孔子及弟子们的形象丰满生动，《论语》的精髓也愈加深刻动人。

按照由浅入深、由表及里的阅读规律，我和同学们一起初步制定了"传记式阅读"的流程：学生分等级地完成基础等级阅读任务和发展等级阅读任务。基础等级阅读任务侧重于初读感知，学生根据杨伯峻的《〈论语〉译注》的辅助阅读，对重新排列的传记式的三大部分《论语》精讲篇目进行文言知识层面的梳理和积累，争取对《论语》的相关文本内容有初步的感知。学生的必选学习任务是《论语》精讲篇目朗读录音、文言文知识体系填空。通过完成这个基

础等级的阅读任务，学生可以从中学到很多历史知识，积少成多地构建自己在阅读《论语》方面的知识体系。比如夏、商、周三朝文化史，什么叫邦，什么叫国，什么叫君等，学生能在具体系统的文本解读过程中有直观的情境式理解与吸收；学生也能对《论语》中赫赫有名的历史人物，如颜回、子路、曾子、子贡、子夏等学生的举止言行有基本的接触与了解；学生还能了解更多的礼仪文化知识，如古人名与字的区别在哪里，长辈和老师称呼学生和晚辈才能直呼其名，而平辈之间都称字等。《论语》是很好的语言学习积累素材，不仅词汇丰富，有很多耳熟能详的成语，还有很多经典之句，比如"犯上作乱、巧言令色、言而有信、和为贵……"同学们能在基础等级阅读任务中了解到这些成语的源头，"知其然而知其所以然"，直观印象和心得体会自然更为深刻。

　　《论语》的整本书阅读，可以不求面面俱到，所以我挑选里面的文本重新组合，为我所用。但是，仅仅有上面这个"基础等级阅读任务"的整本书阅读，只是浅层次的阅读。《普通高中语文课程标准》（2017 年版）在对培养学生核心素养的"思维发展与提升"板块，明确提到"发展逻辑思维"与"提升思维品质"的重要性。结合《论语》整本书阅读，具体而言可以理解为：在带领学生进行《论语》整本书阅读的过程中，进行基础等级阅读任务时知识文化的积累不是最终的学习目的，我们要培养学生运用知识解决问题的能力。孤立、零散、脱离情境的知识无助于问题尤其是复杂问题的解决，所以我们的整本书教学要避免知识的符号化、概念化。于是，我与学生一起设置了"发展等级阅读任务"。我给学生补充大量相关素材，让学生走进孔子及孔子弟子的内心，触摸到他们真实的澎湃内心，比如钱穆先生的《〈论语〉新解》、南怀瑾先生的《〈论语〉别裁》、李零的《丧家狗：我读〈论语〉》、司马迁《史记》中的《孔子世家》和《仲尼弟子列传》等。学生通过小组讨论、交流、辩论相关能够凸显《论语》人物对话言行的冲突性格、思想争鸣的探究问题，对"传记式阅读"的三大板块（孔子言行辑录、孔子弟子言行辑录、其他时人言行辑录）进行精读研讨，展开生生之间、师生之间、师生与《论语》之间的对话交流，形成思维碰撞。学生可以通过完成"发展等级阅读任务"的相关任务，能够辨识、分析、比较、归纳《论语》中孔子与孔子弟子的典型真实性格特征，并能有理有据地表达自己的观点和阐述自己的发现，从而自然地增强思维的灵活性、敏捷性、深刻性、批判性和独创性，最终提升自身的思维品质。

在对"孔子言行辑录"的专题精讲中，我按照"孔子30岁（三十而立）前、30~55岁、55岁起周游列国直至73岁去世三个阶段"来整合相关文本，组织学生以"概括"和"列表"的阅读方法，简明扼要地了解孔子的生平及其关键事件，深入了解"孔子之为学、孔子之为师、孔子之为政、孔子之为人、孔子之自述、孔子之影响"的孔子生平。孔子崇尚仁政，崇尚恢复周礼，无论是周游列国游说诸侯，还是杏坛施教收徒授课，毕其一生都在为这个政治理想而奋斗，即使"知其不可为而为之"，但终归不可得其志。历代帝王褒封孔子为"圣人""万世师表"，地位崇高至极，但这不是真性情的真实孔子。学生由于年龄阅历的心智限制以及阅读面、阅读量的限制，往往对孔子的认识仅仅停留于概念化、表面化的层面，肤浅而隔膜。如何真正走近孔子呢？正如北大李零老师所说："任何怀抱理想在现实世界找不到精神家园的人，都是丧家狗。"他在《丧家狗：我读〈论语〉》中写道："孔子不是圣，只是人，一个出身卑贱，却以古代贵族（真君子）为立身标准的人；一个好古敏求，学而不厌、诲人不倦，传递古代文化，教人阅读经典的人；一个有道德学问，却无权无势，敢于批评当世权贵的人；一个四处游说，替统治者操心，拼命劝他们改邪归正的人；一个古道热肠，梦想恢复周公之治，安定天下百姓的人。他很栖惶，也很无奈，唇焦口燥，颠沛流离，像条无家可归的流浪狗。读他的书，既不捧，也不摔，恰如其分地讲，他是个堂吉诃德。"孔子的可爱与可贵之处，在于他是活生生的、敢爱敢恨、敢赞敢骂、知其不可为而毕生孜孜以求的执着而又寂寞的真实模样。比如，在《论语·子罕篇》中，子贡有一天和老师开玩笑说："有美玉于斯，韫椟而藏诸？求善贾而沽诸？"儒者常常以水和玉比德，所以，当子贡一说到有美玉在这里时，孔子一听就懂了，马上接话说："沽之哉！沽之哉！我待贾者也！"决定卖！决定卖！我在这里等人来买的，可是卖不出去，没有人要！这是他师生之间的幽默，也是孔子感觉生不逢时、无道不行而借子贡之言的幽默表达。《论语》中的孔子与弟子之间的对话，无不生动地展现出师生间的真实个性。学生读的是一句一句话，看见的却是一个一个人，书里的一个个人物，都是活生生的，一个一个样，各不相同。师生之间这样读《论语》，有趣，且有质量。

　　在对"孔子弟子言行辑录"的专题精讲中，我布置学生分类统计孔子众多弟子在《论语》中的出现次数，统计排名是子路出现最多，其次是子贡、颜回、子夏，还有子张、冉求、曾参、宰我、闵子骞、冉伯牛、仲弓……孔子 30 岁左右开始收徒设教，终身从事教育事业。他运用多样灵活的教学方法，如因材施教、好学乐学、学思结合、循循善诱、愤悱启发、举一反三、循序渐进、教学相长、时常总结等。个性鲜明、思想自由、兴趣多多、爱好广泛、充满幽默、风趣和智慧的可爱的孔子，带领着这么一群生龙活虎、活泼的弟子们"周游列国"长达 14 年。孔子与众多弟子的朝夕相处，亦师亦友，师生间发生过众多既有生活乐趣又有思想碰撞的对话，孔子与弟子们的性格形象各见其端。师生间的对话既是生动活泼的，有时也是针锋相对、锋芒毕露的，学生根据相关文本进行深度解读，就能更全面、真实地触摸到孔子及其弟子们的内心和灵魂。比如直率、勇武、实诚、喜怒形于色、不耻下问、敢于提问，甚至是敢于向孔子质问发难的子路，经常受到孔子一针见血的批评、打击与指导，孔子对子路性格的极其了解，对子路心志的敏锐觉察，对子路的各种欣赏、担忧、安慰，都在师生间的对话交锋中得以淋漓尽致的体现。而纵观子路在《论语》对话中的两次志向差异，早期志向是"愿车马衣裘，与朋友共，敝之而无憾"，后期转变为"千乘之国，摄乎大国之间，加之以师旅，因之以饥馑，由也为之，比及三年，可使有勇，且知方也"。学生们也会发现，子路前期的志向属于朋友义气，后期的志向则是治国安邦，这是《论语》中体现出来的子路的成长与孔子对其的影响。这种解读角度，就需要重新打乱《论语》原有的编排结构，有针对性地挑选相关文本，并且在整本书阅读的教学过程中进行梳理探究。所以，我采取"专题精讲"与"自学迁移"的阅读方式，重点筛选整合了子路、颜回的相关言行篇章，以梳理子路、颜回为示范，学生依次梳理子贡、子夏、子张、冉求和曾参等，就可以做到举一反三，触类旁通。

　　在对"孔子与其他时人的言行辑录"的专题精讲中，我主要筛选了孔子与当时的国君、大夫、权臣、隐者等的互动交集的相关文本来引导学生进行专题阅读探究，主要讨论孔子的行道方案、行道实践，以及行道失败以后他的心态。孔子作为伟大的思想家，"仁政"是他毕生行道的核心内容。我带领学生研读并考查《论语》中与"仁"有关的章节，探究"仁"的多重内涵与核心内容，并尝试梳理"仁"与"礼""义""廉""耻""智""勇""忠""信""恕""敬""孝""慈""悌"等概念之间的关系。在《论语》关于"仁"的阐述与追求中，我与学生讨论西周末年春秋时期执政者作为贵族阶层而"礼崩乐坏"式的陨落和有德者作为平民英雄的崛起。学生们在这第三个阶段的专题阅读环节中，对第一阶段"如何认识真实的孔子"有了更深刻的阅读感受。

三、《论语》整本书阅读教学的反思

学生核心素养的形成与发展与整本书阅读活动的深度、有效展开有密切的关系，而整本书阅读活动的展开又与教师角色的转型密切相关。语文教师如何从教科书的解读专家转型为整本书阅读的课程设计师、学生在整本书阅读过程中的学术顾问、教练裁判、伙伴向导，将起着决定性作用！语文教师能够成功引导学生利用课内外时间进行自主阅读、撰写笔记、交流讨论，而不是以教师的讲解代替或限制学生的阅读与思考，是语文教师能否成功转型的关键一环。语文教师可以通过对话式批改、示范式批改、面谈倾听学生问题、启发学生思路、指点学习方式的形式，去发现学生阅读整本书的成功经验，及时组织交流与分享，应善于发现、保护和支持学生阅读中的独到见解。

在充斥着浮华风气、碎片化阅读的当下，《论语》整本书阅读聚焦语文课程核心素养，引领着学生们沾濡儒家文化岁月清香，让学生静静地穿越时空与大师对话与交流，沉浸浓郁，含英咀华。我们，在路上，一路前行。

参考文献：

[1] 普通高中语文课程标准 [S]. 北京：人民教育出版社，2018.

[2] 李零. 丧家狗：我读《论语》[M]. 太原：山西人民出版社，2007.

[3] 南怀瑾.《论语》别裁 [M]. 上海：复旦大学出版社，2018.

[4] 杨伯峻.《论语》译注 [M]. 上海：中华书局，2006.

[5] 石素芝.《论语》整本书阅读 [M]. 广州：广东高等教育出版社，2019.

"圈养"与"放养"

——以《平凡的世界》为例略谈"整本书阅读与研讨"

广州市第七十一中学　谢燕琳

【摘要】"课内指导"侧重规划与指导，"课外阅读"侧重实践与深化。只有将"圈养"式的"课内指导"和"放养"式的"课外阅读"有机结合起来，"圈于内"而"放于外"，"整本书阅读与研讨"才能有序地落地、开花、结果。

【关键词】课内指导　课外阅读

"整本书阅读与研讨"位列语文学习任务群之首，其重要程度可见一斑。但就一线教学而言，目前仍有许多问题亟待解决，尤其是如何处理"课内指导"与"课外阅读"的关系，是每个语文教师在开展"整本书阅读与研讨"过程中必须要面对的一大问题。笔者认为，"课内阅读"好比"圈养"，有教师的引领和调控，有具体的内容，有明确的目标要求，有方法指导，计划性、目标性和时限性都很强，但学生的自主性和活动范围受限；"课外阅读"则好比"放养"，在阅读的时间、地点、方向、喜好等方面，学生享有更多的自主权，但阅读效果如何则较难保证。只有把教师精心的设计与指导和学生踏实的阅读与研讨结合起来，才能"兴利除弊"，达成学习目标。下面，笔者将以《平凡的世界》的阅读与研讨为例，简要地谈谈如何将"圈养"式的"课内指导"和"放养"式的"课外阅读"有机结合起来。

一、详细规划的"圈养"

既然"整本书阅读与研讨"是有计划、有目的、有指导、有评价的教学实践活动，那么在课堂上，学生获得的就应该是高层次、高品质、高效益的"养料"。具体而言，教师可以在以下方面展开指导：

1. 对阅读计划进行指导

以《平凡的世界》为例，全书一共三部，每部 54 章，共计 162 章节，104 万字。依据《义务教育语文课程标准》，高一学生的现代文阅读速度应不低于 600 字每分钟。据此，教师给出学生自由阅读的参考是：最多两周自由阅读《平凡的世界》中的一部，最迟六周完成《平凡的世界》整本书的阅读，每天至少完成五章的阅读。有了阅读计划，学生就有了目标，才能避免"想读就读，不想读就不读，想读到哪就读到哪，读到哪就算哪"的无政府状态。

2. 对阅读方法进行指导

温儒敏教授在给上海"整本书阅读论坛"的一封信中特别强调，整本书的课内讲授，教师应提示"读这一类书的方法"。比如，怎样读长篇小说，怎样读社科著作，怎样读传记，怎样读历史，都应当在基本方法上有所交代，让学生知道不同的书是有不一样的读法的。《平凡的世界》作为一部百万字级别的长篇小说，各层次级别人物立体交织，情节复杂，为了使阅读更有效，教师可以抓住小说的三要素中的核心——人物——来指导学生开展阅读。例如，教师可以指导学生在阅读过程中为孙少平、孙少安设计一份完整的个人履历表，其中个人经历一栏包括他人生中经历的所有大事，同时指导学生运用思维导图勾勒与孙少安、孙少平有关的人物关系图。分年龄段和人物关系进行梳理这两种整理方式，能帮助学生尽快地理顺小说的情节，有助于学生快速把握主人公的成长过程，为后阶段"时代决定命运还是性格决定命运"的讨论提供充分的依据。阅读方法的指导，不仅有助于学生读懂《平凡的世界》，而且有助于学生掌握长篇小说的阅读技巧，以后学生碰到《红楼梦》等其他长篇小说时，就可以依照通过把握主要人物的人生阶段、活动轨迹、与周围人物的关系等方法来快速地把握小说内容。

3. 对重点问题进行指导

"一千个读者，就有一千个哈姆莱特。"学生在阅读的过程中会产生不同的感悟，碰到不同的问题。对于学生集中反映的问题，或者文本中特别有研究价值的问题，教师可以与学生进行交流指导。例如有同学在阅读《平凡的世界》时，提出了这样一个问题：婚恋是《平凡的世界》的重大主题之一，书中的每一个人物几乎都有一段或多段苦涩的婚恋历程，但是有一人除外，这个人便是孙兰香，她与吴仲平的爱情几近完满。为什么只有她与众不同呢？这个问题切入口很小，但能让学生深入地去理解文本，因此，教师可以领着学生去深入探讨。为了解决这个问题，教师可以让学生先行讨论一个问题：我们常说环境影响性格，性格决定命运，与孙兰香成长环境最为相似的当属姐姐孙兰花，孙家姐妹成长环境相似，但人生轨迹迥异，这与她们的性格有着怎样的关联？经过讨论，学生普遍认为孙兰花善良坚忍、勤劳朴实、任劳任怨、包容体贴、倔强刚烈、忠贞不渝、传统观念强，而孙兰香勤快、懂事、独立、志向远大、矢志不渝、追求平等和自由……在此基础上，教师可以抛出第二个问题：孙兰香婚恋的完满仅仅是由性格决定的吗？学生会从身份位置、家庭因素、文化水平、时代因素、思想观念等角度展开对比，从而认识到孙兰花的爱情是守望式的传统婚恋，而孙兰香的爱情则是实现独立自主、平等自由的现代爱情。由此，教师就可以进行点拨：成长环境、受教育程度、个人性格、时代等都是影响个人爱情与婚恋特点的重要因素。孙家姐妹的婚恋走向既与个人性格有关，同时在很大程度上也与时代紧密联系，她们的爱情经历很大程度上是时代的产物。兰花和兰香姐妹俩的婚恋走向，反映了当时农村女青年不同的精神面貌，这恰恰是时代的嬗变，也是时代的进步。在此之上，教师还可以引导学生从婚恋角度入手，对小说中的女性进行分类，进而使学生进一步认识到书中守望式的传统婚恋、在传统与现代间徘徊的爱恋、实现平等自由的现代爱情共同构成了这个平凡而伟大的世界。"整本书阅读"的主体当然是学生，但学生受到年龄、阅历等因素的限制，对某些问题的认识未必到位，此时就需要教师从旁帮一把。

二、"控于内"的"放养"

温儒敏教授多次强调，"课内指导"都是提示性的，可以用很少的课内时间去实施，整本书阅读主要是课外阅读。教师要让学生喜欢上"整本书阅读"，就不能太多干预，应当导向自由阅读、个性化阅读。但高中生的学习科目多，课业负担重，完全的"放养"势必会影响"整本书阅读"的效果。因此，作为一线教师，我们既不能讲得太多，败坏学生的阅读兴味，又不能完全"放养"，而应在课外阅读的进程、目标、任务、评价等方面做好设计规划，让学生心中有数并有迹可循。

1. 监控阅读进程

课外阅读，学生可以自主选择阅读的时间与每日的时长，进度很难统一。为方便后期探讨与小结活动的开展，学生的阅读进度应大体保持一致。《平凡的世界》字数多达百万，不是一两天就能读完的，为了防止学生懈怠，教师可以借助"微信小打卡"或"班级小管家"等小程序来监控学生的阅读进度。具体可以让学生每周拍照上传一次阅读的笔记、批注、圈划等能体现阅读进度的内容，保证两周左右能读完一部。只有这样，才能将前期的阅读计划落到实处。

2. 搭建展示平台

教育心理学认为，阅读是一种接受并加工文字信息的复杂的心智活动，阅读过程是阅读主体用大脑进行认知、理解、欣赏、评价及创造的思维过程。当学生有了课外阅读的兴趣和时间后，教师必须借助有效的手段来维持阅读的兴趣，其中最为有效的方法就是搭建展示的平台，促成学生的交流。在"整本书阅读与研讨"活动开展期间，教师可以利用举办读书会、举办读书笔记展览、创建班级阅读博客、公众号推送等途径，来最大程度地调动学生的积极性。例如，《平凡的世界》中有不少打动人心的句子，教师可以组织朗诵会，让学生声情并茂地来演绎这些语句，从而走进人物丰富多彩的内心世界。再如，《平凡的世界》有一个重要的探讨话题"决定命运的是性格还是时代"。围绕这个话题，教师可以组织辩论会，让学生学会为自己的观点寻找有力的证据，形成自己的判断，并学会用文本语言和分析支撑自己观点的方法。又如，教师可以利用网络平台开设专栏的写作，让学生在平台上围绕"路遥给小说设置了一个开放性的结局，但是孙家兄弟的命运走向真的难以推测吗？请你为小说续写一个情节，要求符合小说的主题"等话题让学生一展风采。通过线上、线下展示平台的搭建，学生的思维产生了碰撞，阅读的兴趣和深度才能延续和加深。

3. 关注阅读效果

温儒敏教授指出，"整本书阅读与研讨"如果"课程化"太明显，要求太多，学生还没有读，可能就兴趣减半了。如果搞得很功利，处处指向写作，甚至和考试挂钩，那就更是煞风景，败坏阅读兴味。整本书的阅读教学效果好不好，就看学生是否爱上读书，自己能找更多的书来读，而且多是整本书阅读。从这一点出发，教师在开展"整本书阅读与研讨"活动的过程中，应该更多地实行目标管理，关注学生读书的过程，确保学生是真的读了书，而不是只是读了些提要。就《平凡的世界》而言，如果学生能够按阅读计划，在预设的时间内读完全书，过程中能在各个展示平台发表自己的看法，最后有属于自己的成果展示，这就相当不错了。

综上所述，"整本书阅读与研讨"的"圈养"与"放养"密不可分，只有"内""外"有机结合，"圈于内"而"放于外"，将方向引领、目标追求与扎实落实、发挥个性结合起来，"整本书阅读与研讨"才能有序地落地、开花、结果。

参考文献：

[1] 温儒敏. 功夫在课外——致"整本书阅读上海论坛"的一封信 [J]. 语文学习，2018（01）.

[2] 殷玉莲. "圈养"与"放养"——谈"整本书阅读与研讨"的课内外任务设计 [J]. 语文教学之友，2020（01）.

[3] 王玉. 时代前昂首，苦难中奋进——《平凡的世界》阅读与研讨设计 [J]. 语文教学通讯，2019（7~8）.